Peter Mugay

Berliner Musike –

en gros und en détail

STREIFZÜGE

DURCH DIE BERLINER MUSIKGESCHICHTE

VON DEN ANFÄNGEN

BIS ZUM BEGINN UNSERES JAHRHUNDERTS

LIED DER ZEIT MUSIKVERLAG BERLIN 1987

INHALT

einige Anmerkungen zu diesem Buche. Es handelt vor allem von der Liebe des Berliners zur Musik. Wer aber ist *der* Berliner? Ist es der bei Hofe, wie der komponierende Flötist Friedrich II., der aus dem Bürgerhaus, etwa der mauernde, tonsetzende und dirigierende Carl Friedrich Zelter, oder der aus dem Voigtlande, der Namenlose des dritten oder gar vierten Standes? Nennen sich Zugewanderte – deren Zahl war und ist Legion – nach kurzer Zeit nicht auch Berliner? Einigen wir uns darauf, daß wir denjenigen unsere Aufmerksamkeit schenken, die zwischen dem Mittelalter und dem Beginn unseres Jahrhunderts in der Stadt an der Spree lebten und in ihren Mauern sangen, summten, pfiffen, musizierten oder komponierten. Daß wir die Elle unseres Heute ans Gestern anlegen, ist sicher verständlich und soll zum Vergnügen beitragen.

Um ein möglichst authentisches Bild längst verflossener Jahre zu zeichnen, lassen wir zahlreiche Zeitgenossen mit Originalzitaten zu Wort kommen. Mit ihren Tagebuchnotizen, Marginalien, Erinnerungen und dergleichen schrieben sie Geschichte in Geschichten. Erstaunlich, wie kurzweilig und amüsant sie uns mitteilen, was sich auf dem Gebiet der Musik in Berlin tat. Allerdings sind frühe Zeugnisse naturgemäß sehr rar.

Der preußische Hof prägte lange Zeit das musikalische Leben in Berlin. Da etliche Potentaten den Knoten- dem Taktstock vorzogen, blieb ihre Residenz lange hinter Wien, Rom, London und Paris zurück und in musikalischer Hinsicht ein Städtel. Ihre Soldaten und ihre Kriege verschlangen Geld, das der Kultur dann fehlte. Kanonen- statt Theaterdonner ... Knauserige Preußen-Könige waren nicht bereit, den Königen der Musik ein angemessenes Salär zu zahlen. Zudem pfuschten manche der Bekrönten absolutistisch ins musikalische Handwerk, was die Künstler zusätzlich abschreckte und sie bewog, die preußische Residenz tunlichst zu meiden. Als treues Spiegelbild des Herrscherhauses erwies sich die königliche Oper: Adlige Bureaukraten an der Spitze des Hauses beschäftigten sich intensiver mit ihren Kabalen als mit der Beförderung der Musik.

Andererseits erlebten die Berliner im vorigen Jahrhundert begeisternde und eindrucksvolle Gastspiele der bedeutendsten Musiker ihrer Zeit. Niccolo Paganini, Franz Liszt, Jenny Lind und andere ließen ahnen, was Berlin zu einer Kulturstadt von europäischem Range noch fehlte. Diese Schwalben machten keinen Sommer, sie flogen weiter.

Eine Alternative zur höfischen Musik boten Berliner Bildungsbürger mit ihren Hausmusiken, ihrer Singakademie und ihrer Berliner Liedertafel, dem ersten deutschen Männerchor. Sie nutzten ihre wachsende wirtschaftliche Potenz nicht erfolglos, um den herrschenden Adligen auch auf kulturellem Gebiet den Rang streitig zu machen. Politisch indes blieben sie nahezu impotent: loyal und royal.

Die Märzstürme des Jahres 1848 zeigten den Herrschenden, aber auch den Bürgern, daß sich da eine neue Kraft formierte, die es zu beachten galt: das Proletariat. Diese Frauen und Männer entwickelten eigene Wertvorstellungen und sangen eigene Lieder, die von Mund zu Mund gingen, bei Adel und Bürgertum gleichermaßen verpönt. Mit Witz, Humor und auch ein bißchen Wehmut sangen sie von dem, was ihr Herz erfreute oder ihre Seele beschwerte. Das klang nicht immer wohl in den Ohren der Obrigkeit. Wie sehr ihr gesungenes Wort gefürchtet war, bewies zum Ausklange des vorigen Jahrhunderts das berüchtigte Sozialistengesetz. Mit ihm verbot Bismarck auch das Singen von Arbeiterliedern.

Das und weitaus mehr will dieses Buch berichten. Von Stadtpfeifern und Klavierlehrern, von Kirchengesang und Kurrende, von Gassenhauern und Operetten. Wurzeln sollen freigelegt werden, allerdings nicht streng wissenschaftlich mit dem Seziermesser, vielmehr mit Freude am Entdecken und bloßen Händen – sowie, dies sei eingestanden, mit der Liebe zu Berlin. Also kann und will das Buch auf keinen Fall den Anspruch erheben, eine Musikgeschichte Berlins zu sein. Diese steht nach wie vor aus, sie harrt der wägenden und wertenden Analyse durch Experten. Sollte es jedoch dafür diesen oder jenen Anknüpfungspunkt bieten bzw. Impuls geben, wäre das ganz im Sinne des Verfassers.

Unternehmen wir gemeinsam Streifzüge durch die Berliner Musikgeschichte. Vielfältig, informativ und unterhaltend wollen und sollen sie belegen, daß der Berliner von jeher die Musike liebt.

Musikanten in der
Schenke.
Gemälde von
Bartsch

Von Stadtpfeifern, Bacchanten

und Trummelschlegern

Berlin und Cölln boten im Mittelalter einen nicht gerade imposanten Anblick. Bei aller verständlichen Nostalgie sei angemerkt, daß es sich heute selbst im unscheinbarsten Dorf unseres Landes besser leben läßt als einst in der Zweistadt am Ufer der Spree. Folgen wir der Einladung eines Chronisten, und unternehmen wir einen kleinen Spaziergang durch Straßen und Gassen von Berlin und Cölln in der Mitte des vierzehnten Jahrhunderts.

Die zumeist ungepflasterten Straßen säumten winzige Holzhäuser mit trüben Hornscheiben, die nur wenig Licht ins Innere ließen. Verwitterte Schindeln auf dem Dach wehrten Wind und Regen nur dürftig ab. Lediglich an Straßenkreuzungen befanden sich Häuser aus Stein mit Ziegeldach und Fenstern aus Glas. Sie kündeten von gewissem Reichtum der Besitzer und sollten den gefürchteten Feuersbrünsten Einhalt gebieten.

Die Holz- und Steinhäuser standen keinesfalls dicht an dicht, sondern ließen genügend Platz für Trampelpfade und Gräben. Letztere nahmen – das sollte noch Jahrhunderte so bleiben – die Abwässer und Fäkalien aus den Häusern auf. Man braucht nicht viel Phantasie, um sich diese Rinnsale als Keimzellen von Seuchen ebenso vorzustellen wie als ständige Geruchsbelästigung.

Hinzu kam, daß die Berliner mancherlei Getier ihr eigen nannten, das naturgemäß fleißig Mist produzierte, und dieser beanspruchte seinen Platz vor den Häusern. Selbst Kirchplätze und Märkte blieben davon nicht frei. Manche Berliner fanden es schicklich, ihren Schweinestall nicht etwa hinter dem Hause zu verstecken, sondern denselben vor ihrem Anwesen den Nachbarn und Passanten zu präsentieren.

Es hieße den Altvordern Unrecht tun, wollten wir an repräsentativen Bauwerken einfach vorübergehen: am Rathaus, das auf der Langen Brücke zwischen Berlin und Cölln stand, an den Kirchen St. Nikolai, St. Petri und St. Marien, am Dominikaner-Kloster in Cölln, am Grauen Kloster in Berlin, am Hohen Haus in der Klosterstraße, in dem die Landesfürsten bei ihrem Stadtbesuch debattierten, schnabulierten und schließlich ihr müdes Haupt betteten.

Rund um die Stadt zog sich eine trutzige Mauer mit mächtigen Türmen und ansehnlichen Toren. Sie schützte die damals 6000 Einwohner vor sengenden Rittern, stehlen-

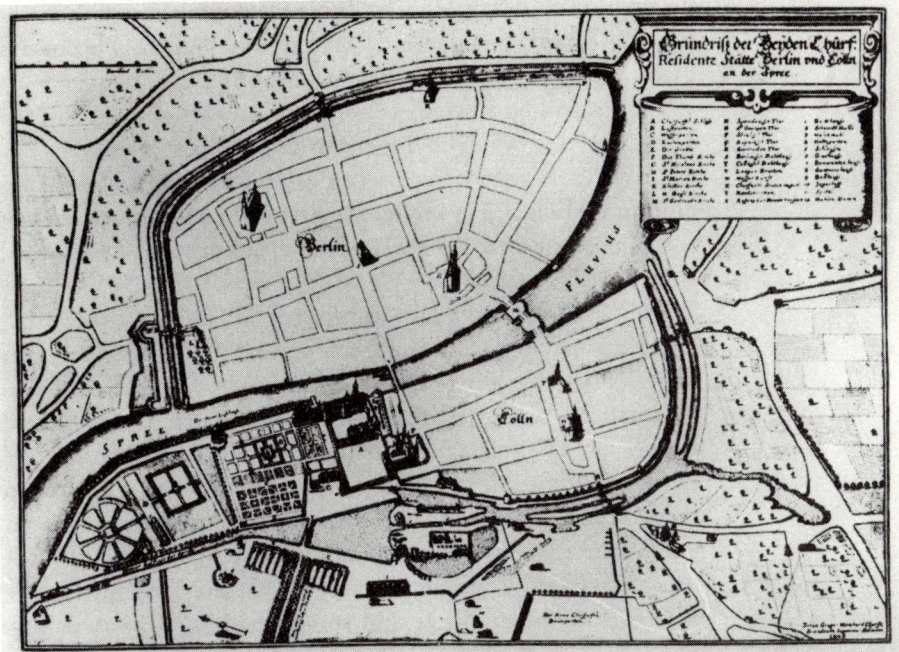

dem Gesindel und brandschatzenden Räubern. Es lebte sich
geborgener hinter diesem Bauwerk aus Feld- und Ziegelstei-
nen. Jeder Bürger wußte sich in einer Schutz- und Trutzge-
meinschaft zum Waffendienst verpflichtet und hatte dafür
Schwert und Rüstung zu besitzen. Selbst Priester legten in
Stunden der Gefahr das Kreuz beiseite, um mit dem
Schwert wider die gemeinsamen Feinde zu ziehen. Gebete
allein reichen mitunter nicht aus.

Bescheiden, wenn nicht gar kläglich im Vergleich zu heute
müssen wir uns das sogenannte gesellige Leben der Berliner
von einst vorstellen. Gutenberg, der Erfinder des Buch-
drucks, war noch nicht einmal geboren, so daß von Buchaus-
leihen oder Zeitungen keine Rede sein konnte. Von den anderen unterhaltenden und informierenden Errungenschaf-
ten der Technik ganz zu schweigen. Reizvolle Partien über
Land verboten sich angesichts der Räuber und Ritter von
selbst. So gingen die Berliner innerhalb der Stadtmauer ihrer mehr oder weniger aufwendigen Arbeit nach und feierten
die wenigen Feste, wie immer sie fielen.

Senkte sich der Abend über die Stadt, schwätzte man
noch ein wenig auf der Bank vor dem Haus oder erzählte in

des nahezu dunklen Hauses Zimmer wundersame Geschichten, die man einst gehört: Mären und Sagen. Furchtsam glaubte fast ein jeder an Hexen und bösen Zauber.

Zu des frühen Berliners Lieblingsbeschäftigungen zählten ohne Zweifel üppiges Essen und kräftiges Trinken. Pro Mann und Mahlzeit rechnete die Hausfrau mit zwei Kilogramm Fleisch. Dazu kredenzte sie etliche Humpen des einst so beliebten Bernauer Bieres, und des Berliners Seele ward zufrieden.

Wen es zu Hause nicht litt, der zog in eine Schenke, trank dortselbst fleißig, um mit solchermaßen leicht bewegter Zunge über die Dinge des Tages und der Nacht zu schwadronieren und zu politisieren. Oder aß sich einen dicken Bauch an. Damals schon ließen manche Spreeathener alle Fünfe gerade sein, so daß weise Ratsherren sich gezwungen sahen einzuschreiten: 1331 bedrohten sie jene Kneipengänger mit Strafen, welche ihre Hemden, Hosen und Schuhe für Bier versetzten. Von 1335 stammt ein Gesetz, demzufolge die Bierstuben winters ab 21 und sommers ab 22 Uhr zu schließen sind. Wer nach dem Kneipengang etwa benebelten Sinnes in der Gasse oder gar der Gosse einschlief, fand sich nicht selten am nächsten Morgen im sogenannten Narrenkäfig wieder. In der Ausnüchterungszelle von einst sah er sich dem Hohn und dem Spott seiner lieben Mitmenschen ausgesetzt.

Soviel zum äußeren und inneren Bild des frühen Berlins und der alten Berliner. Manches steht geschrieben, manches ist uns mündlich oder per Bild überliefert, so daß wir uns wenigstens eine ungefähre Vorstellung vom Alltag machen können. Doch wie es um die Musik im mittelalterlichen Berlin bestellt war, darüber schweigen sich die Chroniken meist aus. Von Trommlern und Bläsern auf den Wachttürmen ist allenfalls die Rede, von singenden Schülern, von Spielleuten auf familiären Festen und – natürlich vom Gesang in der Kirche.

Aber was sang in jenen hutzeligen Holzhäusern die Mutter des Abends ihren Kindern für ein Schlaflied? Was für ein Lied pfiff sich der Viehhalter, während er seinen Schweinestall ausmistete? Welche Melodie trällerte der netzeauswerfende Fischer, derweil die rote Sonne in der Spree versank? Es ist doch nicht anzunehmen, daß in den Bierstuben der Alkohol die Zungen nur zum Schwätzen und nicht zum Singen löste – welche Lieder stiegen da aus rauhen Männerkehlen empor? Wenn man wider Ritter, wie die Quitzows, zu Felde zog, dürfte ein kerniger Marsch den Mut angestachelt haben – welcher?

Es ging da keiner umher und schrieb die Texte auf. Wer damals des Schreibens kundig war, hielt Wesentlicheres fest als etwa den Gesang auf dem Hochzeitsfeste eines biederen Bürgers. Und nun sollte einer gar noch das, was damals als Volkslied angesehen werden konnte, in der Form von (in welcher Art auch immer) Noten zu Pergament bringen?

So erklangen Gesänge und ertönten Instrumente – und verwehten im Winde. Werke der bildenden und bauenden Kunst des mittelalterlichen Berlins blieben uns erhalten – man denke an die Marienkirche, Werke der Musik gingen sicher unwiederbringlich verloren.

Da die Chroniken diesen Bereich unziemlich kümmerlich behandelten, bleiben uns aus dem frühen Berlin oft nur schmale Hinweise darauf, bei welchen Gelegenheiten Musik ertönte. Unserer Phantasie wird es überlassen, uns zumindest den Inhalt der gesungenen Texte vorzustellen. Aber: Vorsicht ist am Platze! Ausschließlich Logik kann sicher auch in die Irre führen. Man denke nur an Hochzeiten unserer Tage. Da wird beileibe nicht nur das schöne «Wer uns getraut» gespielt oder von der «Weißen Hochzeitskutsche» gesungen. Wen's gelüstet, der schmettert zu vorgerückter Stunde «Wir versaufen unser Oma ihr klein Häuschen» oder ähnliches. Das war damals bestimmt nicht anders. Was die Melodien betrifft, so dürfen wir sehr einfache und damit eingängige Formen vermuten, wie sie in den frühen Kirchengesängen deutlich werden.

Die im mittelalterlichen Berlin regelmäßig dem Gesange huldigten, und zwar weniger aus Lust denn aus Not, das waren die Schüler. Selbstredend gab es weder eine allgemeine Schulpflicht, noch auch nur die Andeutung eines Schulgebäudes – eine einklassige Zwergschule wäre ein sensationeller Vorgriff auf die Zukunft gewesen. Geistliche brachten an den drei genannten Kirchen den Knaben und Jünglingen – Mädchen und Bildung schlossen sich aus wie Feuer und Wasser – das bei, was sie selbst wußten, und das war wenig genug.

Die Mönche verkörperten in der Mark das Bildungsmonopol, und sie trachteten danach, es zu behalten. Demzufolge unterrichteten sie bei Lust und Laune vornehmlich jene Zöglinge, die Priester oder Gelehrte zu werden beabsichtigten. Den Priestern unterstand der Rektor, der wiederum befehligte Schulgesellen, welchselbe die wißbegierigen Knaben traktierten. Erhielt der oberste Geistliche behördlichen Sold und nicht geringe Zuwendungen von zufriedenen Schülereltern, hatte sich der Rektor mit dem zu begnügen, was ihm der Geistliche zusteckte.

Die Schulgesellen indessen mußten zusehen, wo sie blieben, wer ihnen den Tisch deckte. Sie hofften darob sehr, zum Mittagsmahle in die Elternhäuser eingeladen zu werden. Dort schmatzten und schwatzten sie, gaben eine einzigartige Dienstleistung kund: Man könnte Familien- und sonstige Feierlichkeiten mit stimmträchtigen Knaben krönen. Gern ward von dieser Möglichkeit Gebrauch gemacht; denn wie sonst sollte zu jener Zeit der Unterhaltungsteil einer Festlichkeit bestritten werden? Da die Schulgesellen auf diese Art und Weise zu einem nicht unbeträchtlichen Zubrot kamen, sangen sie mitunter mehr, als sie lehrten.

Stand kein Fest ins Haus, konnte man in dieser Straße oder auf jenem Platze ein Häufchen sangeswütiger Knaben hören, die ihre Lieder in den märkischen Himmel steigen ließen und dafür ein kleines Entgelt erhielten. Wir haben es, wie der geneigte Leser bemerken wird, mit der Frühform der Kurrende zu tun. Die ausgeprägte Form hielt sich bis Ende des vorigen Jahrhunderts in Berlin und wird sich unserer besonderen Aufmerksamkeit noch erfreuen.

Interessanterweise untergliederten sich auch die Schüler: Die älteren nannten sich Bacchanten, die jüngeren Schützen. Stand den Schulgesellen bei all dem feierlichen Singsang und der Kurrende der Sinn nicht nach Unterricht, hießen sie die Bacchanten jeweils zwei bis drei Schützen unterrichten. Diese taten, wie geboten, und forderten gleichfalls ihren Preis: Die Schützen hatten für das leibliche Wohl der Bacchanten zu sorgen. Das war nicht ganz einfach, weil die Dreikäsehochs weder über ein regelmäßiges Taschengeld noch über ein von der Großmutter angelegtes Konto verfügten. Was tun, um die ewig hungrigen Mägen der Größeren zu füllen oder deren Unmutsfäusten zu entgehen? Die

Schützen stibitzten aus Kellern und Kammern, klopften an Türen und bettelten – oder gingen mit goldener Kehle und großem Beutel von Haus zu Haus. Der liebliche Gesang rührte das Herz der Hausfrau und ließ sie mildtätig spenden, was den Frieden zwischen Schützen und Bacchanten erhielt oder wiederherstellte.

Mächtige Baßgeigen brummten zur Taufe

Zu den willkommenen Festen im alten Berlin zählten vor allem Taufen und Hochzeiten, zu den weniger willkommenen die Bestattungen.

Eine Taufe – um ein solches Fest mit Spiel, Gesang und Tanz ein wenig zu beschreiben – kündigte sich ja rechtzeitig genug an. Doch nach der Geburt mußten noch einmal fünf bis sechs Wochen ins Land gehen, ehe sie stattfinden konnte. Schließlich sollte die Entbundene wiederhergestellten Zustandes daran teilnehmen. In begüterten Berliner Familien währte das Taufgaudium nahezu eine halbe Woche. Versteht sich, daß sämtliche Anverwandten geladen waren und alle Freunde.

Im Sonntagsputz und bei bester Laune erschienen am ersten Tag die Gäste bereits zum üppigen Frühstück an getrennten Tischen. An dem einen stillten die Männer ihren Hunger und ihre Wißbegier darüber, was in der großen weiten Welt bis nach Bernau und weiter so los gewesen, an dem anderen saßen die Frauen beim Frühstücke und stillten mal eben ihre Kinder. Anschließend zogen die Damen im Schmucke ihrer schönsten Kleider zur Kirche. Vorweg marschierten Spielleute mit Schalmeien, Trompeten und mächtigen Baßgeigen. Sie entlockten ihren Instrumenten möglichst laut stadtbekannte Weisen, auf daß die Bürger nebenan aufmerksam wurden und die Gassenjungen mitsangen. Nach dem Kirchgang eilte der Frauenzug geschwind dem Hause und der festlich gedeckten Tafel zu.

Der zweite Tag ähnelte dem ersten; es hatte den Anschein, als seien Kirchgang, Mahlzeiten und Umzug mit Spielleuten die Hauptattraktionen. Die eigentliche Taufe fand erst am dritten Tage statt. Diesmal schritt man gemessenen Schrittes zum Altar und hernach wiederum zum Mittagstische.

Am Abend traf man sich in einem gemieteten Saale – nicht selten im Rathaus – zum Tanze. Die Spielleute wußten, was ihr Publikum erwartete, und boten eine «mittelalterliche Disko» mit mehreren Sondereinlagen. Begannen sie mit einem recht würdevollen Schreittanz, stimmten sie bei gestiegenem Alkoholpegel und im Scheine wild-romantisch lodernder Fackeln den Capriolentanz an. Er galt als verwegen, weil er zu wilden Sprüngen animierte, die hautnahe Kontakte erlaubten.

Es wird uns Heutige zumindest merkwürdig berühren, daß zur mittelalterlichen Tauffeier auch ein – Totentanz gehörte. Dabei bearbeiteten die Spielleute zunächst wie üblich ihre Instrumente, und die Paare drehten sich froh und ausgelassen im Kreise. Dann aber setzte mit schrillem Tone die Musik jäh aus. In der sich ausbreitenden Stille stieg eine klagende Melodie auf. Einer der jungen Tänzer legte sich auf den Boden und mimte einen Toten. Die Frauen und Mädchen umtanzten ihn mit möglichst komischen Bewegungen und Gesten, um ihn und die anderen zum Lachen zu bringen. Neigte sich die Melodie ihrem Ende zu, ging eine jede zum lebenden Toten und küßte ihn.

Nach gemeinsam getanzter Runde begann der Spaß von vorne, nur daß diesmal eine Dame die erwartungsvolle Leiche zu spielen hatte und vieler erweckender Küsse gewärtig sein durfte.

Als Schlußpunkt oder Rausschmeißer hatten die Spielleute zumeist den sogenannten Schmoller parat. Ging's in der Musik zunächst widerborstig, dann zärtlich zu, so auf der Tanzfläche nicht minder. Die Paare drückten im Tanze erst deftige Abneigung gegeneinander aus, die sich in heftige Zuneigung wandelte. Solchermaßen beschwingt, lustwandelte man schließlich mit heißem Herzen und ebensolcher Stirne nach Hause oder vielleicht noch an die Stadtmauer, nicht nur um glühende Sterne zu schauen.

Hochzeiten ähnelten, was die Musik betrifft, den Taufen. Beim obligaten Umzug durch die Straßen und Gassen sorgten die Herren Musikanten vor allem mit hohen Phonzahlen für gebührende Aufmerksamkeit: Jedermann in Berlin und Cölln sollte wissen, daß sich wieder ein glücklich Paar gefunden. Die Musikanten gehörten zur Hochzeitsgesellschaft, das heißt, sie durften auch an den zahlreichen Essen teilha-

ben. Allerdings nahmen sie in der streng beachteten Rang-
und Reihenfolge die letzte Stelle ein, noch hinter den Mäg-
den und Dienstboten des Hauses. Sie schmausten abseits am
sogenannten Pfeifertisch. Dieser Begriff hielt sich noch
lange für einen separat stehenden Tisch.

Nicht alle Tage aber bot sich den Musikanten mit einer
Taufe oder Hochzeit eine lukrative Anstellung. Da sie nicht
verhungern wollten und um die Vergnügungslust der Berliner wußten, spielten sie auch an der Straßenecke oder am
Markt auf. Die munteren Töne lockten junge Leute an, die
sich alsbald unter der Linde im Tanze drehten. Dieweil jedoch bekanntlich Musik mit Geräusch verbunden, hat es sicher – der Reaktion nach zu urteilen – einige Eingaben un-
wirscher Bürger gegeben. Jedenfalls erließ der Rat ein Gesetz, in dem es hieß: «Nach der letzten Glocke soll auch
niemand auf der Straße tanzen, es sei Mann oder Frau.» Die
letzte Glocke schlug im Winter um neun Uhr (ob man damals winters im Freien tanzen konnte?) und im Sommer um
zehn Uhr. Interessanterweise hält auch die heutige Berliner
Stadtordnung die Zeit von 22 Uhr für angemessen, den
Lärm zu untersagen, damit die Stadt in den Schlaf sinken
kann.

Herumziehende
Musikanten.
Radierung
von Theodor
Hosemann
1839

19

Irgendeiner hat einmal erkannt, daß alle Entwicklungen im Mittelalter recht langsam vonstatten gingen. Wenn dem so war, fällt unser Schritt von knapp dreihundert Jahren nicht weiter auf. Er läßt auch keine wesentlichen Entwicklungen außer acht. Doch halt, da wälzten sich dreißig lange Jahre zahlreiche Heere sengend, mordend und plündernd durch die Lande und ließen Berlin nicht etwa links liegen.

Gemütlich in den Dreißigjährigen Krieg?

Wer die Berliner kennt, den verwundert nicht, daß sie sich von der miesen politischen Lage zunächst nicht unterkriegen ließen. Anders gesagt: Nur höchst ungern wollten sie auf ihre Vergnügungen verzichten. Auf ihre Musik schon gar nicht. Kurfürst Georg Wilhelm gefiel das weiterhin gemütliche Leben seiner Berliner Untertanen keinesfalls. Man «genoß das Gegenwärtige und war für die Zukunft unbesorgt», wetterte er. Gleich dem Vogel Strauß steckte man die Köpfe bildlich in den Sand: «Wenn wir keinen Feind sehen, wird es auch keinen geben», schien die Devise zu lauten. Der verdrossene Kurfürst ließ schließlich in den zwanziger Jahren des siebzehnten Jahrhunderts von allen Kanzeln der Berliner Kirchen abkündigen, «daß sich keiner auf der Gassen mit musikalischen Instrumenten (wie sie auch beschaffen) hören lassen solle». Wer dem zuwider handle, müsse mit strenger Strafe rechnen.

Die Berliner löckten wider den kurfürstlichen Stachel. Kaum einen Tag nach der Kanzelabkündigung dröhnten in den Straßen und Gassen erneut dumpfe Trommeln und schmetterten helle Trompeten. Was dem Herrscher sofort hinterbracht wurde – wenn er es nicht mit eigenen Ohren gehört hatte. Zornig darüber, daß die Berliner sein Verbot keck «per obliquum gerne löchern» wollten, verbot der Kurfürst neben der Musik «einige Fechtschul» sowie «Gaukel- und Affenspiel». «Wir müssen nach so lang getragener Geduld einen anderen Ernst dawider fürnehmen.»

Einem absolutistischen Herrscher gemäß, hielt sich Georg Wilhelm nicht an sein eigenes Verbot. Als er die Herzöge von Niedersachsen Julius Heinrich und Franz Karl auf seinem Schlosse empfing, fanden selbstredend trotz Dreißigjährigen Krieges allerlei Festlichkeiten statt, etwa Lustfahrten auf der Spree, bei denen schneidig Fanfaren ertönten. Gleiches erlebte Wallenstein bei seinem kurzen Besuch mit großem Gefolge von 1500 Personen, darunter dreißig Fürsten, Grafen und Freiherrn.

Erklärlich, daß sich die Berliner an dem Prunk und Gepränge sattsahen, aber den Kurfürsten ob seines widersprüchlichen Verhaltens nicht gerade inniger in ihr Herz schlossen.

Für die Musikanten war die Zeit des Drei-Dezennien-Krieges vielfach schwer. Einmal abgesehen von dem Musikverbot des Kurfürsten, fielen die Zuwendungen der Berliner von Jahr zu Jahr spärlicher aus. Zu stark drückten schließlich die Lasten des Krieges aufs Gemüt und aufs Portemonnaie, als daß da noch Kleingelder für Spielleute zu finden wären.

Hinzu kam, daß der kurfürstliche Postmeister Frischmann den Musikern seit Beginn des siebzehnten Jahrhunderts auf einer ihrer Domäne eine spürbare Konkurrenz bot. Als «fahrende Leute» kannten die Musikanten nicht nur die «Hitlisten» anderer Städte, sondern wußten auch beredt über Neuigkeiten von da und dort zu berichten. Ihre Geschichten gingen von Mund zu Ohr weiter. Jedermann hörte gerne zu, sobald sie von unerhörten Begebenheiten zu erzählen begannen. Besagter Postmeister nun offerierte einmal wöchentlich eine richtige Zeitung mit acht bis zwölf Quartseiten Umfang! Er berichtete – wie könnte es anders sein – das Neueste vom Hof, widmete sich der Kultur, der Wissenschaft, dem Handel und dem Gewerbe. Seine Nachrichten bezog der Herr Redakteur von berufsmäßigen Berichterstattern (heute sagt man wohl «politischen Beobachtern») sowie aus anderen Druckerzeugnissen. Der Berliner, so des Lesens kundig, brauchte also nicht mehr zum Musikus an der Ecke oder zum Bänkelsänger auf dem Markt zu gehen, um Neuigkeiten aus der Mark und von anderswo zu erhalten.

Wie freisinnig die Berliner in jener Zeit schon dachten, entnehmen wir dem Verhältnis zwischen Handwerkern und Musikern. Die Innungen in der Mark hatten sehr strenge Regeln dafür, wen sie in ihre Reihen aufnahmen. Sie dekretierten lange Lehr-, Wander- und Probezeiten, strichen hohe Gebühren ein und ließen umständliche Meisterstücke anfer-

Tanz in der
Tabagie.
Stich von A. Müller

tigen, allerdings nicht von Familienangehörigen, Meistersöhnen bzw. -schwiegersöhnen. Unehelich Geborenen, Knaben wendischer Herkunft und Jungen von Spielleuten (!) war es in der Mark nicht möglich, Lehrling bei einem Handwerker zu werden.

Die Ausnahme war Berlin. Hier gestatteten die Innungsbriefe, daß ein Musikantenkind z. B. Fleischer, Hutmacher oder Tischler werden durfte.

Lange noch litten die Berliner unter den Nöten und Drangsalen des Dreißigjährigen Krieges. Von Gemütlichkeit war längst keine Rede mehr, von lustiger Musik erst recht nicht. «Die beiden Residenzien sind so nahe zum Ruin gebracht», schrieb ein Chronist nach dem Westfälischen Frieden im Jahre 1648, «daß sie zum Spektakel und zum Schimpf gleich anderen Städten, Flecken und Dörfern vollends zugrundegetrieben und zur Wüstenei gemacht werden sollen. Summa, das ganze Land, beide Städte und derselben Einwohner, sind, teils durch Pest, Brand, Raub und andere Erpressungen so sehr verringert und in solche äußerste Armut gebracht worden, daß sie teils aus Verzweiflung zum Wasser, teils zum Strange, teils zum Messer ihnen selbst Hand anzulegen und das Leben zu nehmen geeilet.» In Berlin standen nur noch 835, in Cölln 400 Häuser, von denen 200 unbewohnt waren. Das kurfürstliche Schloß glich einem Trümmerhaufen. Ganze 6000 Seelen zählte die Stadt – fünfzig Prozent weniger als zu Beginn des Krieges.

Doch sie ließen sich nicht unterkriegen, die Berliner. Trotz allem sangen sie, was Nikolaus Peucker, der Berliner Stadtrichter und Kämmerer, nach dem Ende des so langen Krieges gedichtet hatte:

Wer wollt sich beßre Ruh erwähln:
Soldaten dürfen nicht mehr stehln,
das Obst bleibt sicher auf dem Baum
und hat auch auf dem Boden Raum.

Ich sitze ruhig vor der Tür
und trink ein gutes Kännlein Bier,
Trotz dem Soldaten, wann er kümmt,
daß er mir etwas tut und nimmt.

Ich bin nun wieder Herr im Haus,
es jagt mich kein Soldat hinaus,
es zündet mir's auch keiner an:
Das hat der Friedensschluß getan.

Pflicht und Kür auf dem Turm

In dem Zeitraum, in den wir mit dem Kien ein bißchen hineinleuchteten, also vom mittelalterlichen Berlin bis zur Mitte des siebzehnten Jahrhunderts, gehörten die Haus- oder Turmmänner zu den wenigen professionellen Musikern. Qualität war ihr bester Vermittler. Da die Berliner ja vom Hören wußten, was die Stadtpfeifer zu pfeifen in der Lage waren, holte man sie sich – so sie gefielen – herunter vom Turm, hinein ins Haus.

Ob der Bürger das tun konnte, hing zuvörderst von seiner finanziellen Situation ab und die zumeist direkt von der aktuellen wirtschaftlich-politischen Lage. Anders gesagt: Ging es den Berlinern gut, hatten auch die Musikanten etwas davon. Litten die Bürger beispielsweise unter der Pest oder dem Kriege, hatten auch die Pfeifer und Streicher nichts zu beißen. Ein stark konjunkturelles Geschäft also.

Die Haus- oder Turmmänner – erst ab 1607 trugen sie die feinere Bezeichnung Stadtpfeifer – absolvierten auf ihrem Ausguck eine Pflicht- und eine Kürstrecke. Genügte es bei der ersteren, der Trompete bzw. dem Türmerhorn möglichst laute und eindeutige Signale zu entlocken, konnten sie bei letzterer ihrer Musizierfreudigkeit und ihrem Talent freien Lauf lassen.

Im mittelalterlichen Berlin saßen die Turmmänner mit einem scharfen Auge und einem Signalhorn bewaffnet auf dem Guck-ins-Land und hielten Ausschau nach sich anschleichenden Quitzows oder anderen Rittern, die auf den Stegreif gingen, wie man Räubereien einst leicht verhüllend umschrieb. Glaubten sie in einer märkischen Staubwolke eine schlimme Bande entdeckt zu haben, stießen sie heftig ins Horn, auf daß der gelle Ton die Bürger warne und die Torwächter wecke. Letztere versperrten alsbald die massigen Tore und ließen die Feinde draußen mürrisch werden und hoffentlich wieder abziehen.

Zu ihren bezahlten Pflichten gehörte, sich regelmäßig auf ihrem Turme um einhundertachtzig Grad zu drehen und wachsam auf die Stadt zu schauen. Wie erwähnt, bestanden in Berlin nicht wenige Häuser aus Zunder, pardon, aus Holz. Da es den Bewohnern an Stadtgas und elektrischem Strom gebrach, kochten sie über dem offenen Feuer. Glaube keiner, daß diese Feuerstellen unserer heutigen Brandschutzordnung auch nur im entferntesten genügten. Ob man es wahrhaben will oder nicht: Selbst die Schlote kamen aus des Zimmermanns Werkstatt. Kein Wunder, daß der Rote Hahn in Berlin und Cölln oft krähte. Im Chronicon Berolinense von Pusthius etwa ist im Dezember 1655 vermerkt: «… ist wieder ein gefährliches Feuer in einem alten mit Holz ausgeflickten Schornstein angegangen … Den 23. sonntags, als man bereits in die Hochmesse-Predigt geläutet und schon viel Leute in der Kirch gewesen, ist in des Mühlenschmieds Hause wieder ein Feuer von dem Malztrocknen angegangen … Die Prediger haben auf der Kanzel gedacht, daß in der Woche vom 16. bis 23. Dezember in die neun Feuer gewesen.» Dräuten Gewitter, zitterten die Berliner vor Donar und vor dem Blitz. Häufig setzte er Häuser in Flammen. Erklärlicherweise wohnte aus diesem Grunde niemand sonderlich gerne in der Nähe von Pulvertürmen.

Zu den Obliegenheiten der Haus- oder Turmmänner zählte es, Schadenfeuer rechtzeitig auszuspähen und mittels vereinbarten Trompetentones kundzutun, auf daß die Feuerwehr eile, es zu löschen. Verschlief der Türmer das Feuer, brauchte er vorsichtshalber nicht erst vom Ausgucke herunterzukommen. Die Flammen gaben sich oft mit einem Bauwerk nicht zufrieden, griffen rasch zum Nachbarhause über und vernichteten nicht selten ganze Straßenzüge, ja Stadtteile. Wie wollte die Turm-Schlafmütze wütende Fragen der aufgebrachten Geschädigten beantworten?

Dem Großen Kurfürsten fiel 1672 eine passable Feuerordnung ein. Wie das mit Ordnungen so geht, währte und währte es, bis sie sich durchsetzte und endlich Holzschornsteine und Strohdächer verschwanden. Ein besonderer Passus blieb dem Stadtpfeifer vorbehalten. Um seinem Einschlafen vorzubeugen, hatte er sich zu jeder vollen Stunde mit seinem Horn zu melden. Ward er eines Feuers ansichtig, blies er das vereinbarte Warnsignal. Da er ohne Sprechfunk und Telefon auf dem Turme saß, wies er nach dem Warnsignal in der Nacht mit einer Laterne, am Tage mit einer Flagge heftig in die Richtung der raubgierigen Flammen.

Weiter dekretierte die kurfürstliche Brandordnung: «Sobald ein Geschrei von Feuer auf der Gassen entsteht oder die Sturmglocken geschlagen oder auch das Spiel, es sei bei Tage oder Nachte, gerühret wird, sollen die Nachbarn in selbigen Gassen, als welche die nähesten sind, sofort herzueilen, mit ihren Eimern, Spritzen und anderen Wassergeräthschaften und das Feuer beizeiten dämpfen helfen ... Wenn zur Nachteszeit Feuer entstehet, soll ein jedes Eckhaus Kien auf der Gassen brennen und zu halten schuldig sein, allemal bei zween Taler Strafe.»

Im gleichen Jahr – am 8. November – erhielt der Friedrichswerder ebenfalls eine entsprechende Ordnung. Das ist insofern erwähnenswert, weil sie die Möglichkeit andeutete, das Turmwächter- vom Stadtpfeiferamt zu trennen. Sobald der Friedrichswerder über ein eigenes Rathaus verfüge, könne ein Türmer eingestellt werden, der dann vom Rathaus aus seinen Feuerdienst zu versehen habe. Bis dahin aber sollte der Cöllnische Stadtpfeifer von der luftigen Höhe der Petrikirche auch regelmäßig nach Feuer im Friedrichswerder schauen.

Die Tatsache, daß Friedrich I. im Mai 1707 und Friedrich Wilhelm I. im März 1727 jeweils neue Feuerordnungen in Kraft setzten, läßt auf Unzulänglichkeiten der jeweils vorhergehenden schließen. Offensichtlich war auch auf die Stadtpfeifer nicht immer Verlaß, denn fürderhin hatten sie sogar alle Viertelstunde kräftig ins Horn zu blasen. So erhielten die Berliner einen Beleg ihres Wachseins wie einen Hinweis auf die Zeit. Ausdrücklich wurde gemahnt, nur zuverlässige, scharfäugige und hellwache Leute auf den Turm zu schikken. Sobald der Wächter ein Feuer bemerkte, hatte er die Sturmglocke so lange zu läuten, bis dessen Gefährlichkeit nachzulassen schien.

Auch die Teilnahme an Feierlichkeiten wurde in Paragraphen gefaßt. Wer einen Stadtpfeifer bat, zur Hochzeit oder Taufe aufzuspielen, mußte ihn um 21 Uhr freigeben, auf daß er Ersatzwachen aufstellen konnte. Versagten diese, derweil er zum Tanze spielte, harrte auch seiner eine Bestrafung!

Nun haben wir einiges über das Pflichtprogramm der Haus- und Turmmänner bzw. Stadtpfeifer gehört, das ihnen – rein musikalisch gesehen – lediglich einige fest vereinbarte Töne abverlangte. Wie sah es nun mit ihrer ungebundenen Musik aus? Dazu gehörte zweimal am Tage das sogenannte Abblasen vom Turme in alle Richtungen der Windrose. Erste Proben ihres musikalischen Könnens durften sie am Vormittag um zehn Uhr geben. Zu dieser Zeit pflegte sich der Berliner von seiner Arbeit zu entfernen, um mangels Betriebskantine zu Hause seine Mahlzeit einzunehmen.

Auf seinem Wege hörte er, je nach Gusto des Pfeifers, ernst-würdige oder gelassen-heitere Weisen über den Dächern der Stadt. Gleiches geschah, wenn das Bett zur Nachtruhe rief, wie wir wissen, winters um 21 und sommers um 22 Uhr. Geschäftstüchtig nutzten die Stadtpfeifer die Gunst der beiden Stunden: Wer einfallsreich blies, durfte hernach damit rechnen, als Musikant ins Hochzeits- oder Taufhaus gebeten zu werden. Und das versprach klingende Münze zum nicht gerade riesigen Salär. (So erhielt Hausmann Georg für ein ganzes Jahr Wache bei Wind und Wetter, für -zig Signale und -zig Lieder schmale 25 Taler und 24 Groschen…)

Ende des siebzehnten, Anfang des achtzehnten Jahrhunderts trennten sich allmählich Stadtpfeiferei und Turmdienst. Am schwersten tat sich damit – etwa gegenüber Cölln und den westlichen Vorstädten – Berlin. Magistrat und Regierung weigerten sich mit der sattsam bekannten Begründung «Das haben die Vorgänger auch so getan» bis ins neunzehnte Jahrhundert hinein, ihre Stadtpfeifer vom Wachdienst zu entlasten. Die Musikanten hatten an dieser Trennung ein großes Interesse – nicht allein wegen des öden Dienstes über den Dächern der Stadt, sondern auch wegen der nahezu lächerlichen Bezahlung. In den genannten Feuerordnungen stand festgeschrieben, daß die Stadtpfeifer «fast nichts vor das Wachen bekommen». Fast nichts – das waren zum genannten Lohn ein Lichtgeld von zwei Talern und ein Pelzgeld von einem Taler – im Jahr!

Übrigens setzte der Magistrat seine Kunstpfeifer bei solchen Gelegenheiten ein, bei denen heute noch gern eine Kapelle zur musikalischen Umrahmung gesehen und gehört wird: bei hochherrschaftlichen Besuchen, Gedenktagen, Staatsfeierlichkeiten und bei Bestattungen von hohen Persönlichkeiten. In späteren Jahren stellte die Stadtpfeiferei das Musikkorps für Übungen und Paraden der Bürgergarde – ganz nach Vorbild des königlichen Militärs. Oboen herrschten in diesem Klangkörper vor. Ferner tönten Trompeten und Fagotte.

Die Kirche nahm die Künste der Stadtpfeifer gleichfalls in Anspruch. Sie begleiteten den Gemeindegesang mit vier Posaunen. In der Nikolai- und in der Marienkirche hielt sich dieser Brauch bis in unser Jahrhundert hinein.

Bevor wir uns ein wenig mit der Ausbildung der Stadtpfeifer beschäftigen, wollen wir uns anschauen, wer sie eigentlich dingen durfte. Eine Polizeiverordnung aus dem Jahre 1604 schrieb vor, welcher Stand welche Instrumente zugesprochen bekam. Selbstredend war es dem ersten Stand mit Billigung des Bürgermeisters gestattet, die gesamte Stadtpfeiferei – etwa zu einer Hochzeit – zu engagieren. Montags, am gesetzlich vorgeschriebenen Bund-fürs-Leben-Tag, um 13 Uhr trafen die Musikanten beim Hochzeitspaare ein und spielten fleißig bis zum Ende der Feierlichkeiten. Dem zweiten Stand wurden Trommeln und Pfeifen, eventuell auch Trompeten gestattet. Letztere waren, da sie als adlige Instrumente galten, dem dritten Stande strikt verwehrt.

Unliebsame Konkurrenz, fahrende Musikanten beispielsweise, duldeten die Stadtpfeifer nicht. Als die Zahl der sogenannten Bierfiedler bedrohlich zunahm, wandten sich die Stadtpfeifer Hintze und Glück beschwerend an den Kurfürsten. Der entschied, daß die Stadtpfeifer das Monopol als Hochzeitsmusikanten erhielten, sich aber bei anderen «Gelachen» die Konkurrenz der fahrenden Spielleute bieten lassen mußten.

«Mit dem Fiedel-Bogen auff den Kopff geschlagen...»

Die Ausbildung ist ein trauriges Kapitel. Man möchte es nicht für möglich halten, doch die «Lehrzeit» betrug ein halbes Jahrzehnt. Am Tage mußten die Jungen im Haushalt des Lehrherrn alle möglichen, vor allem niedere Arbeiten verrichten. Die Gesellen führten sie in die edle Kunst des Alkoholvertilgens ein, und in der Nacht hatten sie an des Meisters Stelle auf dem Turm die Feuerwache zu schieben. Wen verwundert es da, daß Berlin öfter mal brannte, alldieweil die Lehrlinge erklärlicherweise auf dem Turm vor Ermüdung oder Trunkenheit einschliefen!

Stadtpfeifer Cotala-Kuhnrau schildert uns in seinem «Musicus vexatus» seine Ausbildung mit den Worten:

«Damals hatten die Kunst-Pfeiffer die übele Gewohnheit, daß sie keinen Jungen zuließen, mehr als auff zweyen Instrumenten sich zu exerciren. Wenn einer ein anders als das seine nur anrührete, so bekam er gewisse Schläge. Die Baßgeige war mir zu groß: darum gab mir mein Herr eine Bratsche mit dem Befehl, ich sollte kein ander besaittetes Instrument anrühren als dieselbe, bis solange er mir ein anders würde befehlen. Der eine Geselle mußte mir die Claves auff derselben vorschreiben und weisen. Dabey wiese er mir auch die Züge auff der Alt-Posaun. Und dieses waren meine beyde Instrumenta, mit denen ich mich drey gantzer Jahr

behelffen mußte. Im Anfang wurde mir alle Tage eine
Stunde zugelassen mich zu exerciren, bis ich ein schlechtes
Stück mit machen kunte und einen rechten Ansatz auf der
Posaune bekam. Hernach aber kriegte ich sonsten so viel zu
thun, daß ich das Exercitium wohl auff die Seite setzen
mußte. Doch hielte der Herr alle Sonnabend nach der Ves-
per eine Exercirstunde, so wohl mit den Gesellen als mit
mir. Wenn ich dann nur eine Note fehlete, so bekam ich ein
gantz Dutzt Ohrfeigen ... Mein Lehr-Herr war ungeduldig
und verdrießlich und gedachte, die Kunst seinen Jungen mit
lauter Schlägen einzubringen ... Allein wenn eine Fuge kam
und ich alleine spielen sollte, so fiel mir das Hertz schon in
die Hosen, und ich machte solch elend Ding, daß mir selber
davor grauete; alsdann schrie der Lehr-Herr: frisch, du
Schelm, frisch. Wenn ich aber nicht zurechte kommen
kunte, schlug er mich mit dem Fiedel-Bogen auff den Kopff,
daß er oftmals gar entzwey gieng, alsdann bekam ich gar gewiß hundert Ohrfeigen, Maultaschen und Haarhuschen.
Wenn er sich gar zu sehr erbosete, schlug er mir die Geige
auff den Schedel, daß sie in Stücken sprang, und alsdann
war der Teufel gar Abt. Denn er kriegte die Karbatsche und
peitschte mich solange, bis er seinen Zorn ausgeschüttet
hatte ... Nur fünff Geigen und zwantzig Bogen hat er auff
meinem Kopff zertrümmert.»

Daß unter solchen Umständen nur selten ein subtiler
Künstler den Reihen der Stadtpfeifer entsprang, ist erklärlich. Andererseits können wir ermessen, von welcher
Qualität die Musik der Kunstpfeifer gewesen sein muß. Dieser Umstand trug zum allmählichen Niedergang der Stadtpfeiferei zu Beginn des achtzehnten Jahrhunderts bei. Der
Hof mochte angesichts eigener Hofkapellen keinerlei Interesse an städtischer Musikpflege aufbringen, was den Zufluß
von Geldern natürlich erschwerte. Nicht zuletzt verdrängte
die Kammersuite mit dem Cembalo als Generalbaßinstru-
ment allmählich die Bläsersuite. Die Kammersuite war für
Freiluftmusik nicht geeignet, und die entsprechenden Kompositionen konnten von den zumeist nur handwerklich begabten Stadtmusikussen nicht mehr gemeistert werden. Den
Schlußpunkt hinter ihren Niedergang setzte schließlich im
Jahre 1810 die Proklamierung der Gewerbefreiheit, mit der
das patriarchalische Zunftwesen zu Ende ging.

29

Mit einem der letzten seiner Zunft, dem invaliden Johann Heinrich Bode, könnten wir die Stadtpfeiferei zu Grabe tragen. Zumal er nicht gerade eine Zierde seiner Musikantengilde war; denn seine Anstellung verdankte er nicht seiner Kunst, vielmehr der Gunst des Königs Friedrich Wilhelm II. Die Prüfer mußten zur Kenntnis nehmen, daß der ihnen Aufgedrängte wegen fehlender Zähne kaum mehr blasen, aber wenigstens recht tüchtig geigen konnte. Nein, sich mit ihm verabschieden, hieße den anderen Unrecht tun, die sich um reine Töne mühten. Stellvertretend für alle seien hier einige genannt:

Steffen Pflugenn wird in einer Urkunde des Jahres 1590 erwähnt, und darin taucht erstmals die Bezeichnung Stadtpfeifer auf. Wie das Berliner Bürgerbuch kundtut, erwarb er für zwei Taler das Bürgerrecht.

Eine der Stadtpfeifer-Berühmtheiten war Jacob Hintze, am 4. September 1622 in Bernau als Sohn des Stadtmusikers geboren und in Berlin am 5. Mai 1702 nach schwerem Leiden gestorben. Der Theologe Philipp Jacob Spener, Begründer des Pietismus und Verfasser von Kirchenliedern, predigte ihm zum Gedenken am 14. Mai in St. Nikolai zum Thema «Wie ein Christ gegen den todt gesinnet seyn solle».

Hintze lernte bei dem Berliner Stadtpfeifer Paul Nieressen, durchstreifte viele Jahre lang das In- und Ausland und kehrte nach Ende des Dreißigjährigen Krieges zu seinem alten Lehrherren nach Berlin zurück. Weitere Wanderungen folgten, bis er schließlich am 1. August 1659 eine Anstellung als Berliner Stadtpfeifer erhielt. Unter seiner Leitung erreichte diese Stadtpfeiferei eine künstlerische Höhe, auf die sie nie wieder gelangen sollte.

Denn Hintze wußte nicht nur vortrefflich Instrumente zu gebrauchen, sondern ebenso zu komponieren. Eng arbeitete er mit dem Kantor Johann Krüger von St. Nikolai zusammen, gab dessen Gesangbuch mehrfach neu heraus und setzte seine eigenen Choräle und die des Kantors für Instrumente um, die dann bei Gottesdiensten erklangen. Musiktheoretiker zählten Hintze zu den bedeutendsten Berliner Musikern des siebzehnten Jahrhunderts.

Noch als Achtzigjähriger genügte Hintze vielen seiner Stadtpfeiferpflichten, wenngleich ihm ein Adjunkt die mühseligen Aufstiege zum Turmdienst und auch das Aufspielen bei Hochzeiten abnahm. Schwer war – wie schon angedeutet – sein Schicksal. Seine drei Kinder starben vor ihm, viele Jahre lang peinigte ihn gräßlich die Gicht, neun Monate vor seinem Tode erlitt er einen Schlaganfall und zog sich zu alledem noch eine Blutvergiftung zu. Trotzdem starb er nicht als ein gebrochener Mann, wie Speners Predigt belegt.

Heinrich Dieterich schlug im ersten Drittel des achtzehnten Jahrhunderts vor, den Türmer- vom Stadtpfeiferdienst zu trennen. Mit welchem Erfolg, haben wir gesagt. Er beklagte sich bitter darüber, daß er bei seiner musikalischen Überprüfung vom Organisten der Petrikirche arg benachteiligt worden sei. Dieser habe ihm nicht nur übermäßig schwere Stücke vorgelegt, sondern auch verstimmte Instrumente zugemutet. Eine weitere Klage betraf den allgegenwärtigen Umstand, daß der jeweilige König die Stadtmusikantenstellen gern für seine invaliden Musiker nutzte, gleich welche Qualität sie boten. Dagegen konnte weder der Magistrat noch gar ein anderer Einspruch erheben. «So werden denn nur noch dienstunfähige, alte, kranke und schwächliche Leute angestellt, die nichts weiter für ihre Stellung mitbringen, als eine lange Reihe von Dienstjahren, Invalidität und gute Führung beim Militär.» Was gleichfalls zum Niedergang der Stadtpfeiferei nicht unwesentlich beitrug.

Auch Heinrich Dieterich litt lange Jahre bittere Not. Er verdiente nicht einmal genug, um seine kleine Miete für die Wohnung auf dem Nikolai-Kirchhof bezahlen zu können.

Ähnliche Traurigkeiten begleiteten in späterer Zeit Johann Christian Busch. Auch er konnte die Miete nicht aufbringen und geriet tief in Schulden. Pfändungsversuche blieben fruchtlos, weil nichts zum Pfänden da war. So beschlagnahmte die Kirchenbehörde auf Jahre hinaus sein Gehalt, das er von der Stadt empfing.

Sehr oft noch werden wir dem Maurer und Musiker Carl Friedrich Zelter begegnen, dem Begründer der Berliner Liedertafel, dem Direktor der Singakademie, dem Musiker, Dirigenten und Komponisten. Seinen Erinnerungen verdanken wir auch eine Schilderung der Lebensumstände des Stadtpfeifers Lorenz George. Er pfiff von 1733 bis 1760.

«Mußte ich diesen George zuerst für einen rohen, gemeinen Mann halten, so lernte ich ihn bald als einen durchaus geschickten Musikus kennen. Er spielte alle gangbaren Instrumente gut, Violoncell und Klarinette vorzüglich; als Kontraviolinist war er jedoch einzig zu nennen. Die Gewandtheit, Reinheit, Kraft und Präzision, womit er das Rieseninstrument handhabe, wüßte ich nicht auszuloben; es war, als ob die majestätischen Schritte eines Gottes durch die ganze Musik erklangen.»

Lorenz George pflegte einen recht eigentümlichen Hausstand. Die Wände seiner Zimmer zierten zahlreiche Musikinstrumente. Eine Drechselbank fand sich ebenso in der Wohnung wie Holz zum Trocknen. «Das Bett, worin er und seine Frau beisammen schliefen, stand auch hier und war nebenher von vielen, vielleicht fünf bis zehn kleinen Hunden bewohnt, die, sowie jemand ins Zimmer trat, nacheinander hervorkamen und zur Lust und Freude des Ehepaares den Willkommen bellten, dann aber ebenso in die warme Feste zurückkehrten. Die Namen der Hunde waren: Syrinx, Pan, Tubal, Midas, Viola, Gavotte u.a ... Die Frau lag kränklichkeitshalber fast immer mit den Hunden im Bette.»

Vormittags reinigte und reparierte der Stadtpfeifer seine Instrumente, nachmittags wurde musiziert. Freude hatte George an selbstfabrizierten Feuerwerken, die er Augenkonzerte nannte.

Zelter fühlte sich beim Stadtpfeifer George zunächst sehr wohl. «Ich konnte mich hier stundenlang frei auf allen Instrumenten üben, was ich zu Hause nicht durfte; ich ging mit auf die Türme der Stadt, auf Hochzeiten, Serenaden und half, die Aufwartungen versehen ... Einst war ich mit George allein im Garten, er sagte: ‹Sie werden ein guter Musikus werden, aber mehr müssen Sie auch nicht werden sollen.› Ich sagte, daß ich auch keinen höheren Wunsch habe.»

Zelter hatte ein waches Auge für die Nöte des Stadtpfeifers. «Ich sah ... mitten in dem sogenannten lustigen Leben Hunger und Frost. Kam der Winter, so fehlte Holz; an Kochen und Essen wurde gedacht, wenn der Mittag da war. Man war verdrießlich, nichts zu finden; es wurden nun Lekkereien, Liköre, Kuchen und Obst erborgt und verzehrt. In dem Hause meiner Eltern dagegen wartete jede Mahlzeit ihren Gästen auf; der Unterschied zwischen Ordnung und dem Zigeunerleben jenes Hauses erschien mir deutlich. Ohngefähr anderthalb Jahre hatte ich das Wesen angesehen und mitgetrieben, und es gab Stunden, wo ich den lebhaftesten Ekel dagegen empfand. Was endlich der Sache den Ausschlag gab, war, daß ich in der Musik höher hinauf wollte, als ich es hier erreichen konnte. Man trieb die Musik nur des Geigens und Pfeifens wegen, was mir auch ganz recht war, doch ich verlangte ein Mehreres.»

Lorenz George starb im März 1760. Sein Sohn Johann Friedrich übernahm das Amt.

Letzter Berliner Stadtpfeifer war der invalide Hoboist Friedrich Baumgarten. Bei seinem Vorspielen am 18. Mai 1792 «zeigte er sich als ziemlich fertiger Flötist, Violinist und Hoboist und bewies auch, daß er zur Not etwas Bratsche und Cello spielen konnte. Die Hauptinstrumente des Stadtpfeifers aber, Trompete und Posaune, hatte er seit Jahrzehnten nicht mehr geblasen und gänzlich verlernt», stand im Prüfungstext. Hoch und heilig versprach Baumgarten, dieselben wieder fleißig zu üben.

Mit seinem Tode am 31. Oktober 1811 hatte die Stadtpfeiferei in Berlin ihr Ende erreicht. Der letzte Cöllnische Stadtpfeifer legte am 19. Oktober 1838 sein Instrument für immer aus der Hand.

Gedämpfter Trommelwirbel

Mit geziemendem Trommelwirbel wollen wir uns von den städtischen Musikern des frühen Berlins verabschieden, geschlagen von jenen Spreeathenern, die sich als Tambure oder Trummelschleger recht mühsam ihre Groschen verdienten. Sie gehörten keinesfalls zur Stadtpfeiferei, wie dieser oder jener annehmen mag, sondern zunächst zu den Bürgerwehren. Marschierten die Spießträger mit Blechhauben, die Hellebardiere und Büchsenschützen festen Fußes über die ungepflasterten Straßen der Stadt, sorgten rührende Tamburs dafür, daß dies die Aufmerksamkeit der Zivilisten erregte.

Da ihre Bedürftigkeit nahezu sprichwörtlich war, ließ der Rat zum Jahresausklang ganze zwölf Silbergroschen in ihre dürren Hände klimpern. Weitere 16 Groschen fielen zu

Tambour,
auf der Trommel
sitzend.
Stich
von Adolph Menzel

Pfingsten in die Geldkatzen der Trummelschleger, wenn sie
nämlich mit Trommelschlag den Einzug des «Mayen», des
Birkenreises, begleiteten, der das Rathaus schmücken sollte.

Ansonsten traten die Trommler mehr bei öffentlichen Anlässen, denn bei privaten Festivitäten in Erscheinung, etwa
bei Staatsempfängen, Umzügen und so weiter. Drei solcher
Anlässe seien genannt.

Als 1624 Kurfürst Georg Wilhelm seine Tochter Hedwig
Sophie taufen lassen wollte, da bestellte er Trommler zur
«Einholung der frömbden Herschaft, so zur Churf. Kindt-
tauffe erschienen». Die Ratsherren berappten 18 Silbergroschen für den Fellgerber. 1650 sagte sich ein «He. Landtge-
raff» zum Besuche an, was gleichfalls betrommelt werden
mußte; im gleichen Jahre zog der Große Kurfürst mit seiner
liebreizenden Frau Luise Henriette von Oranien mit Trommelschlag in seine Residenz.

Gedämpfter Trommelwirbel war bei Bestattungen angesagt. So im August des Jahres 1693. Der kurfürstliche Statt-
halter Johann Georg von Anhalt hatte sich von dieser Welt
verabschiedet und wurde mit großem Geleitzug – an der
Spitze die Trommler – zu Grabe getragen.

34

Exekutionen ohne Trommelwirbel, daran hatte im alten Berlin keiner seinen rechten Spaß. So mußten die Tamburs ran und gehörig auf das Ereignis aufmerksam machen, und zwar nach strengem Ritual: beim Wege zur Hinrichtungsstätte, vor und nach Verlesen des Urteils, vor und nach dem düsteren Ereignis. Drei Trommler besorgten ihr Geschäft im März 1716 bei der Enthauptung einer gewissen Anne Rosine Jahnin. Sie steckten dafür jeweils vier Groschen ein. Einen Groschen mehr erhielten im gleichen Jahre ebenfalls drei Trommler, deren Stöcke bei der Exekution des Kürschnergesellen Erdmann Briesemann das Fell beklopften. Sechs Jahre zuvor hatte der Geselle seinen Meister heimtückisch im Bette erschlagen.

Im alten Berlin wußten die Einwohner bei Trommelschlag stets, daß etwas Besonderes geschehen sein mußte: Vielleicht kam einer (auf die Welt oder zu Besuch) oder es ging einer (wieder auf die Reise oder von dieser Welt) …

Paul Gerhardt

«Auf, auf, mein Herz mit Freuden»

Wenn wir in unserem vorigen Kapitel eine der berlinischen Musikwurzeln gewissermaßen im weltlichen Bereich bloßgelegt haben, wollen wir uns jetzt einer Wurzel auf geistlichem Gebiet widmen. Musik erlebten die Berliner in ihren Kirchen St. Nikolai, St. Petri und St. Marien schon in frühester Zeit, und bei den Chorälen sangen sie kräftig mit. Nicht wenige ihrer ebenso einfachen wie ergreifenden Kirchenlieder erklingen auch heute noch bei Andachten. Etwa Paul Gerhardts unvergängliche Dichtungen, die Johann Krüger so gefällig vertonte.

Das Leben im Berlin der frühen Jahre und bis ins siebzehnte, achtzehnte Jahrhundert hinein war stark geprägt von der Kirche. Mit ihren regelmäßigen Gottesdiensten bestimmte sie – wochen- und feiertags – nicht unbedeutend den Tagesablauf der Berliner mit. Fester Gottesglaube gehörte zur guten Gesinnung der Berliner wie strenge Religionsausübung zu ihren unabdingbaren Pflichten. Der Meister hielt den Gesellen dazu an, der Geselle tat's mit den Lehrlingen. Man schaue in uralte Gewerbeordnungen und bestaune, wie sie in ihrem Wortlaut oft dem Katechismus ähneln. Kostbare Grabmäler in Kirchen künden noch heute von inniger Verflechtung der oberen weltlichen mit den oberen geistlichen Ständen.

Neben Martin Luther gehört Paul Gerhardt zu den bedeutendsten protestantischen Liederdichtern. Seine Choräle sind ins Englische, Französische, Spanische, Polnische sowie in zahlreiche Sprachen Afrikas und Asiens übersetzt worden. Mehr als ein Jahrzehnt wirkte der 1607 in Gräfenhainichen als Sohn des Ackerbürgers, Gastwirts und Bürgermeisters Christian Gerhardt und seiner Frau Dorothea geborene Paul Gerhardt in Berlin. Am eigenen Leibe verspürte er die furchtbaren Auswirkungen des Dreißigjährigen Krieges.

1628 begann Paul Gerhardt in Wittenberg mit dem Studium der Theologie. Danach fand er lange kein Amt. So suchte er Anstellung als Hausgeistlicher in sogenannten vornehmen Familien, um seinen Lebensunterhalt zu verdienen. Zwischen 1643 und 1651 lehrte er in der Familie des Kammergerichtsadvokaten Fromm in Berlin.

Als 1647 das von Johann Krüger, Kantor an St. Nikolai, herausgegebene Berliner Gesangbuch in zweiter Auflage erschien, enthielt es bereits 18 Lieder von Paul Gerhardt, u. a.

«Auf, auf, mein Herz mit Freuden», «Nun ruhen alle Wälder» und «Wach auf, mein Herz, und singe». Ein Jahr später begrüßte Gerhardt das Ende des Dreißigjährigen Krieges und die Verkündigung des Westfälischen Friedens mit diesem Wort:

«Gottlob! Nun ist erschollen das edle Fried- und Freudenwort, daß nunmehr ruhen sollen die Spieß' und Schwerter und ihr Mord.»

1651 wurde Paul Gerhardt an der Nikolaikirche zu Berlin zum Pfarrer ordiniert und ging gleich darauf als Propst an die St.-Moritz-Kirche nach Mittenwalde. Im Juni 1657 richtete er einen Brief an den Berliner Magistrat, in dem es hieß: «Wen ich denn nach fleißiger anruffung des Nahmen Gottes Unndt reiffer erwegung der so einhelliglich auf mier gefallenen votorum so Viel abnehme, das der liebe Gott in diesem Werke seine sonderbare schickung Unndt Regierung habe, alls will mier nicht anstehen, diesem großen Unndt Allgewaltigen Herrn zu widerstreben. Nehme derowegen obberührte vocation im Nahmen Gottes, wie sie von meinen Hochgeehrten Herren mier zugesendet worden, auff Unndt an, der Christlichen Hoffnung Unndt Zuversicht, das fromme Herzen mit dem embsigen Gebethe mier zu Hülffe kommen.» Mit zeitgemäßen Worten: Ich nehme das mir übertragene Diakonat bei der St.-Nikolai-Kirche an.

Unterkunft fanden Paul Gerhardt und seine Frau Anna Maria in der Propststraße 7 direkt an der Nikolaikirche.

 ## Paul Gerhardt und Johann Krüger

An der Nikolaikirche arbeitete Paul Gerhardt eng mit Kantor Johann Krüger zusammen, der 1661 die Berliner mit der zehnten Auflage des Gesangbuches, das nicht weniger als 90 Lieder von Paul Gerhardt enthielt, erfreute. Der Erfolg seiner Lieder liegt sicher darin begründet, daß er die im Dreißigjährigen Krieg und in der schweren Nachkriegszeit mutlos gewordenen Berliner mit trostvollen Worten wieder aufzurichten verstand. Interessant ist, daß Gerhardts Lieder zumeist in der Ich-Form geschrieben sind, also eine Identifizierung durch die Sänger leicht zuließen.

Eines seiner Lob- und Danklieder hebt so an:

Auf den Nebel folgt die Sonn,
auf das Trauern Freud und Wonn,
auf die schwere, bittre Pein
stellt sich Trost und Labsal ein:
Meine Seele, die zuvor
sank bis zu dem Höllentor,
steigt nun bis zum Himmelstor.

Unvergessen bleibt die Standhaftigkeit Paul Gerhardts gegen ein Edikt des Großen Kurfürsten, mit dem dieser u. a. Einfluß auf den Inhalt der Predigten zu nehmen trachtete. Wer diesen Ukas nicht unterschrieb, sollte seines Amtes enthoben werden. Paul Gerhardt widersetzte sich diesem Ansinnen aus der Überzeugung heraus, der Große Kurfürst habe in Glaubensfragen nicht zu entscheiden. Folglich verlor er sein Amt. Fortwährende Petitionen und Interventionen seiner Gemeinde erreichten, daß Friedrich Wilhelm die Suspendierung zurückzog, allerdings mit der Bemerkung, er erwarte von dem Geistlichen eine Einhaltung des Erlasses auch ohne Unterschrift. Paul Gerhardt ging nicht über diese Brücke und war fortan auf die mildtätige Hilfe von Freunden angewiesen.

Im März des Jahres 1688 nahm ihm der Tod die treue Gattin von der Seite, ein Jahr darauf zog Paul Gerhardt nach Lübben und trat dort zum Trinitatisfest sein neues Amt an. Sieben Jahre später starb er.

«Nie wieder in glücklicheren Zeiten hat die Sonne der Berliner Musikkultur so hell gestrahlt, wie an dem Morgen, da sie aus der Nacht des Dreißigjährigen Krieges aufging», schrieb emphatisch der Musikhistoriker Curt Sachs mit Blick vor allem auf das Zweigestirn Gerhardt-Krüger.

Letzterer erblickte 1598 in Groß-Breese bei Guben das Licht dieser Welt, studierte gleich Gerhardt in den zwanziger Jahren des darauffolgenden Jahrhunderts in Wittenberg die Theologie. 1622 erschien sein erstes größeres musikalisches Werk («Musikalische Meditationen, erstes Lustgärtlein»). Im gleichen Jahr nahm er ein höchst ehrenvolles Angebot des Berliner Magistrats an, der ihm das so wichtige Amt des Kantors an St. Nikolai offerierte und zugleich eine Lehrstelle am Berlinischen Grauen Kloster übertrug. Seit dem 23. Juni 1622 bekleidete er beide Ämter und bezog eine

Dienstwohnung in der Klosterstraße. Sein Lohn darf nicht gerade als gewaltig bezeichnet werden: Alle drei Monate erhielt er zehn Taler, drei Scheffel Roggen und einige andere Nichtigkeiten.

Bevor wir uns seinem glücklichen musikalischen Schaffen widmen, seien einige Angaben zu seinem Leben gemacht. Im August 1628 heiratete er Maria Beling, Witwe des Ratsverwandten Aschenbrenner und Tochter des Bernauer Bürgermeisters. Die Heirat verschaffte ihm Einzug in Patrizierkreise und finanzielle Unabhängigkeit. Seine Frau schenkte ihm fünf Kinder, von denen zwei bald starben. Sie schloß 1636 ihre Augen für immer. Trotz schwerer seelischer Depressionen heiratete Krüger ein Jahr später die erst 17jährige Elisabeth Schmidt. Sie gebar dem nicht nur auf musikalischem Gebiet fruchtbaren Kantor immerhin 14 Kinder. Ein Wechsel der sozialen Stellung war unabwendbare Folge der Eheschließung: Der Gastwirtssohn Krüger gehörte nicht mehr zur vornehmen Patrizierschicht, nachdem er eine Gastwirtstochter geheiratet hatte. Es läßt sich denken, daß über diese Hochzeit viel geredet wurde. Da Krüger dennoch im Amte blieb, dürfen wir dies als Zeichen hohen Ansehens unter den kirchlichen Amtsträgern und in seiner Gemeinde sehen.

Die Schulordnung des Grauen Klosters von 1591 läßt uns wissen, was Johann Krüger an dieser traditionsreichen Bildungseinrichtung zu tun hatte. Ihm, der als Cantor Nicolaitanus bzw. superior (Oberkantor) Dienst tat, stand zur Seite der Cantor Marianus bzw. inferior (Unterkantor). Krüger und Hübner von St. Marien verband eine enge Freundschaft, so daß sie ein bestimmter Passus der Schulordnung – sie mögen ihre Arbeit «ohne einigen Zank» ausüben – nicht berührte.

Mit heutigen Augen betrachtet, betrieben die Herren Kantores eine Musikschule bescheidenen Umfanges. Sie brachten ihren Schülern Musik in Praxis und in Theorie bei. Zudem halfen sie den anderen Lehrern beispielsweise in der Arithmetik, und mittwochs hielten sie in der Klosterkirche den Schulgottesdienst.

Was nun Praxis und Theorie betraf, so ging es naturgemäß vor allem um das Einstudieren von Kirchengesängen, und zwar die gleichen für St. Nikolai und für St. Marien.

Die Schulordnung wies an, die Litaneien langsam und deutlich und nicht immer von demselben Jungen singen zu lassen. Zudem seien *alle* Knaben einzubeziehen, seien sie bei guter Stimme oder nicht. Also erhielten damals auch die gefürchteten «Brummer» im Schulchor ihre Chance.

Daneben zogen die Kantores – ähnlich wie die Stadtpfeifer – mit ihren jungen Sängern zu weltlichen, geistlichen und schlichten familiären Festen: zu Kindtaufen, Hochzeiten und Beerdigungen. Schulumzüge mit Gesang fanden etwa am Neujahrstag, am Martinstag und am Gregoriustag statt. Letzterer – benannt nach Papst Gregor, späterer Schutzpatron der Schulen – blieb lange den Einschulungen vorbehalten. Nicht zuletzt sei erwähnt, daß die Kantores auch mit der Kurrende in der Stadt unterwegs waren.

Was nun Johann Krüger betrifft, so machte er sich sogleich ans theoretische Werk und schuf 1625 zwei Elementarlehren für den Unterricht am Grauen Kloster: «Kurzer und verständlicher Unterricht, recht und leichtlich singen zu lernen» und «Lehren der praktischen Figuralmusik». Ein Jahr später widmete er dem Rat von Berlin-Cölln das zweite Lustgärtlein seiner musikalischen Meditationen: acht Magnifikat-Kompositionen auf die acht ursprünglichen Kirchentöne. Sie galten lange Zeit als verschollen, konnten aber als «Deutsches Magnifikat» 1956 wieder herausgegeben werden.

1630 überraschte er mit einem weiteren Lehrbuch, mit der «Synopsis musica», die wir als erste vollständige Kompositionslehre des siebzehnten Jahrhunderts bezeichnen dürfen. Sie behielt ihre Wirkung bis ins Zeitalter Bachs hinein. Es schloß sich ein Jahrzehnt schöpferischer Zurückgezogenheit an, die sicher nicht zuletzt durch die geschilderten familiären Ereignisse erklärt werden kann.

1640 brachte Krüger das erste lutherische Berliner Gesangbuch heraus, drei Jahre später lernte er Paul Gerhardt kennen. Krüger vertonte viele der Gerhardtschen Lieder, ebnete ihnen den Weg über das Gesangbuch in die Gemeinden und in die christlichen Familien. Von beiden stammt auch das österliche «Viktorialied», das einzigartige «Auf, auf, mein Herz mit Freuden».

Krüger veröffentlichte große Liedersammlungen, wie das «Abendliche Gotteslob» und «Ausgewählte Hymnen» (für das Graue Kloster).

Er genoß so viel Ansehen, daß der Große Kurfürst erwog, ihn als Kapellmeister am Dom zu bestellen. Ein ungenannter Schüler Krügers berichtete, warum dies nicht geschah: «Es wollten ihn zwar S. Kurf. Durchlaucht zu Brandenburg Friedrich Wilhelm der Große zum Kapellmeister an die Hofkirche zur Hl. Dreifaltigkeit haben, allein hoffärtige Musikanten hinderten solches auf mancherlei Weise und wollten ihn pro directore Musicae electoralis nicht annehmen, weil er ein stiller und ihnen ein allzu demütiger Mann war, welcher sich vor den Augen der Stolzen nicht stattlich genug halten wollte.» Das macht uns Krüger noch sympathischer, weil er offensichtlich alles andere als ein Karrierist war.

Er starb am 23. Februar 1662 und wurde am 2. März in St. Nikolai zur letzten Ruhe gebettet. Sein Grabmal ist seit langem nicht mehr vorhanden. Nach 1750 geriet Krüger ein wenig in Vergessenheit. Doch seine Lieder erklangen weiter aus frommen Kehlen, aus evangelischen wie katholischen.

 ## Hader um Gesangbücher

Gesangbücher waren die ersten Liederbücher der Berliner. Galten sie zunächst als kostbare Rarität, erschienen sie nach Verbreitung der Buchdruckkunst in Massenauflagen. Sie begleiteten, noch bis in unser Jahrhundert hinein, viele Berliner ein ganzes Leben lang. Sie sind wichtige kulturhistorische Zeugnisse dafür, welche geistlichen Gesänge die Berliner bei welcher Gelegenheit pflegten.

Wie mit allen Liederbüchern hat es auch mit den Gesangbüchern seine Eigentümlichkeit: Sie enthalten mitunter Hunderte von Liedern, von denen vielleicht ein Dutzend immer wieder und immer gern gesungen werden.

Johann Krüger hatte den Berlinern im Jahre 1640 das erste lutherische Gesangbuch der Stadt beschert. Er hob, wie damals üblich, mit einer klafterlangen Vorrede an. Darin hieß es u. a.: «Neues vollkömmliches Gesangbuch Augsburgischer Konfession, auf die in der Chur- und Mark Brandenburg christliche Kirchen vornehmlich beider Residenzstädte Berlin und Cölln gerichtet, in welchem nicht allein vornehmlich des Herrn Lutheri, und anderer gelehrten Leute, geist- und trostreiche Lieder, so bisher in christlichen

Kirchen bräuchlich gewesen – sondern auch viele neue schöne Trostgesänge, insonderheit des vornehmen Theologen und Poeten Herrn Johan Heermans zu finden, mit Auslassung hingegen der unnötigen und ungebräuchlichen Lieder, in richtige Ordnung gebracht, und mit beigesetzten Melodien, nebst dem General-Baß, wie auch absonderlich, nach eines oder des andern Beliebung in 4 Stimmen verfertigt von Johan Crüger, Direct. Mus. Berol. ad D. Nicol. Gedruckt und zu finden bei Georg Rungens Sel. Witwe, 1640.»

Angesichts der wenig entwickelten Drucktechnik nötigt es einige Achtung ab, daß Johann Krüger bereits im darauffolgenden Jahr dem 248 Lieder umfassenden Werk zwei Anhänge zufügte. Er selbst hatte die Gedichte des erwähnten Johann Heermann vertont, die als Geist- und Trostlieder die reformatorischen Choräle ergänzten.

Krügers enge Zusammenarbeit, ja Freundschaft mit Paul Gerhardt wirkte sich naturgemäß auf die zweite Auflage des Berliner Gesangbuches unter dem Titel «Praxis Pietatis Melica» aus, das mit etlichen Liedern des Nikolai-Diakons im Jahre 1647 in Druck ging. Dieses Gesangbuch machte Furore und nahm seinen Weg bis hinein ins achtzehnte Jahrhundert. Es enthielt – wie einem der berühmten Vorworte zu entnehmen ist – u. a. «Tägliche Morgen-, Abend- und Bußgesänge item von der Rechtfertigung; Hohe Fest- und Danklieder; Katechismusgesänge item vom Wort Gottes und der christlichen Kirchen; Christlichen Lebens und Wandelns wie auch gemeiner Not Lieder; Sterbegesänge item von der Auferstehung der Toten.» Die zehnte Auflage von 1661 umfaßte sage und schreibe 550 Lieder.

Bemerkenswert ist, daß der Hof ein eigenes Gesangbuch benutzte. Der Große Kurfürst erteilte Kantor Krüger den Auftrag, auch dieses zeitgemäß zu bearbeiten. Er tat wie geheißen und legte 1658 ein – wenn man so will – Unionsgesangbuch vor, das sowohl den Lutheranern wie den Reformierten gerecht wurde. In der Zeit heftiger konfessioneller Fehden eine beachtliche Tat! Es vereinte 319 Lieder und war für vier Vokal- und drei Instrumentalstimmen eingerichtet.

Johann Porst, ein Schüler von Spener und 1704 Pastor, dann ab 1712 Propst an St. Nikolai, setzte zu Beginn des achtzehnten Jahrhunderts die Krügersche Tradition der Gesangbucheditionen fort. Sein erstes datiert von 1708 und erlebte die zweite Auflage 1713. Da es eine Vielzahl der wohlbekannten Lieder übernommen hatte, fand es großen Anklang. Manche Gemeinden sangen noch in unserem Jahrhundert aus ihrem «Porst»!

Zu einem Eklat kam es, als drei Aufklärungstheologen 1780 mit dem «Gesangbuch zum gottesdienstlichen Gebrauch in den Königlich Preußischen Landen» die Gemeinden erschreckten. Einerseits verfuhren sie recht geschickt, indem sie sich eines fördernden Begleitschreibens von Friedrich II. versicherten, andererseits ohne Fingerspitzengefühl, als sie viele alte Lieder herausnahmen und den beibehaltenen Rest gar noch überarbeiteten. Hinzu gesellte sich eine gewisse musikalische Ödnis; denn die beinahe 450 Lieder ließen sich zu insgesamt neunzig Melodien singen. Man geniert sich fast, dies mitzuteilen: Die Melodie «Wer nur den lieben Gott läßt walten» erschien im Gesangbuch von Mylius zu fünfzig Texten.

Die Berliner reagierten sauer und sangen weiter nach ihrem geliebten «Porst». Mitunter überschrien sie sogar die Orgel, so daß es in den Kirchen zu Tumulten kam. Einige Gemeinden wandten sich an den König, der auch ob seiner Toleranz in religiösen Dingen den Beinamen «der Große» erhielt. Er überließ es mit Kabinettsordre vom 18.1.1781 den Gemeinden, weiter nach dem «Porst» zu singen oder den «Mylius» zu nehmen. Unter besagte Ordre schrieb er eigenhändig: «Ein Jeder kann bei mir glauben, was er will, wenn er nur ehrlich ist; was die Gesangbücher angeht, so steht ein Jedem frei zu singen: Nun ruhen alle Wälder oder dergleichen thöricht und dummes Zeug; aber die Priester müssen die Toleranz nicht vergessen, denn ihnen wird keine Verfolgung gestattet werden.»

Lediglich sieben Gemeinden sangen fürderhin nach dem «Mylius».

Zu Anfang des neunzehnten Jahrhunderts bezeichnete die Synode sowohl den «Porst» als auch den «Mylius» als überaltert. Eine neue Ära kündigte sich an: Es wurde ein Gesangbuch-Ausschuß gebildet. Er hatte die notwendigen Vorarbeiten nach folgenden Grundsätzen zu leisten: Nach brauchbarem Liedgut sollten die Lieder aus der Reformationszeit und der Zeit der Orthodoxie durchforstet werden. Lieder seit Mitte des neunzehnten Jahrhunderts hatten eine Chance, wenn sie von den Gemeinden gern und regelmäßig gesungen würden. Berücksichtigt werden sollten die verschiedenen Auffassungsweisen der christlichen Glaubenslehre. Texte dürften verändert werden, von der Melodie wurde Musterhaftigkeit verlangt.

Ausschußerfahrene wissen um die Langlebigkeit von Gremien, die sich mitunter sogar verselbständigen und sich schließlich nur noch mit sich selbst beschäftigen. Nach kleinen acht Jahren Tätigkeit konnte unser Ausschuß immer noch kein brauchbares Ergebnis vorweisen. Des berühmten Theologen Friedrich Daniel Ernst Schleiermachers Meinung dazu lautete in einem Brief vom 18. Juni 1826: «Die faulste Stelle in meinem Leben ist jetzt die Gesangbuchscommission.» Er schäme sich, mit einigen der Mitglieder «zusammen zu sein und ein Stück Brod mit ihnen zu essen. Und das soll nun noch über ein Jahr so fort gehen.» Es ging noch drei Jahre so fort.

Endlich, im Jahre 1829, erschien das «Gesangbuch zum gottesdienstlichen Gebrauch für die evangelischen Gemeinden» mit 876 Chorälen, darunter 32 Kernliedern, aber ohne Angabe der Verfasser, ohne jegliche Übersichten. Den 876 Texten standen diesmal immerhin 178 Melodien gegenüber. Zugleich erschien zum neuen Gesang- ein Orgelchoralbuch von August Wilhelm Bach, zunächst Organist an der Dreifaltigkeits-, dann an der Marienkirche. Dadurch konnte von vornherein gewährleistet werden, daß Organist und Gemeinde die gleichen Töne im gleichen Takt erklingen ließen.

Wie nicht anders zu erwarten, wurde neben freudiger Zustimmung auch scharfe Kritik an dem «Neuen» vernehmbar. Die einen vermißten liebgewonnene, schon von den Vätern und Großvätern gesungene Choräle, die anderen mochten sich mit Textänderungen nicht abfinden.

Verlassen wir damit das Berliner Gesangbuch, das bis heute mancherlei Veränderungen erfuhr, die nicht minder Zustimmung und Ablehnung zugleich erhielten.

Als mit Johann Krüger einer der bedeutendsten Lieder-
schöpfer der evangelischen Kirche starb – er hatte in seiner
vierzigjährigen Tätigkeit den Schul- und Kirchengesang in
Berlin zur höchsten Blüte zwischen Reformation und Aufklärung gebracht –, übernahm der erst fünfundzwanzigjäh-
rige Johann Georg Ebeling sein Amt und war dank musikalischer Begabung in der Lage, das Krügersche Werk fortzuset-
zen. Er vertonte etwa die geistlichen Andachten Paul Gerhardts sowie dessen Lieder «Du meine Seele, singe»,
«Warum sollt' ich mich denn grämen» und «Die güldene
Sonne». Leider blieb er nur sechs Jahre in Berlin, dann
folgte er einer Berufung nach Stettin als Kantor und Professor der griechischen Sprache.

Ebelings Nachfolger Hermann Koch, übrigens ein Ost-
friese, schrieb u. a. die Musik zum Schauspiel «Der tapfere
und siegreiche Alexander». Er genoß bei seinen Amtskollegen und in seiner Gemeinde den Ruf, ehrerbietig, kollegial,
friedfertig, freundlich, verträglich, aufrichtig und redlich zu
sein. 30 Jahre lang schätzte ihn die Gemeinde als Kantor von
St. Nikolai, bis ihn der Tod zu Beginn des Jahres 1697 ereilte.
Pietist Propst Spener hielt die Bestattungsrede. Dabei wetterte er wider die reine Instrumentalmusik in der Kirche. Sie
habe nur Berechtigung, solange sie den Gesang begleite. Er
ereiferte sich gar mächtig – trotz des traurigen Predigtanlas-
ses – gegen Hüpf- und Tanzrhythmen.

Nach Koch gewöhnten sich die Berliner an die Ditmars.
Vater Jacob wirkte bis 1728 und zog Sohn Jacob im Kanto-
ren-Amte nach, was dieser bis 1781 ausübte. Des Älteren
Grabinschrift trug u. a. diese Zeilen: «... Dieser Kirche und
dem Closter-Gymnasio dienete Er zugleich, dieser im Sin-
gen, jenem im Lehren, beyden fast in die 33 Jahr; hier sang
Er vor der hiesigen Gemeine, dort singet Er noch mit den
Engeln. Hier sang Er offt aus der Tieffen, nun singet Er:
Ehre sey Gott in der Höhe. Leser singe hier dem Herrn in
deinem Hertzen, so wirst du dort das neue Lied mit singen.»

Als sein Sohn das Zeitliche gesegnet hatte, erschien ein
Nachruf auf der ersten Seite der Vossischen Zeitung – dort
standen in jener Zeit sonst nur Hof- und Militärnachrichten.

Jacob Ditmar d.J. war der letzte der Nikolai-Kantoren, die in Personalunion die danach dreigeteilten Funktionen wahrnahmen: Vorsingen, Direktorat und Lehrtätigkeit.

Gilt Martin Crusius als der erste Kantor (bis 1553) von St. Nikolai, wird in den Annalen von St. Marien ein gewisser Joachim Berent genannt, der 1566 das Bürgerrecht erhielt.

Die Nikolaikirche 1827. Gemälde von Johann Heinrich Hintze

47

Erwähnen wir von der zweiten Kirche Berlins zunächst Magnus Peter Henningsen, erst Bassist an der Hofkapelle von Herzog Ferdinand Albrecht zu Braunschweig und Lüneburg, später Kantor in Königsberg, schließlich in Berlin. Vierzehn Jahre lang ermunterte er seine Gemeinde zum Singen. Er komponierte (Spener in seiner Trauerrede: Berent «war wegen seiner guten Erfahrung im componieren beliebet») u. a. die Motette «Der Gerechte wird grünen».

An der Georgenkirche hatte der jeweilige, zu bedauernde Kantor bis 1702 die Tätigkeiten des Küsters mitzuerledigen. Matthias Beil ward diese Pflicht in seiner Amtszeit von 1716 bis 1759 also nicht mehr aufgebürdet. Einer alten Schrift ist zu entnehmen, welche Anforderungen der am 20. Juli 1675 in Oschersleben Geborene an sich gerichtet sah: «1. In der Kirche, daß ich Sonn-, Fest- und Buß-Tages beym öffentlichen Gottesdienst früh um 8 und Nachmittages um 2 Uhr mit Choralsingen aufwarte, auch dann und wann sonderlich an den hohen Festtagen musicire. 2. In der Schule informiere ich die Jugend täglich und wird Vormittags von 7 bis 8 Uhr nach dem Gesang und Gebeth ein Hauptstück aus Luthers Kleinem Catechismo gefraget und aus der Bibel ein Capitel gelesen. Von 8 bis 9 wird eine lection aus dem Franckfurter Catechismo recitiert; die Kleinen lesen, die Kleinern buchstabieren. Von 9 biß 10 ist eine Rechenstunde und wird mit Gebeth und Gesang geschlossen. Von 10 biß 11 ist eine privat-Stunde Vor diejenigen so latein lernen sollen. Nachmittag von 1 biß 2 ist eine Singestunde, von 2 biß 3 eine Schreibe-Stunde, von 3 biß 4 eine privat-Stunde. Mittwochens wird statt Catechismus ein Psalm recitiret, die anderen Stunde behalten ihre lectiones. Sonnabends wird Evangelium und Epistel gelesen und die Sprüche angehöret.»

Erfreulicherweise schrieb Kantor Beil fein säuberlich auf, wofür er im Jahr Geld bekam:

«Besoldung aus der Kirche.

Vor die Music	10
Vor Choral singen, welches sonst der Küster verrichten muß	nichts
Vor Anschreibung der Lieder	4
An Leichen: eine Cantor Leiche giebet	7
eine Küster Leiche giebet	4

Vor bestellte Lieder bekomt der Cantor ein
Honorarium
Von Vertrauungen   nichts
Besoldung aus der Schule.
Von einem jeden Knaben wöchentlich
Schulgeld   0,10
Jahrmarckgeld bringen alle, einige 2, etliche
1 Gr., auch wohl weniger
Auff Martini bringen die Kinder Lichte, so
früh morgens den winter durch angesteckt
werden.»

Wir haben nicht alle Taler- und Groschenbeträge aufgeführt, insgesamt läßt sich sagen, daß die Kantoren nicht
ganz so arm wie eine Kirchenmaus waren, andererseits auch
nicht in Saus und Braus leben konnten.

Einen zankwütigen und streitsüchtigen Kantor hatten die
Einwohner auf dem Friedrichswerder mit Martin Heinrich
Fuhrmann von 1704 bis 1740 zu ertragen. Der Magistrat
wählte ihn, man merke auf, trotz Einspruches von Friedrich I. Aus der Feder des 1669 in Templin Geborenen stammt
der Text und sicher auch die Musik zum evangelischen Jubelfest «Die von den Pforten der Hölle bestürmete, aber
vom Himmel beschirmete evangelische Kirche» im Jahre
1730. Ansonsten setzte er sich in zahlreichen Pamphleten mit
dem musikalischen Leben seiner Zeit eigenwillig und teil-
weise auch bissig auseinander. Er bezähmte sich auch nicht,
wie Zeitgenossen ihm verübelten, wenn es Maulschellen aus-
zuteilen galt. Was sich in seinen Schriften widerspiegelte –
unerschütterlich, aber leider mit fragwürdigen Mitteln,
setzte er sich gegen ein Mittelmaß in der Musik ein –, bestimmte auch sein Leben. Klagen über Klagen häuften sich,
von Gemeindegliedern wie von Amtskollegen. Man sehnte
seine Pensionierung herbei. Sie erfolgte aber erst nach 36jäh-
riger Amtszeit.

Beenden wir unseren kleinen Kantoren-Streifzug in der
Jerusalemer Kirche mit der Rolle-Dynastie. Vater Christian
Karl Rolle übernahm 1759 das Amt. Er ist insofern erwähnenswert, als er 1765 ein Tedeum komponierte und 1784 mit
seinem Werk «Neue Wahrnehmungen zur Aufnahme und
weiterer Ausbreitung der Musik» als Musiktheoretiker her-

vortrat. Darin beschäftigte er sich u. a. mit dem Generalbaß-spiel, der Kirchenmusik, dem Kanon, der Orgel sowie den Moll- und Dur-Tonarten. Biographien von Graun und Agricola ergänzten den Band. Daß diese Aufsatzsammlung nicht nur Anhänger gefunden hat, darf dieser herben Rezension entnommen werden: «Es ist dies eine merkwürdige Erscheinung von Berlin. Indem solch kauderwelsches und verwirrtes Geschwätz so leicht nicht gefunden werden kann.»

Sohn Christian Karl kantorierte nach dem Tode des Vaters im Jahre 1788 sieben Jahre lang und übergab dann den Dirigentenstab an des Vaters Bruder Friedrich Heinrich Rolle.

Den Beispielen aus der Praxis der Kantorentätigkeit können und müssen wir entnehmen, daß diese Herren bis zur erwähnten Auflösung der Personalunion und Bildung eines Musikdirektorates unziemlich gebeutelte Angestellte waren. Sie mußten als Vorsänger der Gemeinde den richtigen Ton angeben, auf daß sich einheitlicher Gesang erhebe, bei größeren Gottesdiensten Gemeinde, Schülerchor und Stadtpfeifer «unter einen musikalischen Hut» bringen sowie bei Kirchenmusiken Chor, Orgel und Instrumentalisten zu einem einheitlichen Ganzen verschmelzen lassen und schließlich in der Schule ihren musikalischen und wissenschaftlichen Mann stehen. Wenn da trotzdem noch solche Genies wie Krüger und Ebeling hervorkamen, mußte es sich um außergewöhnliche Persönlichkeiten und ebensolche Glücksumstände handeln. Man stelle sich vor, sie hätten sich ausschließlich einem Komponistendasein widmen können!

Außerdem zahlte Berlin gegenüber anderen Städten vergleichsweise schlecht. Könner zogen weiter. Etwa nach Dresden. Daraus wiederum resultiert, daß an die musikalischen Fähig- und Fertigkeiten der Bewerber nicht gerade höchste Ansprüche gestellt werden konnten. Wer eine Stentor-Stimme besaß, der ein vernehmliches Intonieren der Lieder beim Gottesdienst zuzutrauen war, durfte sich fast als engagiert betrachten. Fragen nach der Theorie vermieden die Examinatoren lieber, es sei denn, sie wollten den Examinanden verscheuchen.

Ihr Zubrot verdienten sich auch Kantoren z. B. bei Hochzeiten, Taufen und Bestattungen. Schon in einer Polizeiverordnung von 1551 werden sie erwähnt: «... und da auch jemand nach alten Herkommen vor und nach der Trewe, an geistlichen Gesengen, was in der Kirche von der Schulen haben wollte, demselbigen solle fry sein den Schulmeister samt seinen Gesellen dafür 6 Groschen, den Caplanen 4 gr. und den Küstere 2 gr. zu geben, der aber dieselbigen gleich anderen Gästen zur Hochzeit ein zu laden.»

30 Jahre später untersagte eine neue Polizeiordnung den Kaplanen, zu Brautleuten zu gehen, mit denen sie nicht befreundet waren. Nun sollte mal einer nachweisen, daß eine solche Freundschaft nicht bestanden hat. Also trippelten die Kantores munter weiter zu ihren alten und neuen Freunden. Eine weitere Ordnung zu Beginn des siebzehnten Jahrhunderts ließ offiziell wieder zu, was inoffiziell längst praktiziert wurde: Musik bei Hochzeiten auch der ärmeren Berliner. Was die Kantoren im frühen Berlin bei familiären Festen sangen und singen ließen, läßt sich nur ahnen – was ihnen einfiel und was in Gesangbüchern stand.

Zurück zur Ämterhäufung bei den Kantoren, die zu einer bedenklichen Abflachung der Kirchenmusik führte. Eine Lösung erhofften sich kirchliche und weltliche Behörden durch eine Umwandlung der Kantorate in Musikdirektorate. Johann Georg Gottlieb Lehmann, Organist an St. Nikolai, war 1778 nach dem Tode des Petri-Kantors Buchholz bereit, die Leitung eines solchen Musikdirektorates zu übernehmen. Seinem Begehren wurde am 24. November des genannten Jahres stattgegeben; ihm unterstanden musikalisch die Petri- und die Nikolaikirche.

Das Experiment ging schief, weil auf des Herrn Direktors schmalen Schultern zwar ganz andere, aber insgesamt nicht weniger Aufgaben lagen. Er mußte sich – beispielsweise im Hinblick auf die Schulchöre – zersplittern und ältere Schüler zu ihrer Leitung mit heranziehen. Das trug nicht zur erhofften Qualitätssteigerung bei.

Unser guter Zelter verspürte das am eigenen Leibe. 1816 bot ihm der Magistrat an, Nachfolger von Lehmann zu werden, und der couragierte Zelter sagte zu. Nach nur einem Jahr kapitulierte er ohne viel Aufhebens und ließ den jungen Grell sich mühen.

Nicht wenige der Berliner Kirchen unserer Tage laden regelmäßig zu Orgelkonzerten ein, die nicht nur von Christen gerne gehört werden. Es ist schon von besonderem Reiz, die Königin der Instrumente an ihrem angestammten Platz zu hören. Organisten aus Berlin haben heute wie einst einen Namen, der Klang über die Stadt hinaus hat: Kirchenmusikdirektor Christhard Kirchner, der in der Sophienkirche die Schuke-Orgel jubilieren läßt, ist einer von ihnen. Kantor Roland Münch lädt einmal monatlich in die Kirche «Zur frohen Botschaft» in Karlshorst zur Sonntagsfrühmusik, bei der alternierend Orgel- und Kammermusik erklingt. Die dortige Orgel von Peter Migend (1700 bis 1764) ist die einzige erhalten gebliebene historische Orgel aus dem 18. Jahrhundert in Berliner Kirchen. Ihre Klangreinheit läßt im wahrsten Sinne des Wortes aufhorchen. Was den guten Ton betrifft, so tut die hervorragende Akustik vieler Kirchen das Ihre. Die Christuskirche in Oberschöneweide etwa dient dem VEB Deutsche Schallplatten seit Jahrzehnten als Tonstudio für Aufnahmen. Neben ihrer ausgezeichneten Akustik wird die relativ ruhige Lage der Kirche geschätzt; in ihrer Nähe fahren weder Straßen- noch S-Bahnen.

Einer der Organisten-Vorfahren führte den in dieser Spezies nicht gerade seltenen Namen Bach. Allerdings stammte August Wilhelm Bach nicht aus der Johann-Sebastian-Bach-Familie. Der Berliner Professor orgelte zunächst an der Dreifaltigkeits-, dann an der Marienkirche, gehörte von 1815 bis 1869 der Singakademie an und schuf das Oratorium «Bonifacius», das die Singakademie ebenso aufführte wie seinen «100. Psalm». Er behandelte die Königin der Instrumente derart virtuos, daß orthodoxe Kirchenmusiker glaubten, auf den Plan treten zu müssen. Sie schrieben ihm 1816 vor, «im strengsten Kirchenstyl» zu musizieren und Choräle «mit einfacher Melodie» zu spielen, auf Abänderungen zu verzichten, sich keine Verzierungen zu erlauben und Zwischenspiele dem Charakter des Liedes anzupassen.

Bachs Arbeitsvertrag ist zu entnehmen, was staatliche und kirchliche Obrigkeit von einem Berliner Organisten alles so erwarteten. Schauen wir uns einige der Punkte an:

«Der Magistrat sowohl als das Ministerium der Marien-Kirche erwarten, daß der Bach (sic!) seinen, bei seiner bisherigen Dienstführung bewährten frommen und sittlichen Lebenswandel fortsetzen und sich ferner befleißigen werde, sich des in ihn gesetzten Vertrauens würdig zu machen.» Die Wörter «Fleiß», «Eifer» und «Pünktlichkeit» tauchen auf, festgelegt wird, wann er die Orgel zu bedienen hat, und zwar «der Feier des Tages angemeßen»: bei sonn- und festtäglichen «Gottesdiensten, Confirmationen, Trauen und Beerdigungen».

Abgefordert wird unbedingte Gefolgstreue den Kirchenoberen gegenüber. Bei Krankheit wird ihm erlaubt, daß «ein tüchtiges Subjekt» ihn vertritt. Traf «ein geschickter auswärtiger Orgelspieler» in Berlin ein, durfte der anstelle des bestallten Organisten spielen, «nur muß der Bach dabei gegenwärtig sein». Freigestellt blieb Bach, die Melodien selbst zu bestimmen – «es sei denn, daß der betreffende Prediger das Lied nach einer selbstgewählten Melodie wünscht singen zu lassen».

Viele Paragraphen regeln technische Probleme, etwa das der Orgelstimmung, die von der Firma Buchholz vorgenommen wurde. Bei seinen Untergebenen hatte Bach u. a. darauf zu achten, daß sie «sich anständig betragen und sich gänzlich des Trunks enthalten».

Sehr schlimm für den armen Organisten war Paragraph 15, der gewiß seinen traurigen Hintergrund hatte: «Das ehedem den Organisten nachgegebene Kohlenbecken zur Erwärmung der Hände in kalten Tagen darf in Gemäßheit polizeilicher Verfügung durchaus nicht gestattet werden, es wird bei strenger Ahndung untersagt.» Schließlich durfte Organist Bach mit einem jährlichen Gehalt von «einhundert Sechs und Zwanzig Thalern nebst zwölf Scheffeln Gerste» rechnen, auszuzahlen in vierteljährlichen Raten «aus der Kirchen Kaße gegen Quittung».

Ähnlich sahen sicher auch die Kontrakte der anderen Organisten aus. Bevor sie die wichtigen Unterschriften erhielten, mußten sich die Bewerber um eine Anstellung einer strengen Prüfung unterziehen. Dabei ging es um das Generalbaßspiel, einen Choral, ein Vorspiel und um eine Fuge. Manche Kirchen überprüften zudem die Kenntnisse in Schreiben und Rechnen, weil die Organisten (natürlich) auch an Schulen zu unterrichten hatten, andere wollten ihre Stimme hören, falls der Herr Kantor mal ausfalle. Dagegen muten die Anforderungen an die Herren Cantores bescheiden an. Obwohl sie mit ihrem Taktstock auch die Organisten befehligten.

Offensichtlich vermochten sich – wie bei Bach schon angedeutet – etliche Organisten mit schlichten Melodien nicht anzufreunden. Statt dessen improvisierten sie gern und legten damit Proben ihres weitaus größeren Könnens ab. Die Folge: Immer wieder sahen sie sich Maßregelungen ausgesetzt. So wurde Marien-Organist Seydel angeherrscht, er möge Lieder spielen, «ohne die Melodie durch allerhand untaugliche Künsteleyen zu verstellen». Harsche Kritik übte Friedrich W. Marpurg. In einem längeren Artikel unter dem heiteren Titel «Freundschaftliche Erinnerung an einige Herren Organisten von einem Liebhaber des Wohlklangs» heißt es u. a.: «Einige glauben mit ihren verwünschten Bässen, chromatischem Gezerre, unnatürlichem Zwischengequirle, ungereimten Vorschlägen u. a. den Kennern der Musik, deren sie sich etwan einige in der Gemeine vermuthen, ihre vermeynte tiefe Wissenschaft zu vernehmen zu geben.» Härter noch urteilte er in einem weiteren Beitrag: «Weil sich diese Orgelspieler in ihr Gewühle und lermendes Variieren so verliebt haben, so spielen sie so wankend, daß es klingt, als wenn sie die Melodie nicht wüsten.»

Wir wollen nun nicht eine Genealogie der Berliner Organisten ausbreiten, sondern nur darauf verweisen, daß im Berliner und Cöllner Bürgerbuch bereits im sechzehnten Jahrhundert die Namen einiger von ihnen enthalten sind. Sie spielten an verschiedenen Gotteshäusern, also an Nikolai, Marien oder Petri. Nur einige wollen wir Revue passieren lassen.

Im Jahre 1739 war es, als ein Bombardier namens Fuhrmann auf Befehl des Soldatenkönigs bei St. Nikolai auftauchte und mit kgl. Schreiben kundtat, er sei der künftige Organist. Dennoch wagten die Kirchenherren eine Prüfung, zu der Fuhrmann vorsichtshalber nicht erschien (weil ihm der Posten doch von Königs wegen sowieso gebühre). Schließlich trabte er doch zur Kommission, der u. a. Carl Philipp Emanuel Bach und Kantor Ditmar angehörten. Sie mußten erkennen, daß der Herr Bombardier kaum der Notensprache mächtig war, keinen Choral auswendig spielen konnte, ja, die Orgel äußerst mangelhaft beherrschte. Trotz kgl. Order hieß die Kommission den Bombardier von hinnen ziehen.

Andererseits erhielt auch ein als Komponist, Dichter und Schriftsteller bekannter Künstler die im Ausklange des achtzehnten Jahrhunderts vakante Stelle nicht: Gottlieb Wilhelm Burmann. Ihm wurde Johann Georg Gottlieb Lehmann vorgezogen.

Er gehörte als Tenorsänger der Kapelle des Prinzen Heinrich an, ab 1791 der Singakademie (Direktor Fasch soll ihm einige seiner Kompositionen gewidmet haben!) und der Königlichen Oper als Korrepetitor. Zu seinen Verdiensten zählt es, Werke von Georg Friedrich Händel, August Friedrich Graun und Carl Friedrich Christian Fasch aufgeführt zu haben. Seine Tochter, selbst Klavierspielerin, heiratete übrigens den Komponisten und Berühmten Pianisten Muzio Clementi.

Von den früheren Marien-Organisten seien Johann Samuel Harsow (von 1778 bis 1792 im Amte) und Friedrich Ludwig Seydel (1792 bis 1816) genannt. Ersterem wurden seltenes Talent, großer Kunstfleiß und ungewöhnliche Geschicklichkeit auf der Orgel nachgesagt. Er vermochte wie kaum ein Zweiter, die Werke Johann Sebastian Bachs zu spielen, und schrieb den Choral «Gott ist mein Lied» sowie drei Orgelstücke. Seydel, ein Schüler Johann Friedrich Reichardts, lernte auf Reisen die Opern Christoph Willibald Glucks, Antonio Salieris sowie Oratorien von Händel kennen, komponierte selbst eine Oper («Claudine von Villabella») und nahm schließlich mit Genehmigung Ifflands ein Engagement als Korrepetitor am Nationaltheater an. Dort wirkte er von 1822 bis 1830 als Kapellmeister. Auch er nannte sich Mitglied der Singakademie. Insgesamt komponierte Seydel zwölf Opern, zahlreiche Chorwerke, Motetten, Oratorien, Schauspielmusiken (etwa zum «Götz von Berlichingen») und mancherlei mehr.

Otto Friedrich Gustav Hansmann – von 1796 bis 1836 Organist an St. Petri – gründete am 28. Oktober 1804 einen Gesangverein, der zwölf Jahre im Verborgenen blühte (gewissermaßen als Hausmusik), ehe er 1816 mit einer Kantate von Karl-Friedrich Rungenhagen an die Öffentlichkeit trat. In den zwanzig Jahren, in denen er den Chor leitete, führte er 39 Chorwerke auf, darunter welche von Graun und Haydn.

Es würde den Rahmen dieses Kapitels sprengen, wollten wir eine ausführliche Beschreibung all jener Firmen Berlins geben, die sich mit dem Orgelbau beschäftigten. Über den berühmten Orgelbauer Joachim Wagner – eines seiner Instrumente erklingt nach wie vor in der Marienkirche – viel Worte verlieren, hieße Eulen nach (Spree-)Athen tragen. Die Buchholzsche Firma haben wir im Zusammenhang mit Bach genannt, also benennen wir noch einen Meisterschüler Wagners, den Orgelbauer Ernst Marx, der in der zweiten Hälfte des achtzehnten Jahrhunderts seine Instrumente herstellte. Sein Sohn Friedrich übernahm nach dem Tode des Vaters ab 1799 den Betrieb. Dessen Sohn C. Ernst Marx wiederum war kein geschäftlicher Erfolg beschieden: Mit seinem Tod im Jahre 1855 verschwand die Firma von der Bildfläche.

Heute existiert nur noch eine Orgelbaufirma in Berlin, die des zugewanderten Meisters Axel Stüber.

 ## Kurrende in den Straßen Berlins

Von Anfang an ging die Musik nicht an den jüngsten Berlinern (und Cöllnern) vorbei, wie wir es im Zusammenhang mit den Stadtpfeifern und den Kantoren erfahren konnten. Wer aufmerksam die Schulordnung des Grauen Klosters liest, wird entsprechende Hinweise auf die musische Bildung der Knaben finden. Den Mädchen blieb die Bildung ja lange, lange Zeit verwehrt, sie bekamen höchstens zu Hause etwas mit, wenn sie sich vielleicht an die Hosenträger der Brüder klammerten oder Vater es als verheiratungsförderlich ansah, daß die Tochter singen oder ein Instrument spielen konnte.

Mit der Kurrende, den durch die Straßen ziehenden singenden Schülern, gab es eine besondere Form des Schülergesanges und des städtischen Musiklebens. Im Berlin während der Zeit des Dreißigjährigen Krieges (und schon vorher) zog die Kurrende vor allem am Martinstag, zu Neujahr und am Tag des heiligen Gregorius durch die Straßen, um die Leute mit frommen Liedern zu erbauen und von den

Bürgern etliche Zuwendungen zu erhalten. Lehrer und ältere
Schüler durften sich auf einen Umtrunk freuen, den der Rat
finanzierte, derweil die Jüngsten trockene Brezeln knabbern
mußten. Schließlich wurde all das zusammengetragen, was
aus den Bürgerhäusern an Aufmerksamkeiten gespendet
wurde. Nach Abzügen für den Kantor und den Kurrende-
Vorsänger erhielten die Herren Lehrer den Rest, der ihr
schmales Gehalt wenigstens ein bißchen aufbesserte.

Offensichtlich bekam es manchen Knaben nicht, so im
Blickpunkt der Öffentlichkeit zu stehen. Etliche ältere Berliner beschwerten sich so heftig über das arge Benehmen solcher Kurrendaner, daß einmal sogar der Kurfürst eine ver-
nehmliche Mahnung aussprechen mußte. Es bestand übrigens ein ausdrückliches Verbot, einen Dolch oder gar einen
Degen mit in die Schule zu bringen!

Zu Beginn des achtzehnten Jahrhunderts hatte eine Kurrende ganz andere Schwierigkeiten. Prediger Lisius von

St. Georgen teilte 1701 mit, «daß die Curenden-Jungen in der Stadt sich weigerten, die Leichen draußen zu begleiten, gleichwohl aber draußen mit den Büchsen rumb gehen undt sich Gelt sambelten». Er schlug vor, «daß 12 Jungen draus gehalten werden, so zur Leiche mitgingen. Sie solten mit der Curenden-Büchse draus rumb gehen, woraus sie könnt gekleidet werden». In der Tat wurde dann aus diesem Grunde vor dem Königstor eine Schule gebaut, damit sich die Kurrende-Sänger ohne Angst vor Räubern bei Bestattungen zu singen trauten.

Von Anfang an gehörte auch zur Sophienkirche eine Schule, die dem Kantor unterstand. Seit 1716 mühte sich der Kantor Peter Koppe redlich, zeitweilig fünfzig Jungen die Grundbegriffe des Lesens, Schreibens und Rechnens beizubringen. Daneben beaufsichtigte er die Kurrende, die sich vornehmlich aus Söhnen ärmerer Elternhäuser rekrutierte. Uns verwundert es sicher nicht, daß der Kantor oft im Zwiespalt war, ob er seinen Jungen lieber das Abc einbleue oder aber mit ihnen singend durch die Straßen ziehe. Letzteres hatte ohne Zweifel den nicht zu unterschätzenden Vorteil, einträglicher zu sein.

Diesen Zwiespalt entdeckten mißgünstige Zeitgenossen, und sie warfen Kantor Koppe vor, er widme sich zu sehr der Kurrende. Dieser konterte nicht ungeschickt mit Hinweis darauf, aus seiner Schule seien tüchtige Männer hervorgegangen: Einer diene als Schreiber und Rechner beim Leibbataillon in Potsdam, ein weiterer als Page dem Markgrafen von Schwedt und schließlich einer als Küchen- und Kellerschreiber beim seligen Markgrafen Ludwig.

1733 hatte Kantor Koppe ob dieses Haders die Lust an der Kurrende verloren, und er bestellte mit Einverständnis von Propst Roloff den Schuhmacher (!) Jacob Kückel als ersten Kurrende-Führer. Der sah als eine seiner wichtigsten Aufgaben an, die wilden Knaben zu bändigen, auf daß sie König und Königin bei ihren Besuchen im Schlößchen Monbijou nicht belästigten.

Um den Posten eines Kurrende-Führers riß sich keiner. Dafür war ein zu karges Brot zu brechen. Eine Gehaltsaufbesserung, die Kantor Koppe erbat, ward abschlägig beschieden, dafür jedoch sein Aufgabenkreis erweitert. So sollte der Kurrende-Führer «auch bei Leichen singen und

die Kinder zum Examen in die Kirche führen». Als es dann noch hieß, er müsse jüngere Kinder unentgeltlich unterrichten, wollte kaum noch einer das Amt übernehmen. Die Situation besserte sich erst, als das karge Gehalt um sechs Taler jährlich (!) aufgebessert wurde, aber nur, wenn «er den Klingelbeutel am Sonntag Nachmittag und Donnerstag trug».

Die Kurrende in der Biedermeierzeit

Wie erwähnt, kamen die Kurrende-Knaben vornehmlich aus bedürftigen Elternhäusern. Sie brauchten kein Schulgeld zu zahlen und erhielten alle Vierteljahr einen Taler und zwölf Groschen, pro Jahr ein Paar Schuhe und Strümpfe, alle zwei Jahre einen neuen Hut. Ihre Robbe (Mantel) mußten sie zwölf Monate tragen, dann verwandelte sie sich unter geschickten Schneiderhänden in eine Jacke und eine Weste.

Wie sah die Woche eines Kurrende-Sängers aus? Unterricht gab es täglich von 7 bis 10 und von 13 bis 16 Uhr. Kurrende-Schüler hatten täglich ein bis zwei Stunden «vor Türen zu singen». Dienstags von 9 bis 11 Uhr erscholl ihr Gesang beim Konfirmationsunterricht, sonnabends bei der Beichte und sonntags zum Gottesdienst. Kandidat Koppe führte – sicher nicht zuletzt mit Blick auf reichhaltige Geschenke – den Kurrende-Gesang für Neuvermählte ein. Bis zum Jahre 1832 zog die Sophien-Kurrende wohlbehütet und singend durch die Straßen, dann schlief dieser Brauch ein.

In anderen Stadtteilen blieb er wach: Kurrende im Ausklange des neunzehnten Jahrhunderts in Berlin, damals Sangesmission genannt. Sie gehörte neben der Besuchs- und Schriftenmission zum Arbeitsfeld der durch Johann Hinrich Wichern gegründeten und durch den Domprediger Adolf Stöcker ausgebauten Berliner Stadtmission. Als Sohn der Reformation hielt es Stöcker mit Luther: «Wer mit Ernst glaubt, der kann's nicht lassen; er muß fröhlich und mit Lust davon singen und sagen, daß es andere auch hören und herkommen.» Mit seiner Sangesmission nahm Stöcker die alte Berliner Kurrende-Tradition auf und führte sie noch ein Stückchen weiter.

Nicht jeder, der wollte, durfte auch mitsingen. Drei Prüfungen mußte jeder Kurrende-Kandidat bestehen: Ist er gut bei Stimme? (Er wird vor einem kritischen Publikum auftreten.) Handelt es sich um einen sittsamen Jungen? (Aus der Geschichte ist manch Arges überliefert.) Ist er ebenso begeistert wie – mutig? (Mancherlei Anfechtungen wird er ausgesetzt sein.) Hieß es dreimal «Ja», dann ging es ans «Pauken». Lieder und Choräle großer Zahl mußten auswendig gelernt werden. Flossen sie frisch, fromm und froh von den Lippen, eilte der Stadtmissionar zu den Eltern, ihnen die frohe Kunde zu überbringen und ein Abkommen zu treffen: Die Stadtmission behütete und besoldete den Knaben, er mußte dafür fleißig und gehorsam sein. «Behütet» darf auch wörtlich genommen werden; denn neben dem schwarzen Umhängemantel gehörte der dunkle Hut zur einheitlichen Bekleidung der Kurrendaner. Fünfzehn von ihnen bildeten übrigens einen Chor.

Endlich, endlich durfte der Knabe in seine schlichte Kluft schlüpfen. Zur Advents- und Weihnachtszeit kam noch ein wichtiges Utensil hinzu: ein Säckchen unterm weiten Mantel, das die freundlichen Gaben aufnahm. Die kleinen Sänger hatten ein strapaziöses Pensum zu bewältigen: An vier Wochentagen ging es am Nachmittag und sonntags vor der

Kirche auf mindestens zehn Höfe des Berliner Nordens und Ostens. Auf jedem Hof erklangen drei Lieder. Die hier wohnten, teilten mit den Sängern das wenige, was sie hatten.

Was die Kurrende bewirkte, mag – wenn man einer zeitgenössischen Schrift folgen will – beinahe zu Tränen rühren: «Hier wird ein verlorener Sohn von den Liedern so gepackt, daß er den Stadtmissionar bittet, mit ihm in das Haus seines Vaters zu gehen und Vergebung zu erflehen – dort verscheucht der ernste Gesang den wüsten Lärm einer Schankstätte, daß es stille und ernst in ihr wird, – und da wieder erscheinen weinende Frauen mit dem Danke, daß ihnen in ihrer äußeren oder inneren Not die Kurrende Licht und Trost ins Herz gesungen.»

Am Reformationstag versammelte sich die gesamte Kurrende vor dem Luther-Denkmal an der Marienkirche, das heute im Park der Stephanus-Stiftung in Berlin-Weißensee steht. Zu ihnen gesellten sich Männerstimmen und Posaunenbläser, die uns an Stadtpfeifer erinnern. Vor dichtgedrängt stehenden Berlinern erklangen Motetten und Choräle. «Wenn das alte Lutherlied ‹Ein feste Burg ist unser Gott› unter Posaunenbegleitung erschallt und die vieltausendköpfige Versammlung begeistert mit einstimmt, so zittert eine spürbare Erhebung durch die Herzen mitten in dem hastenden und hetzenden Treiben großstädtischer Geschäftswelt.»

Lange schon singen die Kurrendaner auf den Höfen nicht mehr, ist der Brauch in Berlin wohl endgültig eingeschlafen. Geblieben sind manche ihrer Lieder, die vielen noch heute vertraut sind.

Hausmusik 1778.
Radierung von
Daniel
Chodowiecki

Konzerte in den eigenen vier Pfählen

Geselligkeiten im Freundes-, Bekannten- oder Familienkreis machen zu einem gut Teil das aus, was wir unter Kultur des Miteinanders verstehen. Man kommt in frohgestimmter und (möglichst) gleichgesinnter Runde zusammen, um zu erzählen, Erinnerungen auszutauschen, bei einer Flasche Wein eine Schallplatte zu hören, zu musizieren oder aber ein Bacchanal oder dergleichen zu veranstalten. Gelegenheiten gibt es, wenn man will, viele, und so trifft man sich mal bei diesem, mal bei jenem.

Ganz allgemein wird trotz alledem das Bedauern laut, solche Geselligkeiten seien mehr die Ausnahme denn die Regel. Geäußert wird es zumeist von Älteren, die erinnerungsvoll die Augen verdrehen und seufzen: «Ach, damals war das ganz anders.» Heuzutage säßen die Leute vor dem Fernseher, währenddessen man früher gemeinsam geigte und bratschte. Schließlich fällt das Wort von der Hektik der heutigen Zeit, die ein Besinnen, Sich-Sammeln im Kreise erwartungsfroher Menschen erschwere. Jeder sei eingespannt im Beruf und im – wie Albert Schweitzer einmal sagte – Nebenamt.

Um so höher also sei bewertet, wenn sich Dilettanten im besten Wortsinne beispielsweise zur gemeinsamen Hausmusik treffen. Sie stehen damit, wie wir sehen werden, in guter Berliner Tradition.

Noch eins sei vorausgeschickt: Unseren Altvordern war es ja nicht möglich, zum Zwecke der Unterhaltung eine Schallplatte aufzulegen, den Kassettenrecorder oder das Stereotonband einzuschalten, sich die Größen der Musik via Television ins Zimmer zu holen, vom guten alten Dampfradio einmal ganz zu schweigen. Wenn sie in ihren eigenen vier Pfählen der Musik frönen wollten, so mußten sie dieselbe schon selbst machen oder aber – in begütertem Falle – machen lassen.

Berlin in der Mitte des achtzehnten Jahrhunderts: Friedrich II. verlieh dank Knobelsdorff seiner Residenzstadt den äußeren Glanz einer Metropole von europäischem Format. Das Opernhaus Unter den Linden entstand, es folgten die Hedwigskirche nach dem Vorbild des Pantheons in Rom, die Königliche Bibliothek («Kommode»), das Palais des Prinzen Heinrich (heutige Humboldt-Universität) und andere prägende Bauwerke. Zudem verfolgte der große Friedrich das Ziel, Berlin zum gewerblichen Mittelpunkt seines Staates auszubauen. Er förderte – nicht zuletzt, um mit erhöhten Einnahmen seine ehrgeizigen Bau- und auch seine kriegerischen Pläne finanzieren zu können – die gewerbliche Produktion. So öffnete 1751 ein Betrieb zur Porzellan-Herstellung, dem folgte die berühmte Königliche Porzellan-Manufaktur (KPM), vor dem Stralauer Tor produzierte fleißig die erste Berliner Zuckersiederei.

Der preußische Historiker Anton Balthasar König vermerkte: «Die Zahl der Kaufleute fing sich zu mehren an, und der Verkehr nahm durch die günstige Zeit dermaßen zu, daß die mehrsten von ihnen glänzende Rollen spielten. Zugleich fingen die kleineren Kaufleute und Fabrikanten an, ihr Haupt zu heben und machten vermittelst der schleunigen Zunahme ihres Vermögens die am vorzüglichsten und ausgezeichnetsten dastehenden Kräfte der Berliner Einwohnerschaft aus», die übrigens mehr als 110 000 betrug.

Wer aber baute das vieltürmige Berlin? Auf keinen Fall Spree-Athener allein. Aus dem fernen Sachsen zogen Maurer und Zimmerer mit ihren Familien gen Preußen und ließen sich ab 1752 vor dem Hamburger und Rosenthaler Tore Berlins nieder. Im Bereich Brunnen-, Adler- und Bergstraße breitete sich eine Arbeiter- und Armenwohngegend aus, die alsbald den Namen Voigtland trug – nach dem Herkunftsgebiet der meisten Einwohner. Nicht von ungefähr lag das Voigtland abseits: Wie sich der Adel von den Bürgerlichen abgrenzte, taten es beide von den Arbeitern. In dieser Zeit bildete sich stärker als zuvor heraus, daß sich bestimmte Bevölkerungsschichten in bestimmten Stadtvierteln konzentrierten.

Wir wollen des preußischen Historikers König Beobachtung auf unsere Art deuten: Selbstbewußt meldete das Berliner Bürgertum gegenüber dem feudalabsolutistischen Staat seinen Anspruch an. Vor allem auf dem Gebiet der Kultur. Zaghaft zwar, wie es sich für preußische Bürger geziemte, aber immerhin. Warum nur Konzerte in den Salons der Adligen? mochten sich manche Manufakturisten fragen und richteten sich in ihren geräumigen Zimmern gleichfalls eine Musik ein. Flötentöne mußte man sich schließlich nicht allein von Friedrich II. bieten lassen, für die konnte man halt auch selbst sorgen.

Die Familie Begas

So selbstbewußt und trutzig sich Berliner Bürger bald auf
dem Parkett der Kultur bewegten, so abstinent zeigten sie
sich allerdings auf dem Felde der Politik. Friedrich Nicolai
empfing 1769 einen Brief von Gotthold Ephraim Lessing, in
dem dieser klagte: «Sagen Sie mir von Ihrer berlinischen
Freiheit zu denken und zu schreiben ja nichts. Sie reduziert
sich einzig und allein auf die Freiheit, gegen die Religion so
viel Sottisen zu Markte zu bringen, als man will … lassen Sie
einen in Berlin auftreten, der gegen Aussaugen und Despo-
tismus seine Stimme erheben wollte, wie es jetzt in Frankreich und Dänemark geschieht, und Sie werden bald die Erfahrung haben, welches Land bis auf den heutigen Tag das
sklavischste Land von Europa ist.»
Doch mit Andacht und Inbrunst strich man zur Seelener-
quickung in Berliner Bürgerhäusern die Geige. Einer der ersten musikalischen Kreise – die Musikübende Gesellschaft – bildete sich um den Domorganisten Johann Philipp

Vierhändig.
Gemälde von
Constantin
Makowski

Sack, und zwar mit dem Stiftungsdatum vom 18. September 1749, dem Geburtsjahr Goethes. Dem selbstgegebenen Reglement zufolge hatten die höchstens zwanzig Mitglieder unbedingt musikverständig und von verträglicher Gemütsart zu sein. Wer unentschuldigt fehlte, bekam eine Geldstrafe aufgebrummt. Solos waren schriftlich zu beantragen. Die Musici folgten der Bitte, stets mit gestimmtem Instrument zu erscheinen.

Drei Stunden lang ward an Sonnabendnachmittagen in der Wohnung des Domorganisten in der Brüderstraße fleißig Musik gemacht. Es erklangen «neueste Ouvertüren und Sinfonien». Damit die Frau des Hauses nicht immerzu die Bürde zu tragen hatte, für das notwendige Drumherum zu sorgen, trafen sich die Musikausübenden schließlich reihum in ihren Wohnungen. Jedes Mitglied durfte zwei Gäste mitbringen. Diese hatten sich «still und andächtig» zu verhalten.

Eine zeitgenössische Reimerei bestätigt uns, daß die Sackschen Hauskonzerte stadtbekannt waren:

Dort steht mein Freund und winkt von ferne
und lockt mich durch der Reben Saft;
ich seh es wohl und tränke gerne
mit ihm auf treue Bruderschaft.
Allein, ich höre schon von weitem
in Sacks Quartier die holden Saiten.
Mir wallt das Blut, der Durst vergeht.
Ich zeige meinem Freund durch Wincken,
wohin heut meine Sehnsucht steht:
Er muß dießmahl alleine trincken!

Zu dieser Zeit, in der Mitte des achtzehnten Jahrhunderts,
bestanden noch zwei weitere bemerkenswerte musikalische
Kreise. Der königliche Kontrabassist Johann Gottlieb Ja-
nitsch lud freitags in seine Wohnung Hinter dem Jägerhof
zur Akademie ein (er hatte schon vor 1740 in Rheinsberg ein
Bürgerliches Liebhaberkonzert gegründet). Christoph Friedrich Schale schließlich ließ stets montags in seiner Wohnung

Musikalische
Gesellschaft
um 1820.
Zeichnung von
Gottfried Schadow

die Geigen erklingen. Interessant ist, daß bei diesen Hauskonzerten stets Musiker der Königlichen Kapelle von mit-
spielender Partie waren. So erhielten die Dilettanten einen
gewissermaßen professionellen Halt.

Beständigkeit war damals schon an Personen gebunden:
Als Spiritus rector Johann Philipp Sack das Zeitliche seg-
nete, löste sich der Kreis auf. Ein Teil wechselte zu den
Montags-Assemblees des Herrn Schale.

Liebhaber und Kenner der Musik gingen 1770 gern ins
Corsikaische Haus am Arsenal. Im großen Saal fanden jeden
Freitag entsprechende Veranstaltungen statt. Kammermusikus Ernst Friedrich Benda, ein Neffe des Komponisten Georg Benda, und Karl Ludwig Bachmann, dessen Frau bei
den Konzerten sang, hatten das Liebhaberkonzert gegründet. Christoph Friedrich Nicolai, führender Vertreter der
Berliner Aufklärung, schrieb darüber: «Außerdem lassen
sich daselbst öfters Virtuosen und geschickte Liebhaber hören. Alle drei bis vier Wochen pflegt ein Oratorium, Oper
oder Kantate aufgeführt zu werden. Man hat daher oft die
Meisterstücke Händels, Grauns, Bachs und Hassens mit der
besten Besetzung aufgeführt.»

Zu diesem Kreise hatten fast ausschließlich festgelegte
Musikliebhaber Zutritt. Allerdings war es jedem Mitglied erlaubt, «ein Frauenzimmer gegen Vorzeigen seines Billetts»
einzuführen.

 ## Rellstabs Passion

Der Sohn des Buchhändlers Karl Friedrich Rellstab entwik-
kelte ähnliche Ambitionen mit seiner Konzertreihe für Kenner und Liebhaber. Johann Karl Friedrich Rellstab befand
sich nach einer Ausbildung beim Hofkomponisten Johann
Friedrich Agricola und dem Cembalisten Fasch, der später
die Singakademie ins Leben rief, auf dem besten Wege, ein
Musiker zu werden, als ihn ein schweres Leiden des Vaters
in die Pflicht als Buchhändler rief. Doch er blieb auf mehr-
fache Weise seiner Passion treu. So ergänzte er das väterli-
che Geschäft um eine Musikhandlung und eine dementspre-
chende Druckerei. Berliner Musikgeschichte schrieb er, als
er die erste Musikalien-Ausleihe der Stadt eröffnete.

In «Cramers Magazin» vom April des Jahres 1787 erfuhren interessierte Berliner eine weitere Neuigkeit von diesem Manne: «Von dem jetzt sich so um die Musik verdient machenden Herrn J. C. Fr. Rellstab ist ein neues Concert unternommen worden, dessen nähere Einrichtung und Beschaffenheit aus folgendem uns zugeschicktem Plane erhellt wird: 1. Das Abonnement für Familien, worunter drei Personen verstanden werden, oder Chapeaux mit zwei Damen, ist vom 1. September unerläßlich 2 Rthl. Für diesen Monat April und die vier Sommerconcerte, welche monatlich einmal gehalten werden, ist das Familienabonnement 1 Rthl. 8 Gr …»

Der junge Rellstab dirigierte sein Orchester – acht erste und acht zweite Geigen, drei bis vier Bratschen, fünf Celli, drei Bässe sowie Blasinstrumente – vom Flügel aus. Unter seinen Geigern begrüßte er den musizierenden Maurer Zelter. Man spielte neben geistlicher Musik u. a. Werke von Gluck, Haydn, Carl Philipp Emanuel Bach, Zelter und vom Dirigenten selbst. Betrübt mußte Rellstab die auch uns geläufige Erfahrung machen, daß Kunst nicht immer gleich Kasse bedeutet. Er zahlte nach einer Saison nicht weniger als 700 Rthl. drauf. Als Kaufmann stellte er aus pekuniärem Grunde die geliebten Hauskonzerte ein, obwohl ihm als Kunstfreund darob das Herz blutete. Doch vor geladenen Freunden fanden die Musiken noch bis 1806 statt.

Ja, er hatte ein Herz für seine Mitmenschen. Er wußte um den Preis von Musikinstrumenten und den mitunter nicht erfüllbaren Wunsch, sich ein solches zu kaufen. So eröffnete er 1791 eine Klavierausleihe, damit auch weniger begüterte Berliner sich eine Möglichkeit zum Musizieren verschaffen konnten. Weiterhin offerierte er die Dienstleistung, defekte Instrumente reparieren zu lassen.

1795 zog Rellstab in die Jägerstraße 18, in die heutige Otto-Nuschke-Straße. Sogleich baute der Mann der Musik einen Saal mit Bühne und Orchesterraum ein. Für ein Entgelt überließ er ihn später auch der Singakademie.

Im Oktober 1806 klebten in allen Teilen der Stadt auffällige Plakate, auf denen es u. a. hieß: «Der König hat eine Bataille verloren. Jetzt ist Ruhe die erste Bürgerpflicht …» Französische Truppen hatten die Stadt besetzt. Der König, große Teile des Hofes und auch wohlhabende Bürger ergrif-

fen flugs ihre Kostbarkeiten und mit ihnen die Flucht. Wer in der Stadt blieb, bewahrte Ruhe. Rellstab mußte sein Geschäft schließen, die Leihbibliothek verkaufen und in die innere Emigration gehen. Als Klavierlehrer und Musikkritiker der «Vossischen Zeitung» verdiente er sich seinen Lebensunterhalt. 1813 starb Rellstab in den Stürmen der Befreiungskriege.

Aufklärer Friedrich Nicolai hielt es eng mit der Literatur (seine umfangreiche Bibliothek ist im Nicolai-Zimmer des Märkischen Museums zu bewundern) und eng mit der Musik. Seine Konzerte in der Brüderstraße 13 – Maurer Zelter baute das Haus nach den Wünschen Nicolais nach 1787 um – genossen einen guten Ruf. Nicolai hörte besonders gern Mozart und Oratorien. Seiner Tochter Wilhelmine machte ein gewisser Friedrich Parthey den Hof. Zum Ziel beim weitsichtigen Schwiegervater in spe kam er erst, als er eine ansehnliche Anstellung im Finanzministerium vorweisen konnte und sein ausgezeichnetes Flötenspiel zu Gehör gebracht hatte.

Nach dem Tode Nicolais gingen die Hauskonzerte im nunmehrigen Partheyschen Hause weiter. Dazu trug nicht zuletzt Tochter Lili bei, deren Sopran alsbald viele Bewunderer fand. Zum Geburtstag der Gastgeberin am 14. April 1818 erschien zum ersten Male ein Herr Bernhard Klein zum Hauskonzert. Er erregte und fand Gefallen. Der spätere

Christoph
Friedrich Nicolai
um 1790

Musikdirektor der Berliner Universität übernahm die Leitung der Partheyschen Hauskonzerte, die an jedem zweiten
Sonntagabend in der Brüderstraße 13 stattfanden.

Wie es bei solchen Conventen zuging, schildert uns an-
schaulich Gustav Parthey, ein Bruder der zarten Lili: «Die
Opernaufführungen am Klavier wurden auf den Wunsch
meines Vaters lebhaft in Gang gebracht. Don Juan, die Oper
aller Opern und meines Vaters Lieblingsstück, kam zuerst
an die Reihe. Die Besetzung war eine so vortreffliche, wie sie
wohl selbst auf einer öffentlichen Bühne selten dagewesen
sein mag. Prediger Ritschl sang den Don Juan mit vollendeter Meisterschaft; Dorn, der spätere Kapellmeister, ein
Schüler Kleins, sang den Leporello mit unnachahmlicher

Komik; der hinreißende Tenor des Geheimen Postraths
Weppler war für den Don Ottavio wie geschaffen; einen
besseren Komthur als Herrn Hellwig würde man vergebens
gesucht haben. Auguste Sebald leuchtete als Donna Anna in
goldnem Glanze; ihrer Schwester Amalie seelenvoller
Klang hob die Rolle der Elvira auf eine vorher nicht geahnte
Höhe, und meine Schwester Lili war als Zerline ganz an
ihrem Platze. Klein, am Klavier, ersetzte ein ganzes Orchester; er besaß die Gabe des Dirigierens, des unmerklichen
Einhelfens, des leisen Nachgebens und des fördernden An-
treibens in ausgezeichneter Weise; nach ein paar Proben
floß alles wie von selbst dahin. Von unschätzbarem Werth
waren meines Vaters Bemerkungen über Tempi und Bewegungen der einzelnen Stücke. Da er den Don Juan unter
Mozarts Direktion in Prag gehört, so gab es für diese Dinge
keine bessere Autorität als ihn, und Klein folgte eifrig seinen
Andeutungen.»

Zu den illustren Gästen bei Partheys gehörten Schinkel
und Hegel, Schadow und Rauch, um nur einige zu nennen.
Erfreuten sie sich der Hauskonzerte in der Ballsaison im

Das Nicolai-Haus
heute

Hause Brüderstraße 13, genossen sie dieselben im Sommer in
einem Gartenhaus in der Blumenstraße.

«Es war ein herrlicher Garten», schwärmte Lili, «wir sangen bei offenen Türen, die Nachtigallen schrien aus vielen
Kräften immer mit.» Und sie vertraute auch dies ihrem Tagebuch an: «Ich habe gefunden, daß es unendlich hübsch
ist, allein zu sein, und den Nachmittag einmal recht in Musik geschwärmt und mich recht satt und ausgespielt. Es geht
so gut, wenn man weiß, daß niemand zuhört und die Fehler
zählt.»

Bernhard Klein und Lili Parthey heirateten schließlich und unternahmen gemeinsam mit Bruder Gustav und dessen Frau eine Hochzeitsreise nach Italien. Nach ihrer Rückkehr sind die stadtbekannten Convente nicht mehr aufgenommen worden, obwohl die Familie der Musik weiter eng verbunden blieb. Lili schloß mit nur 29 Jahren ihre Augen für immer.

In der ersten Hälfte des vorigen Jahrhunderts huldigten zahlreiche Berliner Bürger der Musik, ja, es galt nahezu als unschicklich, sich den Feierabend nicht durch den Klang von Instrumenten oder Stimmen zu verschönen. Unterschiedlich waren die Beweggründe: Ging es den einen um den ästhetischen Genuß, wollten andere nach des Tages harter Arbeit den seelischen Ausgleich, dachten jene an entspannende Liebhaberei im vertrauten Kreise der Familie oder von Freunden, blieb es bei manchen bei purer Äußerlichkeit, weil einfach nur nachgetan wurde. Pure Repräsentation wollen wir gleichfalls nicht ausschließen.

So unterschiedlich die Beweggründe, so unterschiedlich waren auch die aufgeführten Werke und ihre Interpretation. Beethoven, Mozart, Chopin und Liszt standen im Programm von Salon-, Saal- und Zimmermusiken, aber auch Komponisten von Trivialmusik und Modevirtuosen. Arrangeure und Verleger sahen in dem anschwellenden Bedarf an entsprechenden Noten einen Auftrag und vor allem ein lukratives Geschäft. Und wenn das im Spiele ist, bleibt die Qualität nicht selten auf der Strecke. Sie verkauften Noten nicht nur originalgetreu, sondern auch bearbeitet. Da erschienen Sätze von Sinfonien Beethovens, für den Hausgebrauch bereitet, und Oratorien von Mendelssohn, auf das Können von Hauskränzchen zugeschnitten.

Wagner schwärmte davon, was da unter deutschen Dächern geschah: «Gehet hin und belauscht sie eines Winterabends im kleinen Stübchen; dort sitzen ein Vater und seine drei Söhne um einen runden Tisch; die einen spielen Violine, der dritte die Bratsche, der Vater das Violoncello; was ihr so tief und innig vortragen hört, ist ein Quartett, das jener kleine Mann komponierte, der den Takt schlägt ... alles ist rein und unschuldig, aber ebendeshalb edel und erhaben.» Nicht wenige jedoch fingen an, das Wort Dilettanten im negativen Sinne zu gebrauchen.

Zu den Berliner Bildungsbürgern mit höheren musikalischen Ambitionen zählte etwa der Ofenfabrikant Feilner.
Seine Tochter hatte den Schadow-Schüler Wichmann geheiratet und nannte die als «schwedische Nachtigall» bekannte
Jenny Lind ihre Freundin. Die nordische Sängerin verzau-
berte ihr Publikum im Feilnerschen Haus – das übrigens
von Schinkel stammte – mit Arien und Schumann-Liedern.
Die Herzen aller schlugen höher, wenn sie in der Hasenhe-
gerstraße ans Pianoforte trat und schwedische Volkslieder
sang. Bettina von Arnim weilte mit ihren Töchtern ebenso
gern in dem gastfreundlichen Haus wie der spätere Generalintendant der Königlichen Schauspiele Wilhelm Graf von
Redern und der Physiker Heinrich Gustav Magnus, dessen

Das Feilner-Haus
von Schinkel

75

Das Ermeler-
Haus heute

Wohnhaus heute noch in der Straße Am Kupfergraben 7 zu
bewundern ist.

In der ehemaligen Großen und späteren Breiten Straße
wohnten zumeist Bankiers und wohlhabende Kaufleute,
unter ihnen der Tabakhändler Wilhelm Ferdinand Ermeler.
(Das Haus befindet sich jetzt am Märkischen Ufer und lädt
als renommiertes Etablissement u. a. in ein Weinrestaurant,
ein Café und in die Raabediele ein.) In den zwanziger Jahren des vorigen Jahrhunderts hatte Wilhelm F. Ermeler aus
Nauen den Bau für 40 000 Taler erworben. Er beauftragte
Maler, an die Wände des Flures Landkarten zu zeichnen, denen die Ausdehnung seiner Handelsbeziehungen zu entneh-

men war. Im wesentlichen beließ er das Haus im Urzustand: mit reizvollen Malereien von Fechhelm in den Salons, mit klassizistischer Fassade sowie mit den Statuen Merkur und Justitia. Als Firmenzeichen brachte er über der Attika sein Geschäftsmonogramm an. Ein Fries über der Tür zeigt Szenen aus der Tabakfabrikation und dem Tabakhandel.

Der gebildete Prinzipal verstand es, sein Haus zu einem geistig-kulturellen Zentrum Berlins werden zu lassen. Seine Mittwoch-Abende genossen Ansehen und vereinten Gelehrte, Musiker und andere Künstler von Rang und Namen. Immerhin erlebte hier 1836 Webers romantische Oper «Euryanthe» eine Aufführung. Das Haus gehörte bis 1911 der Ermeler-Familie; dann kaufte es der Magistrat.

Bei den Mendelssohns

Juden in Berlin – das ist ein zumeist sehr bewegendes, beklagenswertes und beschämendes Kapitel. Bezeichnend schon die erste, die älteste Nachricht von ihrer Anwesenheit in der Mark Brandenburg: Sie findet sich auf einer Urkunde aus dem Jahre 1247 und besagt, daß in Beelitz eine Judenverbrennung stattfand. Knapp dreihundert Jahre später loderten Scheiterhaufen vor der Berliner Marienkirche. Sie nahmen Juden das Leben, denen man fälschlich Kirchendiebstahl unterstellte. 1571 mußten alle Juden Berlin verlassen, und sie blieben einhundert Jahre fort. Mit Edikt des Großen Kurfürsten vom 10. September 1671 durften sich fünfzig jüdische Familien aus Wien in Berlin niederlassen. Was als Toleranz ausgelegt werden könnte, hatte einen zwingenden wirtschaftlichen Hintergrund: Die vermögenden Juden sollten Berlin aus der Misere des Dreißigjährigen Krieges helfen. Übrigens sieht die Jüdische Gemeinde das Datum des Edikts als ihren Gründungszeitpunkt an.

Die Juden durften zwar helfen, die Stadt wieder hochzupäppeln, aber sie verfügten nicht über die Freizügigkeiten anderer Berliner Bürger. Eine Reihe von Beschränkungen machte sie zu Einwohnern zweiter und dritter Klasse. Daran änderte auch Friedrich der Große nichts: Juden konnten nicht nach ihrer Fasson selig werden. Erst 1812 machte ein neuerliches Edikt die Juden zu «Einländern und Staatsbürgern». Die preußische Reaktion höhlte das Gesetz bald aus ...

Mit ihren eindrucksvollen Tempel- und Gebetsgesängen haben Juden auch das Berliner Kulturleben bereichert. Ihr anrührender, zugleich tiefsten Schmerz und höchste Freude mitteilender Gesang klang ja nicht selten aus den Synagogen heraus, von denen die erste zu Neujahr 1714 im Beisein des Königs und des Hofes eingeweiht wurde. Diese Gesänge – Texte boten oft die Psalmen – waren und sind charakteristische und unverzichtbare Bestandteile des jüdischen Gemeindelebens.

1743 zog ein junger Jude in Berlin ein, der nicht die Gitter des Judentores aufschließen ließ, sondern durch das allgemeine Rosenthaler Tor in die Stadt zu gelangen begehrte – und das in einer Zeit, in der die Juden Schutzgelder, Leibzölle und Sonderabgaben zu entrichten hatten, um die Staatskasse zu füllen. Moses Mendelssohn war es, der ebenso geistvolle wie mutige Wegbereiter der Aufklärung und der jüdischen Emanzipation. Seine Gedanken über die Gleichberechtigung der Religionen verdichtete sein Freund Gotthold Ephraim Lessing zur Ringparabel in «Nathan der Weise».

Was nun die Mendelssohnschen Hauskonzerte betrifft, so sollen die des berühmten Bankiers Abraham Mendelssohn, Sohn des Erstgenannten, in unserem besonderen Blickfeld stehen. Was er ererbt von seinem Vater, das bestimmte nicht nur sein Leben, sondern das gab er fürsorglich weiter an seine Kinder, an seinen genialen Sohn Felix Mendelssohn Bartholdy.

«Göttliche Tonkunst», schrieb Moses Mendelssohn einst in seinem Briefe «Über die Empfindungen», «du bist die einzige, die uns mit allen Arten von Vergnügungen überrascht. Welche süße Verwirrung von Vollkommenheit sinnlicher Lust und Schönheit! ... Alle diese Ergötzlichkeiten bieten sich schwesterlich die Hand und bewerben sich wetteifernd um unsre Gunst. Wundert man sich nun noch über die Zauberkraft der Harmonie? Kann es uns befremden, daß ihre Annehmlichkeiten mit so mächtigem Reize in die Gemüther wirken, daß sie rauhe ungesittete Menschen bezähmt, rasende besänftigt und traurige zur Freude belebt?»

Der Vater vermittelte seinen Kindern nicht nur solche theoretischen Leitlinien, sondern er achtete auch sorgfältig

auf ihre Ausbildung, nicht zuletzt auf dem Gebiet der Musik.

Abraham, der am 10. Dezember 1776 geborene zweite Sohn von Moses Mendelssohn, lebte und arbeitete nach den Maximen seines Vaters und gelangte, wie sein Biograph August Reissmann vermerkte, «aus niedrigster Dürftigkeit zu Glück und Wohlstand». Unterstützt wurde er von seiner kunstsinnigen und gebildeten Frau, einer geborenen Bartholdy. Für sie war die Liebe zur Kunst und zur Wissenschaft ein Grundelement in der Kindererziehung. «Die Musik fand natürlich zunächst sorgsame Pflege, um so mehr als die Mutter in ihr so weit erfahren war, daß sie ihren Kindern den ersten Musikunterricht selbst zu ertheilen vermochte. Als dann die herrliche Begabung der erstgeborenen Tochter Fanny (geboren am 14. November 1805) sich immer glänzender herausstellte, vor allem aber als der Genius des erstgeborenen Sohnes Jacob Ludwig Felix (geboren am 3. Februar 1809) sich staunenerregend früh und gewaltig offenbarte, gewann die Tonkunst im elterlichen Hause eine immer sorgfältigere Pflege ... Die vortrefflichsten Lehrer wurden ausgewählt, Notabilitäten der Kunst herangezogen, um das Talent der Kinder früh in die rechten Bahnen zu leiten, und früh schon

Hausmusik 1869.
Gemälde
von Robert Nadler

weckten die zahlreichen Aufführungen von größeren Ton-
stücken aller Art im elterlichen Hause den Schaffensdrang
in den jungen Kunstnovizen.»

In ihrem Hause an der Neuen Promenade veranstaltete
die Familie Mendelssohn an jedem Sonntagvormittag ein
Konzert. Trat ein bedeutender Virtuose an der Oper oder im
Schauspielhaus auf, bestach er wenig später mit seinem
Können vor den Mendelssohns und ihren Freunden. Das
sollte sich auch in jenem Hause fortsetzen, das der Bankier
im Jahre 1825 in der Leipziger Straße 3, abseits des städti-
schen Trubels, in der Nähe des Potsdamer Tores kaufte.
Seine Frau befürchtete zunächst, dort zu vereinsamen, weil
Freunde und Bekannte den weiten Weg vielleicht scheuten.
Das genaue Gegenteil war der Fall: Ihr Haus avancierte zu
einem geistigen Zentrum der Residenzstadt und kündete damit nicht zuletzt von weiterer Emanzipation dieser jüdischen
Familie.

An das ehemalige Recksche Palais in der Leipziger Straße 3
schloß sich ein großer Garten an, so daß die Mendelssohns
im Grünen wohnten. Der Bankier gab den Auftrag, in den
Gartensaal bewegliche Glaswände einzubauen. Man schob
sie bei Bedarf – etwa für Konzerte – einfach beiseite und
hatte somit einen großen Saal. Wie einst: An den Sonntag-
vormittagen traf man sich bei Mendelssohns. Beileibe nicht
allein, um schöner Musik zu lauschen. Ebenso gern hörten
die illustren Gäste Verse von Goethe oder Werke von Shakespeare und pflegten sie geistvolle Unterhaltung.

Wie der spätere Mann von Fanny – der junge Maler Wilhelm Hensel – im Jahre 1826 solche Sonntagvormittage erlebte, berichtete er mit diesen Worten:

«Ein eigenes Geschick wollte, daß gerade in diesem Jahr
sie selber (Bezug auf Fanny und Felix, d.A.) in dem wunder-
schönen Garten bei dem herrlichsten Wetter auch ein traum-
haft phantastisches Leben führten. Das Gartenhaus bewohnte
mit ihnen zusammen eine alte Dame nebst ihren schönen
und liebenswürdigen Nichten und Enkelinnen. Mit diesen
Mädchen waren Fanny und Rebekka eng befreundet. Felix
mit seinen jungen Leuten schloß sich an, und die Sommer-
monate wurden zu einem ununterbrochenen Festtag voll
Poesie, Musik, sinnreicher Spiele, geistvoller Neckereien,
Verkleidungen und Aufführungen ... Alles trug dazu bei,

Der 12jährige
Felix Mendelssohn
Bartholdy.
Zeichnung
von Wilhelm
Hensel

dem Treiben Färbung zu leihen, das dann seinerseits wieder mitwirkte, die Knospen in Felixens Schaffen zur Entfaltung zu bringen. Es ging mit ihm eine schnelle, durchgreifende Veränderung vor, und es folgten in raschem Fluge bedeutende Arbeiten, weit verschieden von den bisherigen Kinderkompositionen; zuerst das für Riets als Geburtstagsgeschenk bestimmte Oktett. Durchaus neu in demselben ist das luftige, geistige und geisterhafte Scherzo. Er versuchte, die Stelle aus dem Walpurgisnachttraum des Goetheschen Faust zu komponieren:

Wolkenflug und Nebelflor
erhellen sich von oben.
Luft im Laub und Wind im Rohr,
und alles ist zerstoben.

Das Scherzo des Oktetts war aber nur der Vorläufer einer bedeutenderen, gleichartigen Schöpfung; aus jener seltsam poetischen Stimmung ging als Lichtpunkt und Summe die Ouvertüre zum Sommernachtstraum hervor.»

«Wenn ich Dir sage», heißt es in einem nahezu jubelnden Briefe von Fanny aus dem Jahre 1844, «daß zweiundzwanzig Equipagen auf dem Hof und Liszt und acht Prinzessinnen im Saale waren, wirst Du mir die nähere Beschreibung des Glanzes meiner Hütte wohl erlassen.»

In der Tat empfing das gastfreundliche Haus zu den Sonntagskonzerten viele prominente Gäste – neben dem erwähnten Liszt u. a. den Teufelsgeiger Paganini, die Komponisten Johann Nepomuk Hummel und Carl Maria von Weber, den französischen Tonschöpfer Charles Gounod sowie die Gelehrten Wilhelm und Alexander von Humboldt, den Philosophen Hegel, den Humanisten Boeckh, den Ägyptologen Lepsius.

Felix, der mit neun Jahren schon große Klavierkonzerte vom Blatte spielen konnte und seine ersten Kompositionen vor dem erlauchten Publikum in seines Vaters Salon aufführen durfte, hatte in Zelter einen liebevollen, aber gestrengen Lehrer. Der Direktor der Singakademie zeigte sich von seinem genialen Schüler derart begeistert, daß er ihn auf eine Reise zu seinem Duz-Freund Goethe mit nach Weimar nahm. Zelter war es auch, der Fanny und Felix den «borstigen Bach» nahe brachte. Gemeinsam führten sie – wie an anderer Stelle beschrieben – die Bachsche Matthäus-Passion auf.

Felix Mendelssohn Bartholdy wäre später gern in Berlin geblieben, nicht zuletzt mit Blick auf seine Familie. Doch die Umstände, sie waren nicht so. Verhandlungen mit dem preußischen Königshof um eine Anstellung verliefen ergebnislos. Enttäuscht verließ er 1835 seine Vaterstadt in Richtung Leipzig, wo er ans Gewandhaus berufen worden war. Es ist nur verständlich, daß er Berlin und die Musikszene der Residenzstadt zeitlebens recht kritisch beurteilte. Als er im Juli 1841 nach Berlin zurückkam, blieb er unfroh, obwohl er sich über das Wiedersehen mit der Mutter und den Geschwistern freute. «Der Grund mag darin liegen, daß alle Ursachen, welche mir es damals unmöglich machten, meine Laufbahn hier zu beginnen und zu erweitern, welche mich also hier forttrieben, nach wie vor bestehen und leider auch wohl für ewige Zeiten bestehen werden ... Die Musiker sind jeder für sich, nicht zwei miteinander übereinstimmend; die Liebhaber in tausend kleine Kreise vertheilt und verschwunden; dabei ist alle Musik, die man hört, allerhöchstens mittelmäßig, nur die Kritik scharf, genau und wohl ausgebildet.»

Er betrachtete es nicht als seine Sache, dagegen anzugehen, dazu fehle es ihm an Talent und an Lust.

Erst kurz vor seinem Tode im Jahre 1847 schien er sich mit Berlin zu versöhnen, wollte er endgültig von Leipzig nach Berlin übersiedeln. Doch er starb zuvor. Mit einem Sonderzug wurde der Leichnam nach Berlin überführt. In Köthen stand der Sängerverein um Mitternacht auf dem Bahnsteig und sang einen Choral; ähnlicher Abschied in Dessau. Der Zug traf in aller Herrgottsfrühe in Berlin ein, so daß sich die kleine Trauergemeinde durch menschenleere Straßen bewegte. Das letzte Geleit zum Jerusalemer Friedhof vor dem Halleschen Tor gaben dem großen Komponisten der Domchor und ein Teil der Singakademie. Unter dem Klange des ergreifenden Liedes «Wie sie so sanft ruhn» wurden die sterblichen Überreste beigesetzt.

Beim Singethee vocaliert

Nicht wenige Berliner Bürgerhäuser schätzten und pflegten ihre Hausmusik in einem intimen Rahmen. Man traf sich in geselliger Runde wie zu einem Familienfest. Das galt übrigens auch für die Singakademie. Dabei sorgte vor allem das Fortepiano für eine ansprechende musikalische Umrahmung. Beliebt blieben zudem Streich- und Blasinstrumente. Sie erklangen etwa bei Streichquartetten und Kammermusiken aller Art.

Aber: Nicht jeder besaß ein Instrument oder wollte eines erlernen. Mangelndes Talent ist schließlich nicht an unsere Zeit gebunden. Doch Musik sollte sein. Also ward gesungen, vocaliert. Im Ausklange des achtzehnten Jahrhunderts kamen die Singethees auf.

Geselligkeiten dieser Art verliefen zumeist ohne großen Aufwand. Man traf sich «janz in Familje» bei oft spärlicher Beleuchtung, schwätzelte ein wenig und hob alsbald mit dem Gesange an.

Tee wurde übrigens höchst selten gereicht. Die trällernden Damen schälten sich höchstens mal einen Apfel, auf daß ihre Stimme gut bei Flusse bliebe.

Geheimrat Grelle, einst ein bekannter Mathematiker in Berlin, kredenzte in seiner Wohnung solche Singethees. Es traf sich ein erlesener Kreis von Wissenschaftlern und Künstlern, etwa Felix Mendelssohn Bartholdy, Carl Friedrich Zelter und der Schauspieler Eduard Devrient. Zelter allerdings äußerte sich in einem Brief an Goethe recht scharf über diese Form der Hausmusik: «Es sind hier in Berlin anjetzt vielleicht mehr als fünfzig solcher Familienkreise, die sich singend vergnügen und Singethees genannt werden.» Sie seien die gefährlichsten Feinde der Singakademie, weil für sie «alle Freiheit und kein Gesetz für alle vorhanden ist».

Der froh-festliche Gesang von Tischliedern gehörte in der Zeit des Biedermeier gleichfalls zu den bürgerlichen Vergnügungen. Nehmen wir einfach einmal an einer kleinen Festivität teil, und zwar mit Hilfe des Schriftstellers Spahr.

Eine solche kündigte sich «durch ein vorhergehendes allgemeines Reinemachen und Scheuern des ganzen Hauses» an, «dessen Zimmer und Flur sodann mit dem weißesten Sand und mit Kalmus bestreut und mit Wacholderbeeren oder auch wohl mit einigen angezündeten Räucherkerzen durchduftet wurden, was unsere feierliche Stimmung beträchtlich erhöhte». Bei solchen Geselligkeiten zog der Gastgeber «die Gunst des Mondes als heimleuchtendes Gestirn für späte Rückfahrt sorgfältig in Betracht».

Spahr bezeichnete die Bewirtung als äußerst mäßig. Wein kam nur bei feierlichsten Gelegenheiten auf den Tisch. Statt dessen tranken die älteren Gäste Bitterbier aus Prenzlau, die jüngeren hingegen Braunbier. «Dagegen ward abends wohl eine Bowle oder Punsch bereitet und unter fröhlichem Gesange bekannter Gesellschafts- und Tischlieder, an dem Männer und Frauen, alt und jung teilnahmen, heiter genossen. Solch gemeinsamer Tafelgesang fehlte damals bei keinem Festmahle und trug mehr als heutzutage Champagner und kostbare Dessertweine dazu bei, die Stimmung der Tischgenossen zu einer festlich erhöhten und im besten Sinne geselligen zu machen.»

Voll Inbrunst, mit Leidenschaft und Textkenntnis jauchzte die Tischrunde etwa «Freut euch des Lebens» oder

«Es kann ja nicht immer so bleiben, hier unter dem wechselnden Mond». Auch Lieder aus den glorreichen Befreiungskriegen fehlten nicht. Wenn der Punsch die würdigen alten Herren erwärmt und «die Erinnerungen an ihre akademischen Jugendjahre neu belebt hatte, so ward auch wohl ein herzhaftes Gaudeamus igitur angestimmt, an welchem wir Gymnasiasten uns mit besonderem Eifer beteiligten».

Spahr resümierte, daß die «Sitte des fröhlichen Gesanges bei Tische viel dazu beitrug, das damalige gesellige Zusammensein der Menschen zu erheitern».

Der feierliche und fröhliche Gesang erklang zumeist in der sogenannten Putzstube der biedermännischen Berliner. Sie blieb besonderen Anlässen vorbehalten und war der Stolz der Bewohner. Felix Eberty schilderte in seinen Jugenderinnerungen eines alten Berliners ein solches Zimmer: «Die Wände waren hellgrau gestrichen. Tapeten kamen nur bei den reichsten Leuten vor. Auf die eine Wand hatte Wilhelm Schadow, Vaters Jugendfreund (und Sohn des Quadriga-Erbauers, d. A.), demselben als Hochzeitsgeschenk die vier Jahreszeiten, grau in grau mit weißen Lichtern gehöht, schön und plastisch gemalt, so daß es ein Relief zu sein schien. Ein kleiner Kronleuchter zu vier Lichtern, an Glas-

85

ketten hängend, schien uns überaus prächtig und ein unnahbares Kunstwerk zu sein, das wir gar zu gern mit den Händen berührt hätten, wenn es nicht aufs strengste verboten gewesen wäre.» Dieser schöne Kronleuchter fing leise an mitzuschwingen, wenn die alten Herren ihr «Gaudeamus igitur» losschmetterten.

 ## Hier das Voigtland, da die blaue Blume

Die Blütezeit der Hauskonzerte verging etwa mit dem Biedermeier, mit dem Beginn des Vormärzes. Kommerzielle Orchester und namhafte Virtuosen auf Gastspieltourneen machten ihnen erfolgreich Konkurrenz. So veranstaltete die Kgl. Kapelle der Oper unter Wilhelm Taubert sogenannte Symphonien-Soireen im Konzertsaal des Schauspielhauses am Gendarmenmarkt. Zu Gehör kamen Werke von Mozart, Beethoven, Haydn, Weber, Mendelssohn, Spohr und anderen. Über den zumeist triumphalen Auftritt von Virtuosen berichten wir an anderer Stelle.

Hinzu kam, daß sich der romantisch verklärte Blick so mancher Berliner peu à peu verlor. Eine neue, wenn auch bescheidene Sachlichkeit breitete sich langsam aus. Bitter stimmende Realitäten der Stadt ließen blaue Blumen nicht mehr allzu häufig sprießen. Eine dieser bitteren Realitäten hieß Voigtland und war das zwischen dem Hamburger und dem Rosenthaler Tor gelegene Armenviertel. Bettina von Arnim schilderte in ihrem Werk «Dies Buch gehört dem König» von 1843 die Elendsquartiere und übte scharfe Kritik an den politischen Zuständen ihrer Zeit, die zu solchen Armenquartieren führten. Sie warf den Regierenden und der Kirche vor, über diesen Menschen den Sargdeckel zuzuschlagen, und bezeichnete den Staat als Rabenmutter, der nur für Rabenfutter, nicht aber für Geistesbildung sorge.

Die den Reichtum der Reichen schufen und mehrten – sie hatten im düstern Auge keine Träne, sie hatten im Mund kein Lied, höchstens den dreifachen Fluch. Wie kann eine Mutter singen, derweil sie ihr Kind sterben sieht und ihr Magen vor Hunger knurrt? Wie vermag eine vielköpfige Familie an Hausmusik zu denken, wenn sie ihr einziges Zimmer mit einer anderen vielköpfigen Familie teilen muß?

Schriftsteller Karl Gutzkow spottete über realitätsfernen
lyrischen Dilettantismus, der nur langsam zu verebben anhob. «Die Salonmusik hatte vollauf zu tun, alle diese Tränen, diese Gelbveiglein, die Nachtigallen und Rosen zur
Unterlage männlicher und weiblicher Eitelkeit, die sich beim
Singen entfaltete, zu erheben. Noch jetzt regiert ja die Naivi-
tät, die sich im Salon an den Flügel setzen und den Hörern
zum hundertsten Male ‹Du meine Seele, du mein Herz› zumuten kann!»

Dennoch pflegten Berliner Familien weiter ernsthaft ihre
Hausmusik, weil sie sich ein Leben ohne Musik in ihrem
Heime nicht vorstellen konnten! Das ist ja so bis zum heuti-
gen Tage geblieben.

Da wollen wir eine alte Bekanntschaft neu knüpfen. Wir
erinnern uns der zarten, musikliebenden Lili Parthey-Klein,
der Enkelin von Friedrich Nicolai. Sie war Schülerin von
Zelter, gehörte der Singakademie an und wirkte als Inspira-
torin von beliebten Hauskonzerten. Schließlich heiratete sie
den Dirigenten der Konzerte, Bernhard Klein, und schenkte
ihm die Töchter Clärchen und Elisabeth. Mit nur neunund-

zwanzig Jahren starb sie an Lungenschwindsucht; ihr Mann folgte ihr nur wenige Jahre später. Clärchen überlebte ihr 13. Lebensjahr nicht.

Die verwaiste Elisabeth lebte im Partheyschen Hause in der Brüderstraße, in dem sie sich mit dem bekannten Ägyptologen Richard Lepsius verlobte. Lepsius am 6. April 1846 in einem Briefe: «Gestern am Palmsonntag habe ich die Palme meines Lebens davongetragen. Ich habe mich mit Elisabeth Klein verlobt. Sie ist eine Perle an Geist und Gemüth, an innerer und äußerer Liebenswürdigkeit.» Zwei Monate später fand in der Dresdner Frauenkirche die Hochzeit statt.

Im Hause der Lepsius' in der Behrenstraße 60 verkehrten u. a. Alexander von Humboldt («Er stellte sich mir als Richards alten Freund vor; ich habe eine wahre Zärtlichkeit für ihn gefaßt»), der Maler Wilhelm Hensel und seine Frau Fanny, geborene Mendelssohn Bartholdy, der Historiker Ernst Curtius, der Bildhauer Christian Daniel Rauch und viele andere. Sie führten nicht nur geistvolle Unterhaltungen, sondern erfreuten sich auch bemerkenswerter Hausmusiken. Elisabeth Lepsius hatte einen Singverein gebildet, der sich vor allem der Bachschen Musik und englischen Madrigalen widmete. Da sie erfreulicherweise Tagebuch führte, wissen wir um die musikalischen Abendunterhaltungen.

Unter dem 8. Februar 1853 notierte sie u. a.: «Am 7. Februar gaben wir dem Singverein einen kleinen Ball, zu dem 50 Personen erschienen. Eine Katzenmusik von Stöckhardt (der Medizinstudent aus Naumburg leitete den Singverein, d. A.) diente als Einleitung zur Festlichkeit, zwischen den Tänzen wurden vierstimmige Lieder gesungen. Clärchen Stöckhardt, die bei uns wohnt, lebendig und klug, erschien in Weiß und Blau mit Kornblumenkranz. Mathilde allerliebst in weißem Tüll mit Maiblumen, Hedwig von Olfers in Gelb mit bunten Blumen, Marianne Vollard weiß mit Rosen und schwarzen Samtschleifen, sehr hübsch und graziös, Wieses Adoptivtochter Fritzchen in Rosa mit weißem Kranz … Alles war sehr heiter.»

Vierzehn Jahre später erlebten neunzig Personen ein Hauskonzert bei den Lepsius. Elisabeths Eindrücke: «Die talentvolle Karoline Wichern, bereits durch hübsche Kompositionen bekannt, leitete bei uns am 10. März ein Konzert. Im oberen Saal war an der Querwand der Flügel aufgestellt, daneben die Orgel und auf der andern Seite Violinen und Cello placiert. Davor der Chor, Sopran in Weiß und Rosa, Alt in Weiß und Blau. Unter den Solisten Lili, Charlotte Snethlage und Frau von Thile mit schöner Altstimme und seelenvollem Vortrage.

Den ersten Theil nahm der 51. Psalm (Miserere) von meinem Vater ein, Soli und Frauenchor. Dann wurden Erfrischungen gereicht. Der zweite Theil begann mit dem Präludium von Bach-Gounod, dann folgten zwei der entzückenden Schottischen Lieder von Beethoven mit Triobegleitung, darauf ein schönes Duo von Neukomm für Orgel und Klavier. Zwei Frauenchöre mit Quartettbegleitung, von Karoline Wichern komponiert, fanden großen Beifall. Dann sang Frau v. Thile die schöne Arie ‹Verzweifle nicht› aus dem ‹David› von meinem Vater, und den Schluß bildete der 23. Psalm von Schubert für vierstimmigen Frauenchor. Der allgemeine Beifall lohnte die Mühe des Einstudierens, das aber ebenso viel Freude machte wie die Aufführung.»

Bettina von Arnim hatte einen ausgedehnten Freundeskreis, der gleichfalls der Hausmusik frönte. Sie empfing in den fünfziger Jahren des vorigen Jahrhunderts den Geiger und späteren Konzertmeister Joseph Joachim, der sie sehr verehrte. Daß Bettina ihn bat, bei Hausmusikern die erste Geige zu spielen, versteht sich bei ihrer Musikliebe beinahe von selbst. Er favorisierte das Quartett, präsentierte sich mitunter auch im Duo mit Woldemar Bargiel.

«Nie werde ich jenen schönen Musikabend vergessen», schwärmte Frau von Treskow über ein solches Ereignis im Haus der Bettina im Oktober 1854. «Es war in Bettinas rotem Saal, in dessen Mitte das große Modell zu ihrem Goethe-Denkmal steht; Joachim stand mit seiner Violine und seinem ihn begleitenden Herrn Bargiel gerade dahinter, so daß ich die Spieler nicht sehen konnte, und da man auch bei ihnen die Lampen konzentriert hatte, so war das ganze Zimmer in eine magische Dämmerung gehüllt, aus der das majestätische Goethebild wie ein weißer Schatten emporragte, hinter dem die Beethovenschen Töne ergreifend und gewaltig hervorrauschten.»

Erwähnen wir noch die musischen Abende im Hause Philippi in der Wilhelmstraße 70 (heutige Otto-Grotewohl-

Quartettabend mit
dem
Joseph-Joachim-
Quartett bei
Bettina von Arnim
um 1854.
Aquarell von
Carl Johann Arnold

Straße) und später in der Schellingstraße 16, von denen Felix
Philippi in seinen Altberliner Erinnerungen geradezu
schwärmt. «Ja, diese Dienstage in meinem Elternhause! In
ihnen spiegelten sich noch die feinen Sitten und graziösen
Lebensanschauungen jener schöngeistigen Berliner Salons
wider, die zur Zeit Varnhagen v. Enses und seiner Rahel in
reichster Blüte prangten.» Der Begründer des Allgemeinen
Deutschen Arbeitervereins Ferdinand Lassalle gehörte zu
den regelmäßigen Gästen des Hauses wie der Neurologe
Heinrich Romberg, der Kinderarzt Eduard Henoch und der
begnadete Augenarzt Albrecht von Gräfe, dessen Denkmal
wir vor der Charité bewundern können. Gräfe hat unzählige
Berliner mit seinen Augenoperationen vor der Nacht der
Blindheit bewahrt.

An einem dieser Dienstage hatte der Nachwuchs seinen
großen Tag. Wir «haben vor diesen Rittern des Geistes die
Haydnsche Kindersymphonie aufgeführt. Geheimrat Henoch und Adalbert Begas haben uns die Notenblätter umge-

Bettina von Arnim

wendet, Ferdinand Lassalle und Johann Jacoby haben uns
Beifall geklatscht, und des Jubels und des Glücks war kein
Ende.»

Felix Philippi beendete mit Wehmut diese seine Erinnerungen: «Vorüber! Vorüber! Ihr alle, die in meinem Elternhause schöne Stunden gelebt und schöne Stunden geschaffen, ihr alle seid von hier gegangen. Aber die meisten von
euch sind nicht vergessen. In euren großen Taten, ja selbst
in euren großen Irrtümern lebt ihr fort im Gedenken der
Menschen.»

Carl Friedrich
Zelter

Drum singe, wem Gesang gegeben

Es sind nicht wenige Stätten in Berlin, die heute noch an jenen Mann erinnern, der als Baumeister die steinerne sowie als Komponist und Förderer die musikalische Geschichte seiner Heimatstadt mitschrieb. Wer sich auch nur etwas mit Leben und Werk von Carl Friedrich Zelter beschäftigt, wird ihm nicht nur höchste Achtung zollen, sondern sich besorgt die Frage stellen, ob der Meister eigentlich Zeit zum Schlafen gefunden hat.

Stätten der Erinnerung:

Das Licht dieser Welt erblickte Carl Friedrich als Sohn eines Maurermeisters am 11. Dezember 1758 in jenem Haus, das sein Vater in der Münzstraße 1 errichtet hatte. Es steht heute noch, trägt mittlerweile die Nummer 21 und eine schlichte wie schwer zu lesende Tafel mit Hinweis auf Zelter.

Als Carl Friedrich neunzehn Jahre alt war, übernahm er nach dem Tode seines Vaters dessen Geschäft. Einen der ersten bedeutenden Aufträge erhielt er – wie erwähnt – vom Verleger und Schriftsteller Friedrich Nicolai. Er sollte sein Haus in der Brüderstraße umbauen. Zelter entsprach dem Auftrag, und das Ergebnis seiner Arbeit läßt sich am Haus mit der Nummer 13 gebührend bestaunen. Es führt seit einigen Jahren den Namen Nicolai-Haus und bietet der Denkmalpflege ein ständiges und einem Sommertheater ein zeitweiliges Domizilium.

Wer die Prachtstraße Unter den Linden entlangschlendert, entdeckt neben der Schinkelschen Neuen Wache – heute mit Ewiger Flamme ein Mahnmal für die Opfer des Faschismus und Militarismus – das Maxim-Gorki-Theater. Das Bauwerk war in den zwanziger Jahren des vorigen Jahrhunderts nicht zuletzt auf Anregung Zelters für die Singakademie errichtet worden. In dem ob seiner guten Akustik gelobten Saal dirigierte Felix Mendelssohn Bartholdy im März 1829 die Matthäus-Passion von Johann Sebastian Bach, gab Franz Liszt im Jahre 1842 sein erstes Berliner Konzert, musizierten Brahms, Paganini, Anton Rubinstein und andere Größen, hielt Alexander von Humboldt seine berühmten Kosmos-Vorträge und wohnte Karl Marx im Revolutionsjahr 1848 einer Sitzung der Preußischen Nationalversammlung bei.

Schließlich Zelters letzte Ruhestätte auf dem alten Kirchhof der Gemeinde St. Sophien in der Großen Hamburger Straße. Er liegt unter einem schwarzen Obelisken, den die Singakademie stiftete, in einem romantisch gebliebenen Flecken der großen Stadt. Wenn man so will, befindet sich das Grab auf halbem Wege zwischen seinem Geburtshaus in der Münzstraße und seiner Wirkungsstätte, der Singakademie ...

Bevor wir uns der Singakademie – eine der Klammern zwischen dem Berliner Gestern und Heute – und ihren Dirigenten, vor allem Zelter, zuwenden, schenken wir der musikalischen Situation der Stadt im Ausklange des achtzehnten Jahrhunderts unsere Aufmerksamkeit.

Den Schulchören oblag die nicht mehr von ihnen allein zu bewältigende Aufgabe, für die musikalische Umrahmung geistlicher und weltlicher Veranstaltungen zu sorgen. Schüler sangen in Kirchen, auf Hochzeiten, Beerdigungen und Taufen, selbst in Theatern. Doch «mit der sittlichen Qualität der Berliner Chorschüler stand es nicht zum besten», schrieb ein Chronist. Das hatte einen recht einleuchtenden Grund: Die besten von ihnen hielten sich vom Chorgesange nach Möglichkeit zurück, weil sie vor allem das tun wollten, was man an einer Schule gemeinhin tut: lernen. Demzufolge rekrutierten sich die fünf Schulchöre – zwei bestanden am Berlinischen Gymnasium, einer existierte in Cölln, einer am Friedrichswerderschen und einer am Friedrich-Wilhelm-Gymnasium – zumeist aus minder begabten und kaum motivierten Schülern.

Es gab aber nicht genug Chorsänger in Berlin, so daß sich die Leiter gezwungen sahen, für ein äußerst bescheidenes Salär außerschulische Choristen zu mieten. An der Friedrichswerderschen Schule bestand die ebenso beklagenswerte wie belustigende Situation, daß der Schulchor *ausschließlich* aus Handwerkern bestand. Man bedenke: Solche Hilfschöre sollten ja nicht nur oberflächlich Heiteres singen, sondern sich auch der Pflege Bachscher Musik widmen, Haydn und Mozart aufführen.

Zelter hatte als kurzzeitiger Musikdirektor einen Einblick in die Qualität der Schulchöre erhalten, der ihn (und andere) erschreckte: Der Zustand der Schulchöre, die in den Straßen singen, sei «in der Nähe noch unerfreulicher als von außen, da diese Chöre in den Straßen der Residenz schon seit manchen Jahren so singen, wie man es nur von ihnen gewohnt ist, indem sie gar nicht eigentlich unterrichtet werden, und daran sind sie selber nicht schuld. So wie sie aber sind, ist ihr Daseyn ganz hoffnungslos, da ihnen ihr jetziger Stand nicht (wie ehemals) eine Aussicht auf die Folge gewährt. Sie sind arm, unwissend, ohne Zucht; mehrere Chöre werden nicht einmal angehalten, in der Kirche zu singen, wozu sie hauptsächlich da sind; die Directionen selbst klagen sie an, als unmoralisch, verachtet; niemand nimmt sich ihrer an, und doch singen sie und können's nicht lassen.»

Rellstab formulierte noch schärfer: Die armen Kinder müßten «ihre Gesundheit und ihre Lungen einer abscheulichen Gewohnheit opfern ... Man kann nicht laut genug dagegen schreyen ... Schaffet diese Unmenschlichkeit ab.»

Viele Bürger sprachen oder dachten so, zumal nicht wenige Familien Hausmusiken von hoher Qualität pflegten. Kunstbegeisterte Dilettanten hatten musikalische Liebhabervereinigungen geschaffen, die Stadtpfeifer Geschichte werden lassen und schickten sich nun an, auch den Chorgesang auf eine höhere Stufe zu stellen.

Ein weiteres Problem drängte zur Lösung. Pädagoge Horstig stellte 1798 in der «Allgemeinen Musikalischen Zeitung» die seinerzeit mutige Frage: «Warum sollen die Mädchen vom Singen ausgeschlossen sein? Finden sich unter den Personen vom andern Geschlecht nicht oft die besten Stimmen, die noch dazu keinem Wechsel wie bey dem männlichen Geschlechte unterworfen sind.»

Die Singakademie wollte und sollte viele dieser Forderungen erfüllen.

Fasch und die Gründung der Singakademie

Begonnen hatte es mit Karl Friedrich Christian Fasch, dem Sohn des berühmten Zerbster Kapellmeisters Johann Friedrich Fasch, der mit seinen Sinfonien, Triosonaten und Quartetten den Übergang vom Barock zur Klassik vorbereitete. Der Vater ließ den Sohn nur ungern nach Berlin ziehen, so ehrenvoll die Berufung auch sein mochte. Im Wechsel mit dem «Berliner Bach», mit Carl Philipp Emanuel, begleitete er Friedrich II. bei Flötenkonzerten. In zunehmenden Mußestunden – der König widmete sich mehr

Karl Friedrich
Christian Fasch

dem Mars denn den Musen – unterrichtete Fasch etliche Schüler, unter ihnen Zelter und Rellstab. Letzterer lobte ihn, weil er «bey jedem die schwache Seyte aufsuchte und diese vorzüglich cultivierte».

Im Sommer des Jahres 1790 umgab sich Fasch mit einem kleinen Kreis musikbegeisterter Berliner. Man traf sich im

Gartenhaus des Geheimrates Carl Ludwig Milow in der Nähe des Spittelmarktes, studierte eigene Werke ein und sang sie. Der Winter unterbrach die Zusammenkünfte, die bei wärmerem Wetter sofort wieder anhoben. Besonderes Augenmerk galt des Meisters sechzehnstimmiger Messe, die er als sein Lebenswerk ansah.

In sein Protokollbuch trug Fasch penibel genau ein: «1791. Im Aprilo dieses Jahres ward die Singe Übung nun wieder eröfnet, aber in der Folge beständig in dem Saale der Frau Geheimde Räthin Pappritz gehalten. Den 24. May bey Mad. Voitus zum ersten mahl.» Madame wohnten in der Straße Unter den Linden 42/Ecke Neustädtische Kirchstraße. Von 1891 bis zum zweiten Weltkrieg erinnerte an dem Haus, das in Flammen aufging, eine Tafel: «In diesem Hause stiftete Carl Friedrich Fasch am 24. Mai 1791 die Singakademie.»

Jeweils dienstags traf sich der Chor – eine Tradition, die bis in unsere Tage beibehalten wurde. Im Sommer 1791 trat Zelter dem gemischten Chor als Tenor bei, und alsbald erwuchs Fasch aus dem ehemaligen Schüler ein geschätzter Partner. «Ausgang des Sommers fing ich die Vorübung des Sonnabends mit denen an, die zuweit zurück waren. Herr Zelter setzte solche alsdann den Winter bis anjetzo des Montags fort», schrieb Fasch über einen Aspekt des gedeihlichen Miteinanders.

Im September 1791 erlebte der Chor seine Premiere mit einer Aufführung in St. Marien. Zum ersten Male sangen in Berlin Frauen und Männer gemeinsam eine Kirchenmusik – ohne die bislang üblichen Knabenstimmen. Es erklang eine achtstimmige Komposition von Fasch zum 51. Psalm, in der sich alte und neue kirchenmusikalische Mittel mischten, die kontrapunktische Herbheit und italienische Figurenfreudigkeit miteinander vereinten.

Der Chor mit seiner hohen künstlerischen Qualität errang schnell das Wohlwollen der kunstsinnigen Berliner. Er studierte neben Faschs Stücken u. a. Werke von Johann Sebastian Bach und Händel ein. Beethoven nahm zweimal an Proben teil und gab dem Drängen der Chormitglieder nach, sich selbst ans Piano zu setzen …

Leider zog die gute Frau Voitus um – in die Charlottenstraße 41, und hier erwiesen sich die Räume als zu klein. Fasch erhielt auf sein Bitten hin die Erlaubnis, mit seinem

Chor den Saal der Akademie der Künste nutzen zu dürfen. «Den 5. November wurde demzufolge die Accademie eröffnet, und die Vorsteher der Gesellschaft vorgestellt», notierte Fasch. Seit diesem Tage nannte sich der Chor «Singe Accademie».

Er hatte in dem Saale mancherlei Bewährungsproben zu bestehen. Mitunter versagte die Heizung, manchmal engten Ausstellungen den Platz ein. Damit den Damen an kalten Wintertagen lange Fußwege erspart blieben, verkehrten vier Kutschen. Sie pendelten vor und nach der Probe zwischen Akademie und Wohnungen. Man kann sich denken, daß die Erstankommenden einige Geduld aufzubringen hatten, bis die letzten eintrafen. Doch solch äußeres Ungemach focht die begeisterten Sänger um Fasch und seinen Assistenten Zelter nicht an.

Im letzten Jahr des achtzehnten Jahrhunderts gehörten 94 Mitglieder dem gleichermaßen geschätzten wie bekannten Berliner Chor an. Viele von ihnen erfreuten mit präzis geschulten Stimmen. Wie uns Zelter überliefert, dirigierte Fasch «vor einem Flügel, mit dem bloßen Accompagnement, ohne Taktschlagen oder andere störende Merkzeichen ... Mancher erfahrene Musikdirektor mag sich wundern, wie ein solcher Singechor ohne irgend ein äußeres Mittel als einen Flügel könne im Takte erhalten werden.»

Faschs angeschlagener Gesundheitszustand hatte sich zu Beginn des neuen Jahrhunderts dramatisch verschlechtert. Letztmalig konnte er am 3. Juni 1800 an der Singakademie teilnehmen. Im Angesicht des nahen Todes ordnete er sein kompositorisches Werk, vernichtete, was er für wenig bedeutend hielt, und übergab den Rest seinem Freunde Zelter.

Unter dem 4. August 1800 notierte Zelter: «Sontags den 3ten August ist der rechtschaffene Fasch nachmittags um halb vier Uhr gestorben; und von hier an werde ich, sein Freund und Schüler, dieses Buch und die Singacademie fortsetzen.» Als letzte Worte des Verstorbenen überbrachte er dem Chor: «Ich habe den officiellen Auftrag von ihm, seinen Tod unter uns bekant zu machen und Ihnen allen sein letztes Lebewohl zu sagen. Er läßt jedem von Ihnen besonders aufs Innigste danken, für die vielen Beweise aller ihm erzeigten Achtung und Liebe, deren Gefühl sein Herz bis zur letzten Stunde fröhlich erhalten hat. Er versichert Sie alle seiner unbedingten Zufriedenheit, die er mit in jene Welt genommen, und hofft von Ihrem Wohlwollen gegen ihn, daß Sie sein Andenken mit der gewohnten Einigkeit ehren werden, die der einzige und höchste Zweck aller Kunst ist.»

Seine letzte Ruhestätte erhielt Karl Friedrich Christian Fasch auf dem Jerusalemer Friedhof.

Carl Friedrich Zelter setzte das Werk fort

Was Fasch begonnen hatte, das setzte Zelter fort und führte es zur angestrebten hohen Chorkultur. Als unermüdlicher Organisator und Inspirator verlieh er der Singakademie mit streng beachteten Regeln eine innere Kraft, die zu Ansehen über die Stadtgrenzen hinaus führte. In seinem Programm widmete er sich mit tiefer Einfühlung – um es zeitgemäß zu benennen – dem Erbe, ohne vor dem Neuen die Augen zu verschließen. Es ist sein größtes Verdienst, mit seinen kontinuierlichen Aufführungen der großen kirchlichen und instrumentalen Werke Johann Sebastian Bachs eine Renaissance dieses Komponisten ausgelöst zu haben.

Bedeutende Musiker seiner Zeit, etwa Johann Friedrich Reichardt, Anselm Weber, Carl Maria von Weber und Gasparo Spontini, besuchten seine Akademie wie er Goethe und Schiller, Hegel und Humboldt, Rauch und Schadow zu seinen Freunden zählen durfte. Zelter übte in verschiedensten Funktionen auf fast alle Gebiete des Musiklebens von Preußen mehr oder minder entscheidenden Einfluß aus – bis hin zum Vorfeld der Gründung des Staats- und Domchores.

«Er kann bei der ersten Bekanntschaft etwas sehr derb, ja mitunter roh erscheinen. Allein das ist nur äußerlich», schrieb Goethe über seinen Freund. «Ich kenne kaum jemand, der sogleich so zart wäre wie Zelter.» Wenn man davon ausgeht, daß der Dichterfürst zu dem «verwegenen Menschenschlag», wie er die Berliner zu bezeichnen beliebte, ein nicht gerade herzliches Verhältnis pflegte, muß ihn der mauernde Musikus tief beeindruckt haben. Beide hatten sich beim einzigen Berlin-Besuch des Weimaraners im Jahre 1778 kennen- und schätzengelernt. Zelter zu dieser

Begegnung: «Ich war wie das Kalb, das aus der Kuh kommt, als wenn ich zum erstenmal die Sonne sähe.» Beide verband fürderhin eine sich vertiefende Freundschaft. Sie spiegelte sich in einem intensiven Briefwechsel wider und währte bis zu beider Tod im Jahre 1832.

Als Zelter seinen ersten Schrei tat, hatte Johann Wolfgang bereits seinen neunten Geburtstag gefeiert. Wer sich im alten Berlin ein wenig auskennt, weiß, daß des Vaters Haus nicht gerade im allerfeinsten Teile der Residenzstadt lag. Daraus darf gefolgert werden, daß der Knabe, dem Taktstock und Richtmaß gleichermaßen in die Wiege gelegt worden waren, nicht von Geburt her über ein Sesam-öffne-dich verfügte, sondern all das, was er erreichte, mit beharrlichem Fleiß, wachsendem Können und wider manche Vorurteile hat erkämpfen müssen. Geschenkt bekam er nichts. Auf der anderen Seite bedeutete die Geburt im tiefsten, echtesten Berlin für ihn, mit dem Volke verwurzelt zu sein.

Als er in die Fußstapfen seines Vaters trat und eine Maurerlehre begann, fand die ja nicht in einem goldenen Käfig, sondern auf rauhen Baustellen statt: mit Huckern, die Steine bis zum Himmel raufschleppten, aber im Keller wohnen mußten, mit derben Maurern, denen ein kerniges Schimpfwort ebenso leicht vom Mund wie der Stein von der Hand ging. Vom Vater und von ihnen dürfte er übernommen haben, was Goethe und andere an ihm schätzten: seine Ehrlichkeit und – damit unmittelbar verbunden – seine Direktheit. Er machte um die Dinge keinen Bogen wie die Katze um den heißen Brei und aus seinem Herzen keine Mördergrube. Er sagte, was er dachte. Auf sein Wort konnte man sich verlassen.

«Wenn die Tüchtigkeit sich aus der Welt verlöre, könnte man sie durch ihn wiederherstellen», schrieb Goethe über Zelter. In der Tat zeichnete den Mann aus der Münzstraße zeitlebens ein immenser Fleiß in der jeweils übernommenen und übertragenen Aufgabe aus.

Nach der Lehre und nach dem Tode des Vaters führte Carl Friedrich die Baugeschäfte aktiv weiter und erwarb sich alsbald einen guten Namen als Baumeister. So sicherte er sich und seiner vielköpfigen Familie die finanzielle Grundlage des gemeinsamen Lebens. Daneben widmete er sich stets der Musik – am Piano, auf der Violine und der Bratsche, sowohl im Konzert als auch im Singspiel, er komponierte zudem, etwa Kirchen- und Klaviermusik, vertonte Goethesche und andere Gedichte und schuf auch Kammermusik.

Seine erste Frau – Sophie Eleonora Flöricke – starb sehr früh und hinterließ dem Witwer zehn Kinder, davon sieben gemeinsame. 1796 heiratete er die Sängerin Juliane Pappritz. Die Sopranistin erwärmte sein Herz und bereicherte die Singakademie. Leider starb auch sie recht früh, nach zehnjähriger Ehe am 16. März 1806. «Die Thränen der ganzen Gesellschaft begleiten ihren frühen Tod, und die vollkommene Liebe ihres Mannes und ihrer elf hinterlassenen Kinder, denen sie eine treue holdselige Gattin und Mutter war, ihr heiliges Andenken. Sie ist siebzehn Jahre Mitglied der Singakademie gewesen. Ihre reine, süße, mächtige Stimme, ihr anmuthsvoller, rührender Vortrag haben den Ruhm der Singakademie bis an ihren Tod erhalten helfen», schrieb der Trauernde.

Ein zweites Ereignis traf ihn im Jahre 1806 gleichfalls schwer: die Besetzung seiner geliebten Vaterstadt durch die Franzosen. «Meine Singakademie ist seit dem 14. Oktober suspendiert», klagte er in einem Briefe an Goethe. «Ich habe den Faden still liegen lassen, um ihn, wie es möglich seyn wird, eben so wieder aufzunehmen, wozu jedoch bis heute keine Aussicht ist … Ich bin durch das Unglück des Landes Municipal worden und damit, anstatt dem Ufer näher zu kommen, in offene See verschlagen.»

Wilhelm von Humboldt nahm lebhaft Anteil an Zelters musiktheoretischem und -praktischem Wirken. Er verwandte sich beim König für ihn, und der berief Zelter im Mai 1809 zum Professor der Musik an die Akademie der Künste. Damit steuerte Zelter jene finanzielle Unabhängigkeit an, die es ihm ermöglichte, all seine musikalischen Pläne in die Tat umzusetzen. Beispielsweise hatte er ein Programm für die gesamte preußische Musikpflege ausgearbeitet. Mit seinen Vorschlägen zur Gründung einer Hochschule für Schulmusik, zur Errichtung einer Professur für Musik, der Neuaufstellung von Chören sowie zur Prüfung von Kantoren und Organisten und zu weiteren Punkten war es ein Programm des Fortschritts mit Bedeutung für das gesamte vorige Jahrhundert.

Auch mit seiner Singakademie mochte Zelter nicht bei dem stehen bleiben, was er von seinem verehrten Vorbild und Freund Fasch übernommen hatte. So rief er 1807 eine eigene Orchesterschule ins Leben und gründete zwei Jahre später die Liedertafel, den ältesten deutschen Männerchor. Zudem plante er einen Wahlchor, mit dem er alle schwierigen Werke vom Blatte aus bringen konnte. Orchesterschule und Wahlchor sollten ihn in die Lage versetzen, auch jene Werke aufzuführen – vor allem von Bach –, die von der großen Gemeinschaft noch nicht bewältigt werden konnten. Seit dem 13. Juli 1823 durfte er sich auch Direktor des ersten staatlichen Musikinstitutes in Preußen nennen, einer musikalischen Bildungsanstalt. Unermüdlich übermittelte er Liedertafeln und Chören seine Ratschläge, leitete er den Studenten-Chor der Berliner Universität, beaufsichtigte er die Institutsbibliothek und mehr. Vielerlei Ehrungen wurden ihm zuteil, so am 25. Juni 1830 die Ernennung zum Doktor der Philosophie.

Zelter genoß Ansehen nicht allein bei gleichgesinnten Musikfreunden oder am Hofe, sondern auch bei den Berlinern aus den Nebenstraßen. Er hatte sie und ihre Nöte nicht vergessen und sorgte mit Benefiz-Veranstaltungen der Singakademie für – wenn auch bescheidene – Hilfe. Zelter begann diese Reihe, die bis in unser Jahrhundert fortgesetzt wurde, mit der Aufführung des Mozartschen Requiems zugunsten des Bürgerrettungsinstitutes am 8. Oktober 1800 in der Garnisonkirche. Im darauffolgenden Jahr erklangen Faschs Miserere und Davidiana in der Petrikirche – der Erlös kam den Stadtarmen zugute wie auch der des A-capella-Konzerts im Saal des Opernhauses im Jahre 1807. Im spannungsreichen Jahr 1813 widmete Zelter seine Komposition «Auferstehung und Himmelfahrt» und den Erlös des Konzertes in der Garnisonkirche dem Lützowschen Freikorps, das verwegen wider Napoleon focht. Gelder von diesen Veranstaltungen flossen u. a. zugunsten verwahrloster Kinder, erblindeter Krieger, Witwen und Waisen und immer wieder für Stadtarme.

Bei aller beruflichen Angespanntheit liebte und pflegte Zelter zeitlebens Hausmusiken. Bei seinen einzigartigen Verbindungen nimmt es nicht wunder, daß er sowohl illustre Musiker als auch prominente Gäste bei sich begrüßen konnte. Karoline Bauer verdanken wir die Schilderung einer solchen Hausmusik:

«… einen sehr genußreichen Abend verlebten wir bei dem guten alten Zelter. Als wir ins Vorzimmer getreten – ich zitternd vor freudiger Erwartung, denn Zelter hatte verkündet, Louis Berger, der seelenvolle Komponist und beliebteste Klavierlehrer Berlins, und Mendelssohn, sein bester Schüler, Sängerinnen mit süßem Sopran und herrlicher Altstimme würden anwesend sein – kam uns Dorothea entgegen und flüsterte: ‹Nur ganz leise – bis die Diskussion beendet ist, die Herren sprechen eifrigst über die Urteilsfähigkeit des Berliner Publikums, – hören Sie?› … Berger und Mendelssohn spielten vierhändig – dann Mendelssohn solo – Zelter schlug mächtige Akkorde an – ergreifende Choräle, und begleitete die seelenvolle Altstimme eines jungen, schönen, bleichen Mädchens bei seinen herrlichen Goethe-Liedern ‹Rastlose Liebe› und ‹Der König in Thule› … Zelter flüsterte ihr vor dem letzten Liede zu: ‹Bitte, sanft und frei – als säßen Sie am Meeresufer ganz in Gedanken versunken.› Und wie durchschauerte mich das wundersame Lied, die Töne, traurig verhallend – wie ins Meer versinkend … Die andere Schülerin mit der Sopranstimme trug ‹Rose, die Müllerin› von Berger vor, dann sein ‹Veilchen› – ein wehmütig klagendes Lied, welches der Arme nach dem Tode seiner Frau komponiert hat.»

Wie unkonventionell Zelter zeitlebens war, dürfen wir dieser Begebenheit entnehmen: Vier Zelter-Schüler wollten dem Meister zum Geburtstag ein Morgenständchen bringen – indes, der vierte kam und kam nicht. So entschlossen sich die Sänger, zwei Quartette aus der Feder Zelters halt dreistimmig zu singen. Kaum hatten sie begonnen, erschien der Geehrte in Schlafrock und Zipfelmütze am Fenster und rief herunter: «Das klingt ja zum Teufelholen! Wo ist denn der zweite Baß?» – «Er hat uns im Stich gelassen!» – «Dann übernehme ich ihn», antwortete Zelter, rief die Sänger zu sich, stellte sich in ihre Mitte und ergänzte die Quartettlücke.

Nach dem Gesang bedankte er sich herzlich und sagte: «So, Kinder, ich habe euch geholfen, mir zu meinem Geburtstag ein Ständchen zu bringen, nun werdet ihr mir helfen, auf euer Wohl eine Flasche zu leeren. Übrigens: Es lebe das dreistimmige Quartett!»

Er habe Johann Sebastian Bach im Herzen, bekannte Zelter einmal, und darin werde er ihn bis an sein Ende tragen. In der Tat beschäftigte er sich intensiv, wie kaum ein anderer im Berlin des vorigen Jahrhunderts, mit dem Werk des großen Tonkünstlers. «Ich bin seit fünfzig Jahren gewohnt, den Bachschen Genius zu verehren», schrieb er an Goethe. «Friedemann ist hier gestorben (Zelter hatte ihn oft spielen hören, d. A.), Em. Bach war hier Königl. Kammermusiker, Kirnberger, Agricola Schüler vom alten Bach, Ring, Bertuch, Schmalz und andere ließen fast nichts anderes hören als des alten Bachs Stücke: ich selbst unterrichte seit dreißig Jahren darinne und habe Schüler, die *alle* Bachschen Sachen gut spielen.»

Den Anstoß für eine immer stärker glühende Bach-Verehrung hatte Zelter von seinem Freund und Lehrer Fasch erhalten. Durch ihn lernte er Bachsche Choräle und Motetten kennen.

Zelter trug an Bach-Noten zusammen, was immer er erhalten konnte. Zumindest schrieb er für sich und die Singakademie die Noten ab. In diesem Zusammenhang richtete er im Juni 1811 an seinen Freund Georg Pölchau in Hamburg einen Brief, u. a. mit der Frage: «Wäre es möglich, noch manches zu retten, besonders die Passionsmusiken von Seb. Bach, von denen keine einzige vorhanden ist, und die latein. Messen? Dies sind eigentlich seine vorzügl. Stücke.»

Stets dachte Zelter daran, die Freude an und über Bachs Werk weiterzuvermitteln, vor allem mit entsprechenden Aufführungen seiner Singakademie. Er begann mit Motetten wie «Singet dem Herrn» und «Fürchte dich nicht» in den Jahren 1804 bis 1806 und stellte das Jahr 1808 ganz unter den Bach-Stern: Neben dem 5. Brandenburgischen Konzert von Johann Sebastian erklangen Konzerte von Friedemann und Emanuel.

Seine Singakademie folgte ihm gern auf diesem musikalischen Weg. 1811 konnte er erfreut seinem Freunde Pölchau mitteilen: «Heute (am 13. Dezember, d. A.) habe ich die erste Probe ... gehalten von der großen Messe (Kyrie und Credo aus h mol), welches wahrscheinlich das größte musikalische

Kunstwerk ist, das die Welt gesehen hat.» Schließlich hatte
die Singakademie am 30. September nach ungezählten harten Proben die gesamte h-Moll-Messe zum ersten Male und
als erster gemischter Chor durchgenommen – nicht zuletzt
ein Triumph der Zelterschen Hartnäckigkeit und Gründ-
lichkeit.

Im Juli des darauffolgenden Jahres erfreute er Pölchau
mit der Mitteilung und dem Bekenntnis: «In diesen Tagen
habe ich die elfstimmige Litaney des alten Bach aus d mol
dreymal nach einander aufgeführt, und zuletzt ging das
Stück wirklich seinen Gang. Wenn man Werke dieser Art
lange genug kennt und sie endlich hört, so ist mir's, als ob
die Pforten der tiefsten innersten Natur sich vor mir aufthä-
ten, um ihre unerkannten ewigen Geheimniße zu offenba-
ren. Der Ernst dieser Litaney grenzt an die Finsterniß oder
vielmehr Dunkelheit, in welche sich ein Gemüth zurück
zieht, um die Klarheit eines gewaltsamen innern Lebens und
Strebens gewahr zu werden. Ich bin aufs Höchste davon erbaut worden.»

Georg Pölchau verdankte Zelter auch die Partituren der
Bachschen Johannes- und der Matthäus-Passion. Erste
Schritte zu ihrer Wiederaufführung unternahm Zelter im
Mai und im Juni 1815. Nahezu vierzehn Jahre mußten noch
vergehen, bis die Matthäus-Passion nach beinahe einhun-
dertjähriger Vergessenheit dank Zelter und Felix Mendelssohn Bartholdy wieder erklang: 47 Soprane, 36 Altstimmen,
34 Tenöre und 41 Bässe gaben ihr Bestes.

In einem Brief an Goethe vom 12. März 1829, dem Tage
nach der erfolgreichen Wiederaufführung, bezeichnete Zelter den jungen Felix Mendelssohn Bartholdy als einen
«straffen, ruhigen Director» und fuhr fort: «Ich hatte mich
mit einer Partitur neben dem Orchester in ein Winkelchen
gesetzt, von wo aus ich mein Völkchen beobachten konnte
und das Publikum zugleich. Über das Werk selber wüßte ich
kaum zu reden; es ist eine so wunderbare sentimentale Mi-
schung von Musik im Allgemeinen, den Sinn der Sache in
der Idee aufzubauen, daß das Wort des Dichters selbst zur
Idee wird.»

Man beachte die überaus große Bescheidenheit Zelters,
der den Höhepunkt seiner Bach-Arbeit – er hatte schließlich die Werke des Thomaskantors wiederentdeckt, er hatte

seine Singakademie dafür begeistert und nicht zuletzt seinen
jüngsten Schüler Felix – still in einem Eckchen erlebte.

Bezeichnend ist gleichermaßen, daß er sich auch in diesem Falle Goethe mitteilen mußte, wie er es überhaupt verstand, seine Bach-Liebe auf den Weimaraner zu übertragen.
Zelter schickte seinem Freund Handschriften von Bach und
auch das «Wohltemperierte Klavier», und der Empfänger
versprach, daß sich Zelters «liebe musikalische Hierogly-
phen» bald vor seinem Ohre auflösen würden. In einem der
Briefe bezeichnete Zelter den Thomaskantor als «eine Erscheinung Gottes: klar, doch unerklärbar. Ich könnte ihm
zurufen: Du hast mir Arbeit gemacht, ich habe Dich wieder
ans Licht gebracht.»

Wenn es irgend ging, besuchte Zelter seinen Freund. 1823
berichtete Eckermann: «Heute ward ich bei Goethe zu Tisch
geladen. Ich fand Zelter bei ihm sitzen. ‹Hier›, sagte Goethe,

‹haben wir meinen Freund Zelter. Sie machen an ihm eine gute Bekanntschaft; ich werde Sie bald einmal nach Berlin schicken, da sollen Sie denn von ihm auf das Beste gepflegt werden.› – ‹In Berlin mag es gut sein›, sagte ich. ‹Ja›, sagte Zelter lachend, ‹es läßt sich darin viel lernen und verlernen.›»

Tief traf den Berliner der Tod des Weimaraners im März 1832. Am Todestag hatte Zelter in der Garnisonkirche den «Judas Maccabäus» dirigiert. Voll Weh notierte er nach der traurigen Kunde: «Ich bin wie eine Witwe, die ihren Mann verlor, ihren Herrn und Versorger.» Und in einem Brief hieß es: «Wie er dahin ging *vor* mir, so rück' ich Ihm nun täglich näher und werd' Ihn einholen, den holden Frieden zu verewigen, der so viele Jahre nach einander den Raum von sechsunddreißig Meilen zwischen uns erheitert und belebt hat.»

Die Liedertafel und die Ripienschule

«Diese Singakademie ist jetzt zwey hundert Personen stark und wird mir nebenher zu einer unendlich schweren Last, weil ich Tag und Nacht dafür arbeiten muß», seufzte Zelter im März des Jahres 1804 in einem Brief an Goethe. «Ich habe sie jetzt so weit gebracht, daß sie sich selbst, auf fortwährende Zeiten, vollkommen anständig und kunstwürdig erhalten kann und muß.» Trotzdem bürdete er sich wie ein zäher Hucker noch weitere Lasten auf die ohnehin gebeugten Schultern.

Im Dezember 1808 besprach er mit seinen Akademie-Vorstehern – vier Herren und vier Damen (auch in der paritätischen Besetzung eines Leitungsgremiums war er seiner Zeit weit, weit voraus) – ein neues Vorhaben. Er wollte eine Liedertafel stiften, eine «monatliche Zusammenkunft von etwa zwanzig bis fünfundzwanzig Mitgliedern der Singakademie, um bei einem frugalen Mahle gewählte gesellschaftliche Gesänge zu singen». Was den Namen der Sängervereinigung betrifft, so hatte er König Artus' Tafelrunde im Sinn.

Ermuntert zu diesem neuen Plan sah sich der Baumeister, Komponist und Dirigent durch den preußischen König. Friedrich Wilhelm III. hatte in der Zeit nationaler Erhebungen gegen das napoleonische Joch einen mehrstimmigen russischen Männerchor gehört und sich tief beeindruckt gezeigt. Er teilte Zelter über Wilhelm Bornemann – späteres Gründungsmitglied und Tafelmeister des Gesangvereins – mit, daß er der Bildung eines ähnlichen Chores in seiner Residenz sehr wohlwollend gegenüberstehe. Der Monarch kannte Zelters musiktheoretische Schriften – Wilhelm von Humboldt hatte sie ihm übergeben. Darin machte Zelter keinen Hehl daraus, in der Musik auch ein nationales Bildungs- und Bindungsmittel zu sehen. Letzteren Gedanken vertiefte er in einem Brief an den Weimaraner Freund: «Ihr Interesse an der Liedertafel wird unausbleiblich Früchte tragen. Die kräftigen deutschen Gesänge tun immer mehr erwünschte Wirkung. Statt des hängenden matten Lichtes tritt ein munterer, gestärkter Sinn hervor, den keiner vorher zu zeigen wagte. Man wird schon fähiger, seine Haut zu tragen; der Schritt wird sicherer durch helle Freude. Was Längeley und Wortwesen war, wird entschlossene Tat …»

Zur Tat schritten der Meister und seine sangesfreudigen Gesellen erstmals am 24. Januar 1809, dem Gründungstag der beispielgebenden Liedertafel. Man traf sich im sogenannten Englischen Haus in der Mohrenstraße, einer renommierten Gaststätte. Die Liedertafler entwarfen eine Satzung und versprachen sich gegenseitig, stets ihr Bestes für Lied, Gesang und Dichtung zu geben.

Denn vor allem sollte Eigenes gesungen werden. Wie die Praxis belegte, verliefen die Treffen nicht etwa bierernst, aber auch nicht ohne künstlerische Wertung. Zelter an Goethe: «Wer ein neues Lied gedichtet oder komponiert hat, lieset oder singt solches an der Tafel vor oder läßt es singen. Hat er Beifall, so geht eine Büchse an der Tafel umher, worin jeder, wenn ihm das Lied gefällt, einen Groschen oder mehr hineintut.»

Wie es sich für einen Verein geziemt, durften die Gefeierten mit entsprechenden Erinnerungsmedaillen rechnen, hergestellt vom Mitglied der Liedertafel Medailleur Loos. Wer ein Dutzend Plaketten besaß, tauschte sie gegen eine goldene ein, bekam feierlich einen Kranz aufs Haupt gesetzt und ein freies Mahl.

Übrigens gehörte Baumeister Schinkel zu den Ehrenmitgliedern. Diese Verbindung sollte sich noch als nützlich erweisen.

Die Liedertafel – sie vereinte die vorzüglichsten Stimmen des Männerchors der Singakademie – traf sich zu Schmaus, Trank und Gesang einmal monatlich. Dafür legte die Satzung jenen Dienstagabend fest, der dem Vollmond am nächsten lag. Dies war vonnöten, weil es um die Straßenbeleuchtung in der Residenz nicht zum Hellsten bestellt war und die (eventuell trunkenen) Liedersänger gern unbeschadet nach Hause kommen wollten. In der Folgezeit erweiterte man die beliebten Treffpunkte um das Theerbusch'sche Lokal in der Niederwallstraße und um ein Etablissement im königlichen Tiergarten.

Als erster deutscher Männerchor wirkte die Liedertafel in deutschen Landen wie eine Initialzündung. Allenthalben entstanden unter gleichem Namen und mit oft gleicher Satzung ähnliche Gesangsvereinigungen. Indes erreichten nicht alle die Qualität des Vorbildes; ja, manche entarteten gar zu seiner Karikatur, wenn die Mitglieder den Gesang nur zum Vorwand für einen alkoholschwangeren Herrenabend nahmen.

Bereits im Jahre 1807 hatte der rastlose Zelter mit der Gründung der sogenannten Ripienschule, einer Orchesterschule der Singakademie, für Aufsehen gesorgt. Er wollte auch schwierige Werke mit Instrumentalbegleitung aufführen können. Die Idee dazu kam ihm im Zusammenhang mit der Bach-Rezeption. «Die Instrumente unserer Zeit sind an solche Werke nicht gewöhnt; selbst die heutige Stimmung und das Traktament der Instrumente ist verschieden von sonst. Die ersten Versuche dieser Art fielen auch wenig günstig aus, und öftere Versuche würden der Casse lästig geworden seyn. Man fing daher an, im Stillen auf der Akademie, um die Säle täglich zu okkupiren, ein kleines Orchester zu bringen, worinn Musiklustige sich üben solten an dem Vortrag älterer Musiken. Zu diesem Zwecke war es nöthig, bey jeder Stimme wenigstens Einen wirklichen Musikus zu bezalen.» Der Beginn dieser instrumentalen Vorschule zur Aufführung alter Musik datiert unter dem 10. April 1807.

Zelters exakt geführtem Journal für die Ripienschule können wir folgende Besetzung entnehmen: zehn erste und zehn zweite Geigen, acht Bratschen, acht Celli, vier Bässe, drei Flöten, zwei Oboen, zwei Hörner, drei Fagotte, drei Trompeten und Pauken.

Obwohl Zelter vornehmlich eine gediegene Aufführung Bachscher Werke im Sinn stand, befanden sich in seinem Programm u. a. Ouvertüren, Kammermusikwerke und Konzerte von Graun, Benda, C. Ph. E. Bach, Quantz, Händel und natürlich Werke aus eigener Feder.

 ## Das Bauwerk

Was nutzte ein vorzüglicher Chor, bereichert um eine Liedertafel und ergänzt durch die Ripienschule, wenn Zelter und seine Mitsänger Jahr für Jahr über den «Mangel eines eigenen Lokales» klagen mußten? Noch 1818 schrieb Zelter in einem Brief an Goethe, der Saal der Akademie sei so klein, «daß die Gesellschaft selber nicht Raum hat, und da er über einem Pferdestall ist, so ist der Geruch unausstehlich wie die Kälte daselbst, weil er nicht geheizt werden kann». War der Saal besetzt, etwa weil darin Ausstellungen stattfanden, suchte die Singakademie mühsam Ausweich-Singestätten. Proben fanden deshalb auch in der Dorotheenstädtischen Kirche statt, in der Universitätsstraße, im Jagorschen Saale und anderswo.

Zelter unternahm Naheliegendes: Er besprach sich mit Schinkel als Baufachmann zu Baufachmann. Dieser entwickelte bereits 1812 das Projekt eines Akademie-Anbaues. Er dachte an ein halbrundes Pantheon mit Bildsäulen berühmter Musiker, an einen großen rechteckigen Saal mit weiten Seitenhallen und erhöhtem Chorraum sowie an Zimmer für Proben, Instrumente und Noten. Die Akademie sperrte sich: Sie wollte die ungebetenen Dauergäste nicht noch durch einen Bau an sich gebunden wissen.

Zu Beginn der zwanziger Jahre fertigte Schinkel in treuer Freundschaft zu Zelter und enger Verbindung zur Singakademie neue Pläne. Dem folgte die eigenhändig geschriebene Bewilligung des Königs, einen entsprechenden Platz hinter der Neuen Wache bereitzustellen. Der Saal sei «nach der eingesandten Zeichnung des Oberbauraths Schinkel auszuführen». Schinkel setzte sich an den Tisch und ging ins Detail, legte am 22. Mai 1821 ausführliche Pläne und seinen Kostenvoranschlag vor. Letzterer ließ den Singakademie-Vorstand erblassen: Ihm standen 30 000 Taler zur Verfügung –

Schinkel benötigte das Doppelte. Ein promptes Veto des Vorstandes folgte. Nach einigem Hin und Her – Schinkel zog sich leicht verärgert zurück – erhielt der erst 24 Jahre alte Braunschweiger Hofbaumeister Karl Theodor Ottmer den Zuschlag. Sein Entwurf beachtete die Kostengrenzen und lehnte sich erfreulicherweise an Schinkels Grundgedanken an. Zelter im November 1824 an Goethe: «Der junge Ottmer will diesen Winter auf einige Monate nach Paris gehen. Ich schicke ihn Dir wohl zu. Er soll Dir die Risse zu einem Singsaal für die Singakademie vorweisen und Deine Meinung hören. Du wirst ihn wohl flott machen, es ist ein braver Junge.»

Maurer Zelter ließ es sich nicht nehmen, den Grundstein für den heißersehnten Bau am 30. Juni 1825 selbst zu legen – früh um fünf (!!) Uhr. Die Höhlung des Grundsteins nahm drei Urkunden auf: eine mit Stiftung und Verfassung der Singakademie, die Liste aller Mitglieder, die gedruckte Grundverfassung.

Goethe gratulierte herzlich zu dem feierlichen Akte und fügte mit Blick auf die Singakademie hinzu: «Mögest Du ihr lange erhalten bleiben und sie Dir, damit Du nicht den Schmerz erlebest, das, was Du gepflanzt und gepflegt hast, vor Deinem seligen Hintritt untergehen zu sehen. Dies ist eine der großen Prüfungen, die dem Langlebenden zugedacht ist; dem alsdann, wie dem ehrlichen Hiob, eine humoristische Gottheit anderweitigen Ersatz reichlich gewähren möge.»

Am 25. November schaukelte die Richtkrone auf dem Bau. Es erklang ein Spruch des Ratszimmermeisters Richter, in dem es u. a. hieß:

In Ehren halten wir Zimmerleute
Den alten würdigen Brauch auch heute,
Zu richten mit frommer Rede Spruch,
Des Daches schließenden Giebelzug.
...
Hier steht nun das Werk zur offenen Schau,
Wird's mancher betrachten, scharf und genau,
In Lob oder Tadel sein Urtheil fassen,
Wie das die Leute nun einmal nicht lassen
...

Immer ist es vergebliche Sache,
Daß einer es Allen beifällig mache,
Und wahrlich, es käme ein Unding heraus,
Denn die Meinungen sind gar bunt und kraus
...
So stehe du nun, ein festes Haus,
Bis in die fernste Zukunft hinaus,
Erbaut, – zu erbauen in Freud' und Schmerz
Durch frommen Gesang Gemüth und Herz.
Ruf entgegen – dem Bedrängten in seiner Noth:
«Eine feste Burg ist unser Gott!»

Am Richtschmaus – er fand erst am 11. Dezember zu Zelters Geburtstag statt – nahmen u. a. Bornemann, A. W. Bach, Hellwig und Rungenhagen teil.

Die erste Probe im neuen Saal am 2. Januar 1827 ergab allseitige Zufriedenheit: «Das Lokal selbst ward beyfällig befunden; auch der Klang der Stimmen und des Instruments nahm sich überall gleich gut aus.»

Öffentliche Premiere war schließlich am 8. April mit 800 Teilnehmern. Sie zeigten sich allesamt von der schlichten Architektur in Anlehnung an Schinkel und von der gediegenen Saaldekoration begeistert. Auf dem Programm standen Zelters Choral «Gott ist alleinig groß» und Faschs Messe.

Nebenbei bemerkt: Mancherlei Widrigkeiten – so versackte der Baugrund – brachten weitaus höhere Kosten als ursprünglich veranschlagt mit sich. Der Bau war noch lange nicht fertig, da standen bereits 54 000 Taler zu Buche. Man hätte also auch Schinkel bequem bezahlen können.

Rasch entwickelte sich die Singakademie zu einem Zentrum des musikausübenden und musikliebenden Berlins. Das sollte bis in unser Jahrhundert so bleiben. Der zweite Weltkrieg fügte dem Bauwerk schwere Schäden zu. Mit der Beseitigung der Kriegswunden erfolgte der Umbau zu einer Schauspielbühne. Erhalten blieben von der einstigen Fassade die korinthischen Pilaster neben den Eingängen, die das Giebelfeld tragen. Nach der Neuen Bühne des Hauses der sowjetischen Kultur etablierte sich hier 1952 das Maxim-Gorki-Theater. Maxim Valentin und sein Ensemble stellten sich am 30. Oktober des genannten Jahres mit dem sowjeti-

Das Gebäude
der Singakademie,
heute
Maxim-Gorki-
Theater

schen Gegenwartsstück «Für die auf See» von Boris Lawren-
jow vor.

Die Singakademie mußte wieder in «Untermiete» gehen,
fand diesmal mit der Staatsoper einen eng verbundenen
«Hauptmieter». Im wiederhergestellten Schinkelschen
Schauspielhaus am Platz der Akademie erhielt der tradi-
tionsreiche Klangkörper 1984 ein neues Domizil.

Der Tod Zelters und die Nachfolger

Sieben Jahre nach der Grundsteinlegung für die Singakademie: Zelters penibel geführten Anwesenheitsbüchern ist zu
entnehmen, daß die Singakademie am 15. April 1832 die Matthäus-Passion aufführte und daß Zelter am 24. des Monats
an der Probe nicht teilnehmen konnte. Am 1. Mai kam er
noch einmal und trug als letzte Worte ein: «Heute Dienstag
nach der ersten Nummer ging der Direktor ab.»

Still verließ er die Probe. Nach einer Erkältung, die er sich
in St. Marien zugezogen hatte, starb er nach kurzem Kran-
kenlager am 15. Mai 1832, nur wenige Wochen nach seinem

verehrten und geliebten Freund aus Weimar. Die letzte Ruhestätte erhielt er auf dem Kirchhof von St. Sophien. Beim Begräbnis sang die Singakademie Choräle von Bach und Graun. Die Predigt hielt Schleiermacher.

Im August stellte ein vorbereitender Ausschuß der Singakademie eine Liste von Bewerbern für den vakanten Direktoren-Posten auf. Sie trug einige illustre Namen: August Wilhelm Bach, Eduard Grell, Bernhard Klein, Felix Mendelssohn Bartholdy und Karl-Friedrich Rungenhagen. Am 22. Januar des darauffolgenden Jahres fand die Wahl statt. Das Votum für den relativ biederen Rungenhagen (148 Stimmen) und gegen das Genie Mendelssohn Bartholdy (88) zeugt vom Verharren im Hergebrachten, von gewisser konservativer Haltung der meisten Damen und Herren aus der Singakademie.

Karl-Friedrich Rungenhagen, am 27. September 1778 als Sohn eines Kaufmanns in Berlin geboren, übernahm nahezu alles von seinem langjährigen Freund und Mitstreiter Zelter: die demokratisch geführte Körperschaft der Singakademie, das Repertoire, eine Vorliebe für Bach.

Und gleich Zelter wußte er sich mit dem Musiker und Gelehrten Georg Pölchau eng verbunden, der 1814 aus Hamburg nach Berlin übergesiedelt war, der Singakademie beitrat und nach seinem Tode im Jahre 1841 der Königlichen Bibliothek seine Sammlung von rund 5000 Büchern und Musikalien sowie 3000 Handschriften überließ. Zelter selbst hatte, wie erwähnt, eine überaus reichhaltige Bibliothek mit kostbarsten Bach- und anderen Handschriften zusammengetragen, die der Singakademie zur Verfügung stand. Es gab wohl keine musikalische Vereinigung, die einen so einzigartigen Fundus ihr eigen nennen konnte.

Ganz im Sinne Zelters nahm Rungenhagen im November 1833 die Proben für die Bachsche h-Moll-Messe auf. Gut drei Monate später konnte er mit der Akademie Kyrie, Gloria und Credo aufführen, der zweite Teil folgte im Februar 1835. Allerdings geschah dies, wie Rungenhagen notierte, nicht ohne Komplikationen: «Aus Unkunde mit dem Bachschen Styl, und aus Besorgniß zu großer Anstrengung haben sich viele weibliche Mitglieder von dem Antheil an der Ausführung ferngehalten. Hoffentlich werden die Vorurtheile gegen diesen hohen Meister in der Kunst nach und nach schwin-

den, und er die Mehrzahl zu gebührendem Antheil ermahnen.»

Die Singakademie bot außerdem Händelsche Oratorien,
Haydns «Die sieben Worte», die «Jahreszeiten» und «Schöpfung» und zugunsten eines Beethoven-Denkmales für Bonn
Kyrie und Gloria der Missa solemnis. Als am 7. Mai 1837
Frau Voitus starb, setzte Rungenhagen Bachs Kantate «Gottes Zeit» ins Programm der Gedächtnisfeier.

Am 24. Mai des Jahres 1841 begingen die Singakademie
und alle Berliner Musikfreunde das fünfzigjährige Bestehen
der Vereinigung. «Am Morgen des 24. früh gegen 7 Uhr versammelten sich gegen 30 Mitglieder auf dem Halleschen

Kirchhofe am Grabe des Stifters, das mit frischen Blumen geschmückt war, zur Ausführung des Fasch-Chorals ‹Von allen Himmeln›, einige Worte des Direktors zum Gedächtniß des liebreichen Fasch, der eben so wie in der Kunst, wie im Leben sich ausgesprochen, leiteten auf deßen Versett ‹Meine Seele hanget dir an›, womit diese stille anspruchslose Feier schloß», berichtet uns Rungenhagen. «Die Hauptfeier begann abends 6 Uhr, es hatten gegen 430 Sänger sich eingefunden ... Die Damen waren alle in weißer Tracht mit Blumen im Haar, die Herren in gewohnter dunkler Kleidung.» Werke von Fasch und Zelter erklangen. Die «Allgemeine Musikalische Zeitung» Nr. 24 rühmte den Vortrag: «Es darf wohl behauptet werden, daß die Wirkung einer solchen großartigen Vokalmusik das Höchste ist, was die Tonkunst erreichen kann ... Gesegnet sei das Andenken des edlen Stifters Fasch, welcher diesen Verein gründete, den Zelter so kräftig erhielt und Rungenhagen mit Eifer und liebevoller Ausdauer jetzt fortführt.» Ein Festmahl mit 260 Teilnehmern beschloß das Halbjahrhundertfest.

Zu diesem Zeitpunkt war ein Kulminationspunkt der Singakademie erreicht: Sie bestand aus zirka 600 Mitgliedern, besaß ein eigenes Haus und verfügte über einen Schatz an Musikhandschriften. Ihre Wirkung ging weit über Berlin hinaus: Wo immer sich in deutschen Landen ein Grüppchen oder eine Gruppe Sangesfreudiger traf und beschloß, von nun an gemeinsam dem Gesange zu frönen, stand das Statut der Singakademie Pate, wurde – je nach Möglichkeit – das Repertoire kopiert und dergleichen.

In den vierziger Jahren des vorigen Jahrhunderts knüpfte Rungenhagen eine förderliche Verbindung zu Robert Schumann, in deren Folge er den Komponisten nach Berlin zur Aufführung von dessen Oratorium «Das Paradies und die Peri» einlud. Sie fand im Februar 1847 statt. Obwohl der dirigierende Komponist starke Bedenken angesichts etlicher Absagen profilierter Sänger hatte, hob er den Taktstock. Was er befürchtete, trat ein. Er selbst schrieb: «Die größten Fehler konnten so nicht ausbleiben und sind nicht ausgeblieben; man sah überall den Kampf mit den Noten; an Aussprache, Ausdruck, Sicherheit war da nicht zu denken.» Direktor Rungenhagen vermerkte gleichfalls Bitteres im Protokoll: «Alle die Aufführung begleitenden Umstände machen

CARL FRIEDRICH
RUNGENHAGEN
Professor und Mitglied des Senats
der Königl. Akademie der Künste
Director der Sing Akademie
geboren 27 September 1778
gestorben 21 December 1851

Sei getreu bis an den Tod.

Das Grabmal
von Carl Friedrich
Rungenhagen
auf dem Dorotheen-
städtischen Friedhof

diese Begebenheit zu keiner erfreulichen in der Geschichte
der Singakademie.» Die «Neue Musikalische Zeitung» rügte
gar, die Akademie stehe auf einer Stufe, die manches zu
wünschen übrig lasse. Schumanns «Peri» erlebte in der Singakademie erst mehr als vierzig Jahre später eine zweite Aufführung ...

Mit Gesängen von Fasch, Rungenhagen, Grell und Hellwig feierte die Singakademie am 7. Oktober 1851 ein Jubi-

läum, das auf große Kontinuität verweist: Rungenhagen gehörte fünf Dezennien der Akademie an. Er sollte diese Ehrung nicht lange überleben. Nach kurzer Krankheit schloß er am 21. Dezember 1851 seine Augen. Sein Grab erhielt er auf dem Dorotheenstädtischen Friedhof.

Nach einer gebührenden Schweigezeit umriß ein Rezensent der «Neuen Berliner Musikzeitung» am 18. Februar 1853 die kritische Situation der Akademie. «Schon seit Jahren befindet sich die Singacademie im Rückschreiten begriffen; die Leistungen derselben in öffentlichen Conzerten entsprechen nicht den Forderungen des Publikums, das gerade für die hier gehegte und gepflegte Kunst ein lebhaftes Interesse empfindet; die nicht öffentliche Thätigkeit trägt ein noch entschiedeneres Gepräge des allmählichen Absterbens der inneren Kraft, so daß die Mitglieder mehr und mehr ausgeschieden sind ... Man verhehlt sich nicht, daß der Grund dieser betrübenden Erscheinung in der energielosen künstlerischen Leitung gelegen hat.»

Wieder stand eine Wahl des Direktors an, wieder nahm Berlin leidenschaftlichen Anteil. Kapellmeister Julius Stern, einer der Kandidaten, wurde wegen seiner jüdischen Abstammung abgelehnt; Musikdirektor Julius Schneider erhielt nicht genügend Stimmen – er leitete immerhin das Hausmannsche Gesangsinstitut, begründete einen Lieder- und einen Opernverein, den Potsdamer Gesangverein für klassische Musik und war Mitglied der Akademie.

Die für die Entwicklung der Singakademie nicht gerade günstige Wahl fiel schließlich auf Eduard Grell. Der am 6. November 1800 in der Berliner Poststraße Geborene spielte bereits als Achtjähriger in der Parochialkirche die Orgel, ging bei Zelter in die Kompositionsschule und durfte sich als erst 17jähriger amtlich bestallter Organist der Nikolaikirche nennen.

Der neue Leiter der Singakademie hing allerdings der Idee an, Musikinstrumente seien dem Gesang abträglich. «Der Gesang ohne Begleitung ist der wahre Gesang überhaupt; der kirchliche Gesang ohne Begleitung kann und muß der vollendete und schönste sein, wenn er würdig sein soll.»

Dem Wort folgte die erste Tat bei der Wiedereinweihung der Petrikirche nach dem verheerenden Brande im Jahre

1809: Am 16. Oktober 1853 übernahm die Singakademie die Liturgie bei diesem festlichen Ereignis. Was Fasch und Zelter in die Wege geleitet hatten, machte Grell rückgängig: Er unterließ die Aufteilung der Chorwerke in Solo- und Chorpartien und pflegte das rein chorische Singen. Obwohl er vor allem Berliner Komponisten wie Blumner, Bellermann, Stümer und Wilsing bevorzugte, behielten Bach und Händel ihren Platz. Ansonsten klammerte er sich an sein eigenwilliges Credo. Strikt wandte er sich gegen den Einbau einer Orgel in das Gebäude der Singakademie; sie wäre nicht nur «unnütz, sondern sogar nachtheilig» und «entweihe» den Gesang der Akademie.

Übrigens war zu jener Zeit der Saal der Singakademie immer noch der angesehenste Konzertraum Berlins – allerdings auch der einzige.

Grell mußte zu Beginn der siebziger Jahre – damals gehörte Reichskanzler Bismarck der Singakademie als Mitglied an – wegen seines sich verschlimmernden Augenleidens die Leitung der Akademie nach dreiundzwanzigjähriger (!) Amtsausübung an Martin Blumner abgeben.

Ob seiner starren Haltung gegen Musikinstrumente galt Grell als Sonderling. Nicht nur, daß er sich gegen den Einbau der Orgel wandte, die der Aufführung wichtiger Werke des Repertoires dienlich gewesen wäre, nein, er stemmte sich mit einer 110 Punkte umfassenden Denkschrift folgerichtig (für ihn) gegen die akademische Musikschule für ausübende Tonkunst bei der Akademie der Künste, die Minister Mühler mit dem Kirchenmusikinstitut und der Akademie-Komponistenschule zu einer «musikalischen Universität» zusammenfügen wollte. Dies bringe, so Grell, der musikalischen Bildung im Volke «keine wahrhaft künstlerischen Vorteile, sondern Nachteil und Gefahr».

Noch heftiger sperrte er sich gegen das Ansinnen, die Singakademie mit der Hochschule zu verbinden.

Unter Martin Blumner, am 21. November 1827 in Fürstenberg geboren, seit 1845 in Berlin und Mitglied der Singakademie, erhielt das Gebäude im Jahre 1888 elektrische Beleuchtung und im gleichen Jahr eine Orgel von der Firma Gebr. Dinse.

Dann stand die Jahrhundertfeier ins Haus. Sie begann am 24. Mai 1891 mit der Übergabe einer Bronzebüste von Fasch, die Friedrich Schaper nach Bildnissen von Graff und Schadow schuf. 484 Mitglieder der Singakademie ließen am ersten Abend der drei Festtage Werke der Direktoren Fasch, Zelter und Rungenhagen sowie Grell erklingen. Der zweite Tag stand ganz im Zeichen der h-Moll-Messe von Bach, wenn man von der Festtafel im berühmten Wintergarten des Central-Hotels in der Friedrichstraße einmal absieht, an der Tausende Gäste teilnahmen.

Nach schwerer Erkrankung mußte Blumner am 27. Februar 1900 sein Amt niederlegen.

 ## Von Chören und Vereinen

Wie die Singakademie sein – oder nach Möglichkeit noch besser als sie –, das wollten im vorigen Jahrhundert nicht wenige Gesangvereinigungen. Vornehmlich Herren trafen sich, um ihrer Sangeslust nachzugehen – doch manche Unbeteiligte dachten wie Karl Kraus, der dieses «Aufgebot von singenden Männern mit Bärten, Brillen und Bäuchen» bespöttelte als «eine Schar von Rechnungsräten und Fabrikanten, die sich plötzlich zusammenfinden, um den Abendstern zu begrüßen, den Schöpfer zu loben oder zu beteuern, daß nur wer die Sehnsucht kennt, wissen könne, was jeder einzelne der Herren leidet, dem das Eingeweide vor Verlangen nach einem Gulasch brennt». Das ist natürlich harter Tobak und trifft in erlaubter satirischer Zuspitzung nur diesen oder jenen der Eben- oder Nachbilder der Singakademie.

Allgemein darf Karl Kraus sicher entgegengehalten werden, daß die Chöre sehr wohl ihre Verdienste hatten – etliche von ihnen haben wir im Blick auf die Singakademie geschildert. Zudem trugen Sangesgruppen dazu bei, Dichtungen von Arndt, Goethe, Körner, Uhland und vielen anderen weithin bekannt zu machen. Nicht zuletzt sei ihre Volksliedpflege gerühmt.

Julius Stern hatte zur Kenntnis nehmen müssen, daß er als Jude nicht für die Spitze der Singakademie tauge, sagte sich «Trotz alledem» und gründete 1847 den nach ihm benannten Sternschen Gesangverein. Der Arzt und Journalist Isidor Kastan, Redakteur am «Berliner Tageblatt», verglich in seinem Buch «Berlin wie es war» die beiden Vereinigun-

gen: «Verwalteten Grell und seine Singakademie die uner-
meßliche künstlerische Hinterlassenschaft einer großen Vergangenheit mit der peinlichsten Sorgfalt, ja mit einer Art
religiösen Ehrerbietung, mit einer gewissen weihevollen Andacht, so kündigte sich in Julius Stern und seinem Gesangverein die neue Zeit an. Dieser ausgezeichnete Chorleiter
nahm es mit der Pflege der Meisterwerke unserer Heroen
nicht minder ernst als der Leiter der Singakademie, aber er
vernachlässigte darüber auch nicht die Werke der neueren
Meister.»

So unterschiedlich oft das Repertoire, so unterschiedlich
war erklärlicherweise auch das Publikum. Gesetzte, eher
konservative Leute gingen zur Akademie, die musikliebende,
progressive Jugend bevorzugte den Stern. «Die beiden großen Vereinigungen standen in einem gewissen künstleri-

schen und gesellschaftlichen Gegensatz zueinander; gleichwohl ergänzten sie sich aber auch zu einer, man möchte sagen moralischen Einheit ... Nach dem Tode Julius Sterns geriet der Gesangverein in eine sehr schwierige Lage.» Sein Nachfolger Julius Stockhausen konnte den Erwartungen nicht genügen, die man in ihn setzte. «Der Sternsche Gesangverein verschwand schließlich aus dem Musikleben Berlins, um später unter dem Namen des Philharmonischen Chores seine Wiederauferstehung zu erfahren.»

Weitere Chöre kamen (und gingen) – etwa am 5. Dezember 1882 der von Siegfried Ochs gegründete Ochssche Gesangverein. «Wer dem Verein als singendes Mitglied beitreten will», hieß es in der Satzung, «hat sich einer Prüfung durch den Dirigenten zu unterziehen. Der Austritt ist nur zu Ende des am 1. Oktober beginnenden Vereinsjahres zulässig.» Singende Mitglieder hatten 30, zuhörende 25 Mark Jahresbeitrag zu begleichen. «Die zuhörenden Mitglieder sind berechtigt, den in jedem Winter stattfindenden drei bis vier Vereinskonzerten sowie allen dazu veranstalteten Proben, einschließlich der öffentlichen Hauptproben, beizuwohnen; ausgenommen ist die Hauptprobe, welche zu dem am Bußtag stattfindenden Konzerte veranstaltet wird.» Der Chor von Siegfried Ochs führte u. a. Bach (Matthäus-Passion), Verdi und Haydn auf.

1886 entstand der Berliner Lehrergesangverein, der viele Jahrzehnte das Berliner Musikleben mitprägte. Er genoß hohes Ansehen und erfreute mit seinem Gesang über den Kreis der Schulen hinaus.

Als ein Beispiel für zumeist in engerem Bereich wirkende Chöre, deren es im Ausklange des vorigen Jahrhunderts unzählige gab, sei die Cöpenicker Liedertafel erwähnt, die seit 1875 ihre Zuhörer mit klassischen Stücken und Volksliedern sowie auch kleinen Revuen zu begeistern wußte. Sie vereinte Fabrikbesitzer, selbständige Handwerksmeister und Angestellte des Magistrats in ihren Reihen. Heute noch besteht die Liedertafel. Sie tritt beispielsweise in der Festwoche «Köpenicker Sommer» des Stadtbezirks, bei Faschingsveranstaltungen und anderen Festivitäten auf.

Ein Verein ganz anderer Art etablierte sich bereits am 24. Februar des Jahres 1845 unter dem Vorsitz des Musikhistorikers Franz Commer: der Berliner Tonkünstler-Verein.

Liebhaber der Musik trafen sich regelmäßig zu Diskussionen und Vorträgen über ihr bevorzugtes Gebiet, besprachen Neuerscheinungen und Kompositionen aus eigener Feder und gründeten eine eigene Bibliothek. Dazu legte Franz Commer mit dem Geschenk der «Cora»-Partitur von Naumann den Grundstein. Hans von Bülow und Otto Nicolai gehörten zu den Gästen des Vereins, Siegfried Ochs machte sich um seine Entwicklung verdient. Zur Jahrhundertwende zählte der Verein Tausende Mitglieder.

Der Verein Berliner Musiker sorgte sich ab 1869 um die soziale Lage seiner Mitglieder und gab ihnen Rat und Rechtsschutz in ihren Berufsangelegenheiten. Bei Arbeitslosigkeit konnte das betroffene Mitglied von der sogenannten Musikerbörse Gebrauch machen, d. h. sich auf diese Art ein Engagement zu verschaffen versuchen. Dieser Bund vereinte demzufolge hauptsächlich Berufsmusiker.

Nach dem Grundsatz «Kein Gottesdienst ohne Chorgesang» arbeitete der 1883 ins Leben gerufene Evangelische Kirchenchorverband für Berlin und die Provinz Brandenburg. Er stellte sich zur Aufgabe, an jeder Kirchengemeinde der Stadt die Gründung eines Chores anzuregen, den bestehenden Chören entsprechende Noten etc. anzubieten und neben dem Chor- auch den Choralgesang zu fördern. In jedem Jahr veranstaltete dieser Verband in Berlin ein Chorgesangfest.

Arbeiter, ihre Lieder, ihre Gesangvereine

Berlin in den dreißiger Jahren des vorigen Jahrhunderts. Handel und Wandel blühten auf, als der 1834 gebildete Zollverein in zunächst achtzehn Staaten des Deutschen Bundes die hinderlichen Zollschranken niederriß. Den rasch zunehmenden Bedarf an Waren verschiedenster Art konnten das traditionelle Handwerk und Gewerbe nicht mehr decken. Manufakturen wandelten sich zu Fabriken, Berlins Industrialisierung hob an.

Zum Beispiel August Borsig. Der ehemalige Zimmerer lieh sich vom Hofkleidermacher Freitag 40 000 und von einem Rentier 9000 Taler und gründete 1837 vor dem Oranienburger Tor seine «Eisengießerei und Maschinenbauanstalt». Es stellte sich gleich ein lukrativer Auftrag ein: Für die erste Berliner Eisenbahnlinie nach Potsdam – 1838 in Betrieb genommen – lieferte er 160 000 Schrauben. Nur drei Jahre später verließ die erste Borsigsche Eisenbahn das Betriebsgelände. In der Nähe produzierte seit 1828 die «Neue Berliner Eisengießerei» von Egells und entstanden ab 1839 in der Fabrik von F. A. Pflug jene Personen- und Güterwagen, die hinter den Borsigschen Loks herrollten. Diese Fabriken dürfen wir als die Kinderschuhe der späteren Berliner Maschinenbau-Industrie ansehen.

Ähnliches vollzog sich in der Textilproduktion. Zunächst machten im Kattundruck, dann in anderen Bereichen technische Neuerungen die Handarbeit nach und nach überflüssig. Im Bekleidungssektor ging es gleichfalls voran: 1837 stellten die Gebrüder Mannheimer als erste in Berlin Mäntel konfektionsmäßig her. Herkömmlich blieb lediglich die Woll- und Baumwollweberei: Sie wurde fast ausschließlich in Heimarbeit betrieben. Die das für Hungerlöhne tun mußten, siedelten sich in Elendsquartieren vor dem Frankfurter Tor an. Die heute noch bestehende Weberwiese kündet davon.

Mit Beginn der Industrialisierung bildete sich die erste Generation der Berliner Arbeiterklasse heraus. Ihr gehörten vor allem Handwerksgesellen, Manufakturarbeiter, ruinierte Handwerksmeister und in Konkurs gegangene Gewerbetreibende an. Zu ihnen gesellten sich Frauen und Männer vom Lande, die von der großen Stadt mehr erhofften, als sie ihnen zu geben vermochte. Ihr Arbeitstag währte zwischen dreizehn und siebzehn Stunden; die Webstühle klapperten von sechs Uhr in der Frühe bis um Mitternacht. Ihr Lohn reichte gerade dazu, ihre oft vielköpfige Familie am Leben zu erhalten. Ein freundliches Heim konnten sie sich nicht leisten. Sie lebten in licht- und luftlosen Vorstädten – man lese die anklagenden Passagen im Königsbuch der Bettina von Arnim oder die bitterscharfen Anklagen eines Ernst Dronke.

Was aber sangen sie, so ihnen der Sinn überhaupt danach stand? Gewiß Kirchenlieder, die kannte jeder damals. Aber auch vertraute Weisen ihrer einstigen engeren Heimat und Lieder, die sie von ihren Lebens-, Arbeits- und Leidensgenossen übernahmen.

In seinem Werk «Deutsche Volkslieder demokratischen Charakters aus sechs Jahrhunderten» schrieb Wolfgang Steinitz dazu: «Bei der Beurteilung und der Funktion des Arbeitervolksliedes und bei seinem Vergleich mit dem traditionellen Volkslied darf man nicht außer Acht lassen, daß das Volksliedschaffen nur einen kleinen, ja einen sehr kleinen Teil in dem kulturellen Schaffen der Arbeiterklasse bildete ... Als sich die deutsche Arbeiterklasse ... unter schwersten Leiden und Kämpfen herausbildete, war es nicht ihre kulturelle Hauptaufgabe, an Stelle oder gleich der bäuerlichen Volkskultur eine Arbeitervolkskultur zu schaffen – Arbeitervolkslieder, Arbeitermärchen, Arbeitervolkstrachten usw. Die kulturelle Aufgabe der Arbeiterklasse bestand darin, sich aus der tiefsten Unwissenheit und Kulturlosigkeit heraus die Kulturwerte der Nation und der Menschheit anzueignen und dann der Träger einer neuen Kultur und die führende Kraft der Nation zu werden. Das hat die Arbeiterklasse aus dem fürchterlichen Elend, in dem sie vor 100 Jahren lebte und in dem der nackte Kampf ums Dasein alle Energien in Anspruch nahm (man denke an die schlesischen Weber), zuwege gebracht ... Die Menschen, die früher Träger der Volksliedüberlieferung, der Märchenüberlieferung, die begabte Erzähler und Sänger waren, wurden in der Arbeiterbewegung zu Redakteuren, zu Arbeiterschriftstellern, zu Leitern von Arbeiterchören und Theatergruppen. Die Arbeitervolkslieder sind also nur ein ganz begrenzter Ausschnitt aus der kulturellen Tätigkeit und Leistung der Arbeiter, freilich ein sehr interessantes und zu Unrecht bisher übersehenes Gebiet.»

Ernst Dronke, Mitstreiter von Karl Marx, beschrieb das Elend des arbeitenden Berlins im Vormärz u. a. mit diesen Worten: «Wo aber soll heutigentags das Volk, die große Masse des Proletariats, das Geld und die Zeit hernehmen, die politische Kirche der Bildung und Erhebung zu besuchen? Das Volk empfindet erstens von der Ermattung der täglichen anstrengenden Arbeit keinen Sinn für geistige Genüsse; sein Geist ist abgestumpft, und es sucht körperliche Erholung und neue Kraft für das Joch, in welchem es am anderen Tage von neuem ziehen muß ... Die königliche Bühne ist in ihrer ganzen Einrichtung nach der Vergnügungs- und Ergötzungstempel für den reicheren Besitz ... während das

Schauspielhaus mit seinem Konzertsaal für die französische Komödie einem kleineren Teil der Bevölkerung seine Unterhaltung bietet.»

Im April 1844 entstand mit dem Berliner Handwerkerverein die erste Berliner Arbeiterorganisation; vorausgegangen war zu Beginn des genannten Jahres die erste Arbeiterversammlung in der Münzstraße. Dem Verein gehörten Meister, Gesellen und Arbeiter aus verschiedenen Berufen an. Sie stillten ihren Wissensdurst in Vortragszyklen, zogen gemeinsam ins Grüne und saßen auch mal gemütlich zusammen. Dazu trug nicht unwesentlich Schuhmacher August Hätzel bei, der Gesangslehrer des Vereins.

Sicher stimmte er auch gern eines der frühesten Lieder der deutschen Arbeiterklasse an, das nach dem schlesischen Weberaufstand von 1844 entstandene «Blutgericht» bzw. «Lied der schlesischen Weber». Karl Marx bezeichnete das Weberlied als «kühne Parole des Kampfes, worin Herd, Fabrik, Distrikt nicht einmal erwähnt werden, sondern das Proletariat sogleich seinen Gegensatz gegen die Gesellschaft des Privateigentums in schlagender, scharfer, rücksichtsloser, gewaltsamer Weise herausschreit».

Zitieren wir einige Verse aus dem Lied, das sich, wie Franz Mehring erkannte, der Seele der Gequälten entrang:

Ihr Schurken all, ihr Satansbrut!
Ihr höllischen Kujone!
Ihr freßt der Armen Hab' und Gut,
Und Fluch wird euch zum Lohne.

Ihr fangt stets an zu jeder Zeit,
Den Lohn herabzubringen,
Und andre Schurken sind bereit,
Eurem Beispiel nachzufolgen.

Und hat auch einer noch den Mut
Die Wahrheit nachzusagen,
Dann kommt's soweit, es kostet Blut,
Und dann will man verklagen.

Aus dieser Zeit stammt auch das politische Spottlied vom Bürgermeister Tschech, der 1844 ein mißglücktes Attentat auf Friedrich Wilhelm IV. verübte. Wir würdigen das Lied an anderer Stelle.

Schuhmacher August Hätzel gehörte ab 1846 dem Bund der Gerechten an, der ersten proletarisch-sozialistischen deutschen Arbeitervereinigung. Gegen ihn und andere Mitglieder führte 1847 ein preußisches Gericht den ersten Berliner Antikommunisten-Prozeß. Er endete mit einem Freispruch der Angeklagten.

Im Bund der Kommunisten, der aus dem Bund der Gerechten hervorging, war August Hätzel auch als unermüdlicher Organisator tätig. Nach der Märzrevolution – sie brachte u. a. den Maschinenbauarbeitern einiges an Lohnerhöhungen und eine verkürzte Arbeitszeit – mußten Hätzel und seine Mitstreiter in die Illegalität gehen. Genau ein Jahr nach der Revolution sah sich Hätzel erneut verhaftet und nach eineinhalb Jahren Untersuchungshaft wiederum freigesprochen, aber aus Berlin verbannt.

Als führendes Haupt der Konterrevolution verbot der erzreaktionäre Polizeipräsident von Hinckeldey im Sommer des Jahres 1850 den Berliner Handwerkerverein, alle gewerkschaftlichen Arbeitervereine, ja selbst den Berliner Gesundheitspflegeverein mit seinen etwa 20 000 Mitgliedern, die sich im Krankheitsfalle gegenseitig halfen.

Diese schlimme Situation sollte sich erst Ende der fünfziger, Anfang der sechziger Jahre ändern. Der Handwerkerverein spielte wieder seine Rolle, Arbeiterbildungsvereine wurden ins Leben gerufen. Der Berliner Ferdinand Lassalle wurde 1863 zum ersten Präsidenten des Allgemeinen Deutschen Arbeitervereins gewählt. Georg Herwegh ist das Bundeslied für den ADAV zu danken. Es war alsbald in aller Munde, und manche Zeilen sind uns heute noch geläufig:

Mann der Arbeit, aufgewacht!
Und erkenne deine Macht!
Alle Räder stehen still,
Wenn dein starker Arm es will.

Ferdinand Lassalle bat seinen Freund Hans von Bülow, der später den Weltruhm der Philharmonie begründete, das Bundeslied zu vertonen. Er tat dies unter dem Pseudonym W. Solinger für vierstimmigen Männerchor.

Zu den beliebtesten Liedern in der Berliner Arbeiterbewegung gehörte für Jahrzehnte die 1864 von Jakob Audorf verfaßte «Arbeiter-Marseillaise». Sie begann mit dem bewegenden Appell:

Wohlan, wer Recht und Wahrheit achtet,
Zu unsrer Fahne steht zu Hauf:
Wenn auch die Lüg' uns noch umnachtet,
Bald steigt der Morgen hell herauf!
Ein schwerer Kampf ist's, den wir wagen,
Zahllos ist unser Feinde Schar,
Doch ob wie Flammen die Gefahr
Mög' über uns zusammenschlagen!
 Nicht zählen wir den Feind,
 Nicht die Gefahren all',
 Der Bahn, der kühnen, folgen wir,
 Die uns geführt Lassalle.

Ursula Münchow stellt uns in ihrem Buch «Arbeiter über ihr Leben» mit Adolf Lepp einen kunstverbundenen jungen Proletarier vor. Er äußerte in den sechziger Jahren: «Geliebtes Proletariat! Ich, dein Sänger, habe keine Noten studirt, bin daher auch nicht im Stand, ‹kunstgerecht› zu musizieren. Es sind nur Naturlaute, die ich dir bieten kann. Es ist mir ergangen, wie es fast allen deinen Kindern ergeht. Man hat auch mich enterbt zur Strafe dafür, daß ich so unpraktisch war, mir einen braven Proletarier statt eines Millionärs zum Vater zu wählen. Du aber, dessen Kind ich bin und bleiben werde bis an mein unchristliches Ende, du wirst mit meinen natürlichen Schwächen Nachsicht üben und nicht mehr von mir fordern, als was ich wirklich selbst empfangen habe. Du wirst nicht zu scharf mit mir ins Gericht gehen, wenn ich hin und wieder einen falschen Ton anschlagen sollte; du wirst das, was der Kunst abgeht, dem guten Willen, der ehrlichen Bestrebung zu Gute rechnen.»

Im Zusammenhang mit dem Arbeitergesang sei auf eine zumeist übersehene Bedeutung der Berliner Kneipen verwiesen. Wo sollten sich Bildungs- und Gesangvereine der Arbeiter treffen? In ihren tristen, engen Wohnungen? In Betrieben, wie es heute bei uns üblich ist, war es überhaupt nicht möglich – das verhinderten schon die Eigner. Und

unter freiem Himmel, etwa an der einsamen Pappel am ehemaligen Exerzierplatz und heutigen Friedrich-Ludwig-Jahn-
Sportplatz war es nur bei schönem Wetter angenehm. Sich
Versammlungsräume zu bauen, dazu fehlte das Geld. Also
zogen die Sangesfreudigen und Bildungshungrigen in die
kleinen und großen Kneipen mit ihren Neben- und Hinter-
zimmern, gern auch Vereinszimmer genannt. Dazu boten

sich kleinere Vereinshäuser in Laubenkolonien und manche Brauereisäle an. Karl Kautsky schrieb 1890 in der «Neuen Zeit»: «Das einzige Bollwerk der politischen Freiheit des Proletariats, das ihm so leicht nicht konfisziert werden kann, ist – das Wirtshaus … Ohne Wirtshaus gibt es für den deutschen Proletarier nicht bloß kein geselliges, sondern auch kein politisches Leben.»

In Gasthäusern also trafen sich die verschiedenen Gesangvereine der Arbeiter, gingen die wenigen Liederbücher von Hand zu Hand, schrieb man Texte ab oder prägte sie sich ein, gab man Flugblätter mit Kampfliedern weiter. Und sang natürlich. In kleineren Kreisen konnten die Arbeitersänger gewiß sein, unbeobachtet und unbelauscht zu bleiben; schließlich kannte jeder jeden. Anders in großen Sälen. Da mußten sie unter sich stets Spitzel der Obrigkeit befürchten, wie dieses Schreiben belegt: «Ich beabsichtige, gegen die Verfasser und Verbreiter dieser Blutlieder mit den mir zu Gebote stehenden strengsten Maßnahmen vorzugehen.» So der preußische Staatspräsident Tessendorf am 17. November 1873 an das Polizeipräsidium. Als Blutlied sah er beispielsweise das «Proletarier-Lied» von Hermann Greulich an, in dem es heißt:

Es tönt ein Ruf von Land zu Land:
Ihr Armen, reichet euch die Hand!
Und ruft ein ‹Halt› der Tyrannei,
Und brecht das Sclavenjoch entzwei!
Es wirbelt dumpf das Aufgebot,
Es flattert hoch die Fahne roth:
Arbeitend leben oder kämpfend den Tod.

Wir wollen Frieden, Freiheit, Recht,
Daß keiner sei des Andern Knecht,
Daß Arbeit aller Menschen Pflicht,
Daß Keinem es an Brod gebricht.
Es wirbelt dumpf das Aufgebot,
Es flattert hoch die Fahne roth:
Arbeitend leben oder kämpfend den Tod.

In den siebziger Jahren schlossen sich mehrere Einzelvereine zum Arbeiter-Sängerbund Berlins und Umgebung zusammen. Pflegte er zunächst den Gesang im engeren Kreise, ging es später an größere Aufgaben. So trat er bei Veranstaltungen und Versammlungen der Arbeiter auf, um im gemeinsamen Gesange die Solidarität aller zu verdeutlichen und zu vertiefen. Damit nicht genug. Auch auf öffentlichen Plätzen, in Parkanlagen sowie in Kranken- und Siechenhäusern waren die Stimmen der Arbeitersänger zu hören. Neben Arbeiterkampf- erklangen auch Volkslieder. Zum Repertoire gehörten die Verse von Max Kegel zum ersten Jahrestag der Pariser Kommune, etwa:

Und wenn alle auch gemordet,
Die kühn für die Freiheit gekämpft –
Man hat doch die Sehnsucht nach Freiheit
Im Herzen des Volkes nicht gedämpft.

Die Losung wird donnernd erschallen:
Aufs neue im Kampf für das Recht,
Dann werden die Ketten zerspringen,
Dann werden die Toten gerächt ...

Übrigens schlossen sich 1908 die Arbeitergesangvereine im Deutschen Arbeitersängerbund zusammen. Ihn lösten die Faschisten 1933 auf. Organ des Arbeitersängerbundes war die seit 1899 erscheinende «Deutsche Arbeiter-Sängerzeitung».

Berlin avancierte nach der Kaiserproklamation am 18. Januar 1871 zur Hauptstadt des Deutschen Reiches, in der rund 826 000 Einwohner lebten. Aber nicht nur das. Berlin entwickelte sich auch zur größten Mietskasernenstadt der Welt. Die berüchtigste Mietskaserne ließ Bankier Meyer in der Ackerstraße 132/133 errichten: Meyers Hof umfaßte sechs viergeschossige Häuser mit fünf Hinterhöfen für mehr als 2000 Einwohner. In vielen Teilen der Stadt mußten Arbeiterfamilien in Barackensiedlungen hausen. Selbst auf dem Alexanderplatz standen solche notdürftigen Buden. Soziale Konflikte häuften sich, zumal mit Reichskanzler Bismarck ein Ultrarechter scharf gegen Linke zu Felde zog.

Ihm waren die Sozialdemokraten von Anfang an ein Dorn im Auge. Zwei Attentate auf den Kaiser gaben dem Kanzler die willkommene Gelegenheit, ihnen die Schuld zuzuschieben und brutal gegen sie vorzugehen. In seinem «Gesetz gegen die gemeingefährlichen Bestrebungen der Sozialdemokratie» – meist kurz Sozialistengesetz genannt – vom 21. Oktober 1878 ließ er Vereine verbieten, «welche durch sozialdemokratische, sozialistische oder kommunistische Bestrebungen den Umsturz der bestehenden Staats- oder Gesellschaftsordnung bezwecken». Das Gesetz untersagte alle entsprechenden Versammlungen, öffentliche Festlichkeiten und Aufzüge des betreffenden Personenkreises, Druckschriften, das Sammeln von Geld für die Betroffenen, ja selbst das Singen von Arbeiterkampfliedern. Demzufolge stand der Arbeiter-Sängerbund Berlins und Umgebung gleichfalls auf dem Bismarckschen Index.

Wie wir aus der Geschichte wissen, konnte dieses unrühmliche Gesetz die Kampfkraft der Arbeiter nicht brechen, höchstens schwächen. Sie gingen in die Illegalität, und dafür benötigten sie nicht wenig Geld. Findig überlisteten sie die allgegenwärtige Polizei und ihre Spitzel, indem sie sich Deckanlässe für Sammlungen ausdachten – etwa Lotterien, Versteigerungen und dergleichen. «Unpolitische» Konzert- und Gesangvereine entstanden neu, in denen man nicht allein des Gesanges wegen zusammenkam. So veranstaltete der Konzertverein mit dem bezeichnenden Namen «Unverzagt» allein im Jahre 1879 mehrere Benefizkonzerte, darunter eins im traditionsreichen Arbeiter-Vergnügungspark «Prater», ein weiteres im «Tivoli». Das eingespielte Geld kam jenen zugute, die unter dem Sozialistengesetz besonders zu leiden hatten.

Die illegale Tätigkeit blieb der Reaktion nicht verborgen. In seiner «Übersicht über die allgemeine Lage der sozialdemokratischen und revolutionären Bewegung» vom 22. November 1889 stellte Polizeipräsident von Richthofen dazu fest: «Alles, was die inneren Parteiangelegenheiten betrifft, wird nach wie vor in geheimen Zusammenkünften behandelt, sei es nun in Wohnungen, Werkstätten oder auf gemeinsamen Ausflügen und Vergnügungen, bei denen gewöhnlich Gesang-, Lese-, Diskutier-, Pfeifen-, Rauchvereine und ähnliche Vereinigungen, die teils aus Parteigenossen zusammengesetzt, teils mit solchen befreundet und deshalb stets bereit sind, sich der Behörde gegenüber als Veranstalter auszugeben, als Deckmantel benutzt werden.»

Dennoch ließen sich die Arbeiter nicht beugen. Die unvergessene Ottilie Baader, eine ehemalige Fabrik- und Heimarbeiterin, die zwischen 1900 und 1908 die Arbeiterinnenorganisation Deutschlands leitete, berichtete in ihren Erinnerungen «Ein steiniger Weg» über den unerschrockenen Mut der Arbeiter und die tiefe Wirkung ihrer Lieder, als sie über ihre Erlebnisse am 1. Mai 1890 in Grünau schrieb. An diesem Donnerstag standen viele Räder still, obwohl die einmütige Staats- und Unternehmerfront rechtzeitig Vorsorgemaßnahmen beschlossen hatte. Minister Maybach zum Beispiel verfügte, die Eisenbahndirektionen hätten alle am 1. Mai nicht zur Arbeit erscheinenden Frauen und Männer zu entlassen. Selbstverständlich stand der Kriegsminister dem nicht nach. Unternehmer drohten mit Entlassung und Aussperrung. Zudem untersagte die Polizei alle Feiern in Berlin. Gewehr bei Fuß wartete das Militär auf den Einsatzbefehl.

Trotzdem legte etwa jeder zehnte Arbeiter eine Feierschicht ein und machte damit den 1. Mai zum Kampftag. Sie zogen, da ihnen die Stadt versagt blieb, hinaus ins Grüne. Lassen wir Ottilie Baader sprechen:

«Als ich an diesem Maitag im Kreise lieber Menschen hinauswanderte nach Grünau, war es herzbewegend für uns alle, als wir unsere geliebte Marseillaise von einem Leierkasten hörten ... Nur wer weiß, daß bis zur Aufhebung des Sozialistengesetzes unsere Lieder verboten waren und daß wir Liederbücher oder einzelne Blätter mit gedruckten Liedern nur heimlich vertreiben konnten, wird unsere Freude über das Spiel des Leierkastenmannes begreifen.

Nach Herzenslust wurden unsere Arbeiterlieder gesungen ... revolutionäre Gedichte von Heinrich Heine, Freiligrath und anderen vorgetragen. Wohl jeder der mit uns Feiernden gelobte, eifriger noch als bisher für die Erlösung der Menschheit aus Not und Unterdrückung wirken zu wollen, sein Leben in den Dienst der großen, heiligen Sache zu stellen. Im ganzen Reiche, ja in der ganzen Welt hat wohl dieser Weltfeiertag wie eine Erlösung gewirkt und Kampfesmut und Entschlossenheit ausgelöst.»

Die nächste Erlösung kam genau fünf Monate später, als am 1. Oktober 1890 der anhaltende Widerstand der Arbeiter das Sozialistengesetz zu Fall brachte. Bismarck hatte das sinkende Schiff ja bereits im März des genannten Jahres nach Amtsenthebung durch seinen Kaiser verlassen müssen.

Das alles beflügelte die Berliner Arbeiter in ihrem Kampf um ein besseres, menschenwürdiges Dasein und ihre Dichter, neue Lieder zu schreiben. Max Kegel verfaßte 1891 seinen «Sozialistenmarsch», der in seiner Beliebtheit Audorfs «Arbeiter-Marseillaise» übertraf. Er wurde zum eigentlichen Kampflied der Berliner, ja der deutschen Arbeiter, bis ihm zu Beginn des neuen Jahrhunderts Eugène Pottiers «Internationale» den Rang ablief.

Im «Sozialistenmarsch» heißt es:

Auf, Sozialisten, schließt die Reihen!
Die Trommel ruft, die Banner wehn.
Es gilt, die Arbeit zu befreien,
Es gilt der Freiheit Auferstehn!
Der Erde Glück, der Sonne Pracht,
Des Geistes Licht, des Wissens Macht,
Dem ganzen Volke sei's gegeben!
Das ist das Ziel, das wir erstreben.
Das ist der Arbeit heil'ger Krieg!
Mit uns das Volk, mit uns der Sieg.

Die Musikstunde.
Gemälde
von Emanuel
Handmann
1769

Meine Tochter lernt Klavier

oder Wie bringt man Flötentöne bei?

Chopin berlinisch, auf einem Hinterhof in Berlin-Prenzlauer Berg. Später Winter geizt nicht mit Hagel. Zarte Mazurkaklänge füllen den Hof. Dann diese Dissonanz. Sie schneidet wie ein Messer. Stille. Erneuter Beginn der Mazurka – bis zur Dissonanz. Erst beim dritten Anlauf gewinnt Chopin.

Alltag in der Musikschule in der Lychener Straße. Die da regelmäßig herkommen, haben bereits ein anstrengendes Halbtagewerk hinter sich – an den allgemeinbildenden Oberschulen. Wenn andere Mädchen und Jungen vielleicht vergnüglich ein Eis schlecken oder den Fußball treten, da lassen sie den Bogen über die Geige streichen, singen sie, daß es eine Lust hat. Damit dies gewissenhaft, ordentlich und im rechten Takt geschieht, darum bemühen sich nahezu dreißig Lehrerinnen und Lehrer. Alle mit Hochschulausbildung. Den Kindern das Beste. Der Weg der Kinder führt zum einen ins künstlerische Laienschaffen, zum anderen zu einem Musikstudium.

Gegenwärtig bestehen acht solcher Musikschulen in Berlin, an denen zirka 3000 Mädchen und Jungen unterrichtet werden: neben dem Gesang in den Fächern Violine, Viola, Kontrabaß, Klavier, Gitarre, Akkordeon und alle Blech- und Holzblasinstrumente. Die Arbeit aller Stadtbezirksmusikschulen wird von der Bezirksmusikschule koordiniert. Sie betreut auch das 1977 gebildete Gemeinschaftsorchester. Einmal im Jahr stellen sich die jüngsten Talente im traditionsreichen Schauspielhaus vor. Beabsichtigt ist, junge Musiker in die Konzertreihe im Schlüterhof des Museums für Deutsche Geschichte einzubeziehen.

Von einer solch gediegenen musikalischen Ausbildung in dieser Breite wagten unsere Altvordern nicht einmal zu träumen. Wobei heutzutage noch hinzukommt, daß der Musikunterricht zum Lehrplan der Schulen gehört, daß beispielsweise die Kreiskulturhäuser weitere Ausbildungsmöglichkeiten bereithalten und mitunter sogar noch ein Privatklavierlehrer seine guten Dienste anbietet.

Es soll aber auch nicht unerwähnt bleiben, daß in einer Stadt wie Berlin, in der man dicht auf dicht wohnt, das musizierende Kind nicht nur eitel Frohsinn hervorruft. Wer als Nachbar zum fünfundvierzigsten Male eine Klavieretüde von Czerny oder einen Klarinetten-Tonleiterlauf gehört hat, wird nicht nur das berühmte Wilhelm-Busch-Zitat vor sich hinmurmeln. Es gereicht auch nicht unbedingt zur Freude, direkt neben einem Berufsmusiker zu wohnen, der zwar etwas perfekter, aber auch beständig sein Repertoire darbietet. In dem einen wie dem anderen Falle empfiehlt es sich, gütig Absprachen zu treffen und sich an Ohropax zu gewöhnen ...

Können wir, um auf die musikalische Ausbildung zurückzukommen, heutzutage vor allem von einer städtisch und staatlich geförderten ausgehen, die den jungen Talenten nahezu kostenlos geboten wird, fehlte in vergangenen Zeiten die städtische oder staatliche Ausbildung zunächst völlig. Etablierte Meister gaben ihr Können an Schüler weiter. Dafür nahmen sie von den Eltern viel Geld oder aber ihre Eleven mehr als tüchtig ran. Schauen wir uns ein wenig um.

Wie traurig es um die Ausbildung der Stadtpfeifer bestellt war, haben wir bereits erfahren.

Der musikalische Unterricht an den Berliner Schulen sah gleichfalls erbärmlich aus. Zwei Aussagen mögen das belegen, zwischen denen eine Zeitspanne von immerhin einhundertfünfzig Jahren liegt.

Mitte des achtzehnten Jahrhunderts klagte Johann Joachim Quantz: «Die Cantores sollen, wegen der mit ihrem Amte immer verknüpfeten Schularbeiten, zugleich halbe Gelehrte seyn. Deswegen wird öfters bey der Wahl mehr auf das letztere, als auf die Wissenschaft der Musik gesehen. Die nach solchen Absichten erwähleten Cantores treiben deswegen die Musik, von der sie ohnedem sehr wenig wissen, nur als ein Nebenwerk. Sie wünschen nichts mehr, als bald durch eine gute fette Dorfpfarre von der Schule und zugleich von der Musik erlöset zu werden.» Er verwies auf etliche Schuldirektoren, die ihre Cantores und die Schüler an der Musik hinderten. «Auch sogar in denen Schulen, welche – besage ihrer Gesetze – hauptsächlich in der Absicht gestiftet worden sind, daß die Musik darinne vorzüglich solle gelehret und gelernet und musici eruditi gezogen werden, ist öfters der durch den Vorsteher unterstützte Rector der abgesagteste Feind der Musik ... Die mit den Cantordiensten verknüpften Vortheile sind ... so gering, daß ein guter Musikus Bedenken tragen muß, einen solchen Dienst ohne Noth anzunehmen.» Aus diesen Gründen «können auch nicht leicht gute Sänger erzogen werden».

Geradezu vernichtend ein Urteil in Spemanns «Buch der Musik» aus dem Jahre 1900. «Bei der großen Bedeutung, welche die Tonkunst für unser Volk hat, ist es sehr zu beklagen, daß der Gesangsunterricht in unseren Schulen auf einer so jämmerlich tiefen Stufe steht. Die Dressur einer Herde von Kindern, die eine vorgespielte Melodie, Choral oder Volkslied, nachplärren müssen, ist nicht einen Pfennig wert, vielmehr reiner Zeit- und Stimmverderb. Damit sollte man gänzlich aufhören und das Geld dafür sparen, oder den Schulgesang reformieren ... Luther hat erklärt: ‹Ein Schulmeister muß singen können, sonst sehe ich ihn nicht an.› Diese Forderung wird leider nicht durchzuführen sein.» Es müssen sich doch aber tüchtige Meister finden lassen, «welche den Singunterricht in den Schulen auf vernünftige und fruchtbringende Art zu erteilen imstande wären ... Was könnten wohlgebildete Schulchöre nicht alles leisten!»

Hinzugefügt sei, was Buchhändler George Gropius in seiner Chronik schon 1837 über einen wesentlichen Teil der Schüler aussagte, die in den Parochialschulen unterrichtet wurden: «Mit diesen Schulen sind Nachhilfeschulen verbunden für solche armen Kinder, die den Tag über in Fabriken oder mit anderer Arbeit zum Broterwerb beschäftigt sind. Sie haben Unterricht teils jeden Abend von 6 bis 8, teils montags und sonnabends von 5 bis 8; endlich auch sonntags morgens von 7 bis 9 Uhr.» Es ist einzusehen, daß diese bedauernswerten Kinder alles andere denn besonders aufnahmefähig für die allgemeine und die musikalische Ausbildung waren; auf letztere wurde ohnehin weitgehend verzichtet.

Bezeichnend ist, was die Knaben und Mägdelein, so sie sich eines sangesfreudigen Lehrers erfreuten, gemäß der «Bestimmungen für die Volksschule in Betreff der in derselben zu erlernenden volkstümlichen Lieder» von 1883 haben trällern dürfen. Begann es wenigstens noch mit volkstümlichen Liedern wie «O du fröhliche», «Weißt du, wieviel Sterne stehen» oder «Winter ade» in der Unterstufe, so ertönten die Pflichtlieder für die Mittel- und Oberstufe heldisch-national mit «Heil dir im Siegerkranz» und «Deutschland, Deutschland über alles». Die größeren Kinder durften, so sie der Pflicht gebührend genügt hatten, zusätzlich u. a. solche Lieder singen: «Der alte Barbarossa», «In dem wilden Kriegestanze», «Wo ist ein Heer, das fester stand».

Ganz anders sah es aus, «wo die wirtschaftliche Lage den Eltern einige Bewegungsfreiheit» gestattete, wie es in einer Schilderung über den privaten Musikunterricht heißt. Adlige und Hofleute nahmen bei den bedeutendsten Musikern Unterricht. Im siebzehnten und achtzehnten Jahrhundert wurde selbst von Dilettanten verlangt, das Generalbaßspiel zu kennen und zu beherrschen. Das konnte nur von Fachmusikern gelehrt werden. Sie waren so ausgebildet, daß sie ihren Schülern eigene Kompositionen zum Spielen geben konnten. «Jeder Lehrmeister beinahe», schrieb Carl Philipp Emanuel Bach in seinem «Versuch über die wahre Art, das Klavier zu spielen», «dringt seinen Schülern seine eigenen Arbeiten auf, indem es heutzutage eine Schande zu sein scheint, nichts selber setzen zu können.»

Berühmter Flöteneleve

Einer der bekanntesten Lehrmeister war Johann Joachim Quantz. Er durfte sich rühmen, Friedrich dem Großen, einem nicht gerade alltäglichen Schüler, die Flötentöne beigebracht zu haben.

Dabei hatte des kleinen Fritz' gestrenger Vater eine äußerst lebhafte Abneigung gegen alle schönen Künste. Friedrich Wilhelm litt beinahe nur seine langen Kerls, sonst nichts. Kaum an der Regierung, feuerte er die Hofkapelle. Lediglich Musikus Gottfried Pepusch durfte bleiben und die Stelle eines Kapellmeisters beim ersten Bläserkorps des königlichen Leibregiments einnehmen und dem König ab und an mal das selbst komponierte sogenannte Schweinestück vorspielen. Damit hatte Pepusch voll den Geschmack des Potentaten getroffen; dieser hielt sich jedesmal den Bauch vor Lachen. Alle andere Musik sah der König als Verweichlichung an. Dauerte während des Gottesdienstes ein Musikstück für seinen Geschmack zu lange, drohte er kräftig mit dem Knotenstock. Aus Furcht vor Prügel flohen die Herren Musikusse mitunter Hals über Kopf aus der Kirche.

Und nun stelle man sich vor, daß der ohnehin nicht gerade herkulische Fritz ein so zartes Instrument wie die Flöte zu lernen begehrte. Er hatte Quantz bei einem Besuche in Dresden kennengelernt. Die musikliebende Königin machte es hinter dem Rücken ihres despotischen Gemahls möglich, daß Quantz mit Erlaubnis des sächsischen Königs August mehrmals jährlich nach Berlin reisen durfte, um den Kronprinzen im Flötenspiel zu unterrichten.

Schriftsteller Franz Kugler schildert in seiner Friedrich-Biographie eine der daraus resultierenden gefährlichen Situationen zwischen Vater und Sohn.

«Einst saß der Kronprinz in aller Gemächlichkeit mit seinem Lehrer beisammen; statt der beklemmenden Uniform hatte er einen behaglichen Schlafrock von Goldbrokat angelegt, die steife Frisur war aufgelöst und die Haare in einen bequemen Haarbeutel gesteckt. Plötzlich sprang der Freund des Kronprinzen, der Leutnant von Katte, herein und meldete, daß der König, dessen Erscheinung man zu dieser Stunde gar nicht vermutete, ganz in der Nähe sei. Die Gefahr war groß, und wie der Schlafrock des Kronprinzen, so war der rote Rock des Flötenbläsers – eine Farbe, gegen die der König großen Widerwillen hegte – keineswegs geeignet, das Unwetter, das man befürchten mußte, zu besänftigen. Katte ergriff rasch den Kasten, welcher Flöten und Musikalien enthielt, nahm den Musikmeister bei der Hand und flüchtete mit diesem in ein kleines Kämmerchen, welches zum Heizen der Öfen diente; Friedrich hatte eben nur Zeit, die Uniform anzuziehen und den Schlafrock zu verbergen. Der König wollte selbst einmal Revision im Zimmer des Sohnes halten. Daß hier nicht alles ganz richtig sei, ward er bald an dem Haarbeutel gewahr, der mit der Uniform des Sohnes in keinem reglementsmäßigen Einklange stand. Nähere Untersuchungen ließen ihn die Schränke hinter den Tapeten entdecken, in denen die Bibliothek und die Garderobe der Schlafröcke enthalten war. Die letzteren wanderten augenblicklich in den Kamin, die Bücher wurden dem Buchhändler übergeben. Der zitternde Flötenist blieb glücklicherweise unentdeckt; doch hütete er sich, solange seine Besuche heimlich fortgesetzt wurden, je wieder in einem roten Rocke zu erscheinen.»

Wie wir und alle Welt wissen, konnte sich der Sohn letztlich durchsetzen und beherrschte dank eigenen Talentes und Quantzens das Blasinstrumt sehr passabel. Von Carl Heinrich Graun erlernte er die Grundsätze des Komponierens. Friedrich II. hinterließ mehr als einhundert Flötensonaten,

einige Konzerte und zwei Sinfonien. (Der VEB Deutsche
Schallplatten legte im Jahre 1984 auf Eterna eine Schallplatte mit den Sinfonien und zwei Flötenkonzerten des musischen Königs vor.)

Apropos musisch: Es wird gesagt, daß Friedrich II. im Ta-
gesdurchschnitt zwei bis drei Stunden flötete oder komponierte, dichtete oder deklamierte. Sein Credo stimmte mit
dem überein, das Goethe 1794 in «Wilhelm Meisters Lehr-

jahren» so formulierte: «Man sollte alle Tage wenigstens ein kleines Lied hören, ein gutes Gedicht lesen, ein treffliches Gemälde sehen und, wenn es möglich zu machen wäre, einige vernünftige Worte sprechen.»

Quantz tat viel für den König. So komponierte er etwa fünfhundert Musikstücke eigens für den hochherrschaftlichen Bläser, der allerdings nur über einen schwachen Atem verfügte. Das führte erklärlicherweise dazu, daß er die Tempi nach seinem schmalen Lungenvolumen bestimmte, worauf sich seine – sagen wir – Stammbesetzung diszipliniert einstellte. Zwischen 1740 und 1767 war Bach-Sohn Carl Philipp Emanuel sein Cembalist, jedoch recht ungern. Er konnte mit dem eigensinnigen König nicht warm werden.

Friedrich II. spielte vornehmlich Werke von Quantz, eigene Kompositionen und Stücke der Brüder Graun. Anderes nahm er nicht zur Kenntnis. Mozart, Gluck, Haydn blieben ihm gleichgültig. Was er von deutschen Sängern hielt, werden wir an anderer Stelle schildern.

 ## Quantz-Maximen für Musiker

Wer war er eigentlich, dieser Prototyp von Musiklehrer? Glücklicherweise komponierte und spielte Quantz nicht nur, sondern schrieb auch einiges, unter anderem seinen Lebenslauf. Als Sohn eines Hufschmieds erblickte er am 30. Jänner 1697 im niedersächsischen Oberscheden das Licht dieser Welt, stieg nicht in die Fußstapfen seines Vaters, sondern ging bei seinem Onkel in Merseburg als Stadtpfeifer in die Lehre, bestand sie und verdingte sich 1716 als Stadtpfeifergeselle in Dresden. Musikalische Studienreisen unternahm er u. a. nach Wien. Sein Können führte ihn 1718 in die «Kleine oder Pohlnische Capell-Musique», die den sächsischen König auf seinen Polen-Reisen begleitete. Quantz blies die Oboe, um dann auf Anraten des späteren Konzertmeisters der Hofkapelle Johann Georg Pisendel zur Querflöte zu wechseln.

Auf Kosten des sächsischen Hofes (!) vertiefte Quantz seine musikalischen Kenntnisse auf einer Studienreise von 1724 bis 1727 durch Italien, Frankreich und England. Ab 1728 gehörte er der großen Dresdner Hofkapelle als Flötist an –

in diesem Jahr fand die eingangs dieser Abteilung geschil-
derte Begegnung mit dem jungen Friedrich statt. August der
Starke bemerkte des künftigen Königs Vorliebe für die Flöte
und schenkte ihm eine aus der Werkstatt von Buffardin.

1741 folgte Quantz dem Ruf Friedrichs II. nach Berlin, und
zwar zu außergewöhnlichen Bedingungen. Er bekam eine
feste Bezahlung und dazu aus des Königs Privatschatulle
Geld für jede Komposition (ob sich daher die nicht unbe-

Carl Philipp
Emanuel
Bach.
Zeichnung
von Adolph Menzel

Johann Joachim
Quantz

deutende Zahl von rund 500 erklären läßt?). Pflichten im
Orchesterdienst der Hofkapelle hatte er nicht; er stand dem
König exklusiv zur Verfügung. Nicht unerwähnt soll bleiben,
daß er bis ins hohe Alter hinein auch Flöten baute und stimmte.
(Jede Flöte bekam er extra bezahlt!) Nach mehr als drei Dezennien Wirkens am Hofe Friedrichs II. wurde Quantz am 12. Juli
1773 in Potsdam zur letzten Ruhe gebettet.

In seinem rühmenswerten Werke «Versuch einer Anweisung, die Flöte traversière zu spielen», das er seinem «allergnädigsten Könige und Herrn» widmete, machte der Königl. Preußische Kammermusikus Johann Joachim Quantz «verschiedene, zur Beförderung des guten Geschmacks in der praktischen Musik dienliche Anmerkungen». Sie haben uns heute noch etwas zu sagen, obwohl sie aus dem Jahre 1752 stammen. Was er auf seinen bekrönten Musterschüler bezogen haben wollte oder was er aus dessen Verhalten abstrahierte, das verschwieg er wohlweislich. Obwohl er als einer der wenigen bei Hofe galt, der dem König nahezu zu jeder Zeit seine Meinung sagen durfte, wäre er mit einem gedruckt-belehrenden Wort sicher nicht gut angekommen. Der Alte Fritz nahm es Quantz nicht übel, wenn er einen seiner derben Scherze gekonnt mit gleicher Münze heimzahlte. Als Quantz eines Flötenabends auf seine Noten schaute, las er zu seiner Verwunderung folgende handschriftliche Notiz darauf: «Quantz ist ein Esel. Friedrich II.» Äußerlich ruhig, spielte er das Stück herunter. Die ausbleibende Reaktion reizte den König. Er befahl, die Notiz vorzulesen. Darauf Quantz vor versammelter Hofgesellschaft mit erhobener Stimme: «Quantz ist ein Esel, Friedrich der zweite.»

Zurück zum Buche. Wer sollte sich der Musik widmen? Nur derjenige, der mit Talent gesegnet ist, forderte Quantz kategorisch. Er warnte Eltern dringend davor, ihre Kinder zu einer Sache zu zwingen, «wozu sie, die Kinder, weder Lust noch Geschicke haben». Sein folgender Ratschlag, nicht nur auf die Musik bezogen, nötigt uns heutzutage noch einigen Respekt ab, weil er zum einen jahrhundertealt ist, zum anderen immer noch nicht vollständig befolgt wird: «Gäbe man aber auf die Neigung junger Leute fleißig Achtung; suchte man zu erforschen, womit sie sich aus eigenem Antriebe am allermeisten zu beschäftigen pflegen; ließe man ihnen die Freyheit, selbst zu wählen, wozu sie die größte Lust zeigen: so würden sowohl mehr nützliche, als glückliche Leute in der Welt gefunden werden.»

Was sollte also ein künftiger Musikus mitbringen? Zuvörderst «ein besonders gutes Talent, oder Naturgaben». Wer glaubt, Komponist werden zu können, «muß einen muntern und feurigen Geist, der mit einer zärtlichen Empfindung der Seele verknüpft ist; eine gute Vermischung der sogenannten

Temperamente, in welchen nicht zu viel Melancholie ist; viel Einbildungs-, Erfindungs-, Beurtheilungs- und Entscheidungskraft; ein gut Gedächtniß; ein gutes und zartes Gehör; ein scharfes und fertiges Gesicht; und einen gelehrigen, alles bald und leicht fassenden Kopf besitzen».

Genau müsse erforscht werden, wohin sich das musikalische Talent am meisten neige, ob zum Gesang, zu einem bestimmten Instrument, zur Komposition. «Geschähe dieses allezeit mit rechtem Bedacht; so würde die Unvollkommenheit in der Musik nicht so groß seyn. Denn wer sich in der Musik auf etwas leget, wozu er die Gaben nicht hat; der bleibt bey aller guten Anweisung und Bemühung doch nur immer ein mittelmäßiger Musikus.» Dem musikalischen Talent rät Quantz an, sich nur einem guten, einem anerkannten Meister zur Ausbildung anzuvertrauen. Unerläßlich sei neben Talent und einem guten Lehrmeister der Fleiß, «der eine brennende Liebe und unersättliche Begierde zur Musik zum Grunde hat». Er müsse allerdings, um voll wirksam zu werden, «mit einem beständigen und eifrigen Nachforschen und reifem Nachdenken und Untersuchen verknüpfet werden».

Der angehende Musikus dürfe sich nicht einer Eigenliebe ergeben. «Ist eine unmäßige und übel geordnete Eigenliebe überhaupt sehr schädlich; indem sie leichtlich den Verstand verdunkeln und an der wahren Erkenntnis hinderlich seyn kann: so ist sie es gewiß auch bey der Musik, und zwar dieses um so viel mehr, je mehr sie sich bei dieser einzuschleichen pfleget.»

Sicher kannte Quantz den Begriff «Starallüren» nicht, doch er warnte eindringlich vor ihnen: «Man will durchaus keinen Widerspruch, keine Erinnerungen oder Verbesserungen leiden.»

Quantz predigte Bescheidenheit. «Obwohl der Beyfall der Zuhörer zu einer Aufmunterung dienen kann, so muß man, dessen ungeachtet durch das überflüssige Loben, welches bey der Musik zum Misbrauche worden … sich nicht verführen lassen.» Und wandte sich wider die Schmeichelei: Man müsse Beifall, erhält man welchen von guten Freunden, eher als Schmeichelei, denn als Wahrheit nehmen. «Die rechte Wahrheit kann man eher durch vernünftige Feinde, als durch schmeichlerische Freunde erfahren. Findet man

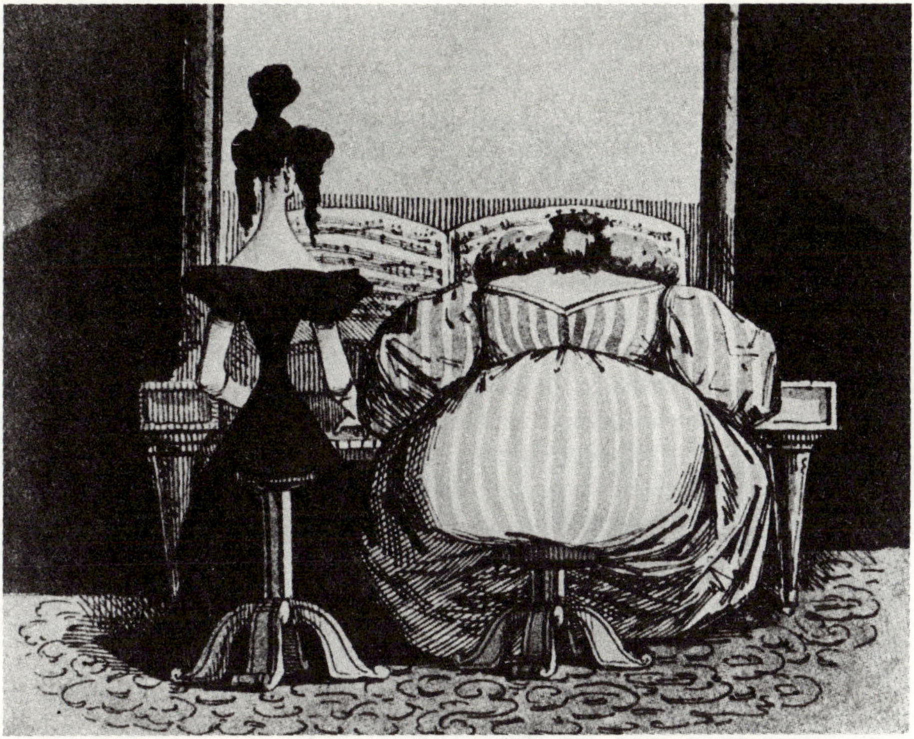

aber einen verständigen, treuen und von der Schmeicheley entfernten Freund, welcher gleich durchgeht; das was zu loben ist, lobet, und das was zu tadeln ist, tadelt: so hat man solchen billig als einen großen Schatz anzusehen, seinen Aussprüchen zu trauen und nach denselben entweder ein Herz zu fassen oder auf Besserung bedacht zu seyn.»

Piano-Forte. Satire auf die Musiksucht Anfang 19. Jh.

Das Klavier über mir

Nun konnte sich ja nicht jedermann in Berlin einen Quantz oder Bach leisten, von einer Kapelle ganz zu schweigen. Berliner Bürger mochten es nicht länger dulden, daß Musikkultur ausschließlich bei Hofe oder in Salons der Adligen gepflegt wurde. Zu Quantz' Zeit tauchten in zahlreichen Bürgerhäusern neben den bewährten Streichinstrumenten Klaviere auf, im ersten Drittel des achtzehnten Jahrhunderts gesellte sich das Pianino hinzu, das aufrecht stehende, relativ wenig Platz beanspruchende Musikmöbel.

Derweil sich das Klavier allmählich den ersten Platz in der Rangliste der Hausinstrumente eroberte, büßte die Flöte langsam, aber sicher ihre Spitzenstellung ein. Schlimmer noch, die Flöte geriet in den argen Ruf, provinziell zu sein, und mußte sich gefallen lassen, als Schimpfwort benutzt zu werden. Wollte man jemanden als einen Langweiler abstempeln, hieß man ihn eine «alte Flöte».

Kurze Zeit im Schwange waren Gitarren. Vornehmlich Mädchen ließen sich in ihrem Gebrauche unterrichten, um dann bei Familienfeierlichkeiten die Saiten zu schlagen und ein Liedchen zu trällern. Studiosi liebten das Instrument gleichfalls. Sie konnten es bei ihren Wanderungen mitnehmen und musizierend manch Mädchenherz betören.

Zurück zum Piano und Pianino – sie wollten und sollten gespielt werden. Alsbald hob eine langwährende bürgerliche, später kleinbürgerliche Marotte an, die Kinder an diesem Instrument unterrichten zu lassen. Nur wenige beherzigten die weisen Ratschläge von Quantz. Und wer hörte schon auf die Warnung von Carl Philipp Emanuel Bach: «So viele Vorzüge das Clavier besitzet, so vielen Schwürzigkeiten ist dasselbe zu gleicher Zeit unterworffen.» Er wünschte, «daß die Unterweisung auf diesem Instrumente hin und wieder etwas verbessert, und das wahre Gute, welches, wie überhaupt in der Musick, also besonders auf dem Claviere noch bisher bey wenigen anzutreffen gewesen ist, dadurch allgemeiner würde».

Allgemeiner ist das Gute beileibe nicht geworden, wohl aber trug das sich ausbreitende Klavierspiel dazu bei, die Liebe der Berliner zur Musik wachzuhalten oder zu vertiefen. Beschäftigung mit Musik, so dilettantisch sie auch sein mag, erhöht ja Verständnis und Empfänglichkeit dafür, und damit wächst letztlich der Genuß …

Klavierunterricht erteilten zu jener Zeit fast ausschließlich Männer. Erst in den Konservatorien durften auch Frauen das Lehrkommando übernehmen. Aber glaube keiner, daß damit zartere Sitten beim Einpauken von Tonleitern, Etüden und dergleichen einzogen. Strenge Zucht obwaltete auch bei nicht wenigen Vertreterinnen des sogenannten schwachen Geschlechtes.

Einer von denen, die Klavierunterricht nahmen und später auch gaben, war Dirigent und Komponist Hugo Kaun.

Als Siebenjähriger erlebte er, daß seinen Lehrer alles andere mehr interessierte als der Schüler und der Unterricht. «Ich verließ ihn nach kurzer Zeit, da dieser alte Herr sich in der Unterrichtsstunde Kaffee zu kochen pflegte oder im Nebenzimmer Leinewand mit Farben malträtierte.» Manchmal beorderte der Lehrer seinen Geige lernenden Sohn ins Übungszimmer. Das verdroß diesen nicht wenig, und so bearbeitete er des künftigen Pianisten Finger heftig mit seinem Geigenbogen.

Danach versuchte es Hugo Kaun mit einem von Wien nach Berlin verschlagenen Ehepaar, das sich mit Klavierunterricht finanziell über Wasser hielt. Eine Unterrichtsstunde kostete eine Mark. «Ich klimperte in jeder Stunde die berühmtesten Salonstücke … und bekam beim Abschied ein herzhaftes Busserl.» Um später seine Studien an der Meisterschule für Musik bezahlen zu können, erteilte Kaun etwa zwanzig Schülern selbst Klavierstunden. Da blieben ihm, wie er einmal klagte, für Theater und Konzerte wenig Zeit. Oft mußte er für seine Studien die Nachtstunden opfern.

Recht mißmutig blickte Bernhard Scholz im «Buch der Musik» zum Ausklange des vorigen Jahrhunderts auf dieses Gewerbe: Ein tüchtiger und gesuchter Klavier- oder Gesanglehrer verdiene in seinem Wirkungskreis oft mehr als mancher, dessen Name auf Konzertzetteln prange. Dies Wissen veranlasse manche Mütter zu meinen, ihr Kind brauche nur so viel zu lernen, daß es später einmal selbst Unterricht geben könne.

Aus dieser traurigen Auffassung des Lehrberufes kämen dann jene Lehrer, die für 25 oder 30 Pfennig elende Musikstunden geben. «Diese Art von Lehrern ist es denn auch, welchen jedes kleinste Talentchen, verglichen mit der eigenen Armseligkeit, schon bedeutend erscheint, und welche in ihrer Urteilslosigkeit und auch in der Besorgnis, eine Stunde zu verlieren, die Eltern veranlassen, ihr Kind ‹ausbilden› zu lassen und damit Lebensbahnen zu verderben.» Wie treffen sich doch Scholz und Quantz, zwischen denen etwa 150 Jahre liegen!

Von der ersten musikalischen Bildungsanstalt

Die sich vergrößernde Misere der Ausbildung war zu Beginn des neunzehnten Jahrhunderts (spätestens) nicht mehr zu übersehen. Wie gesagt: Quantz war im direkten und übertragenen Sinne Goldes wert, und ein letztgeschilderter Klavierlehrer mochte vielleicht das pseudomusische Gemüt einer Frau Webereibesitzer befriedigen, nicht aber dem Anspruch eines künftigen ernsthaften Musikers genügen. Hinzu kam, daß der Bedarf an Berufsmusikern dank dem kulturbeflissenen Berliner Bildungsbürgertum stetig stieg. Verfolgen wir zwei wesentliche Stränge, die schließlich zur Lösung des Problems führten: den königlich-staatlichen sowie den bürgerlich-kommerziellen.

Um ein großes und zugleich qualitätsvolles Reservoir ging es bereits Zelter. 1809 fertigte er für Wilhelm von Humboldt ein entsprechendes Gutachten an. Darin schlug er vor, an der Akademie der Künste eine staatliche Musikbehörde mit

Karoline von Humboldt

Professur einzurichten. Der König nahm zur Kenntnis, hielt aber nur etwas von der Beförderung der Kirchenmusik (Gesang und Orgel).

Damit dieses Gebiet königlich-staatlicher Aufmerksamkeit gewiß sein konnte, unternahm Zelter einen weiteren Vorstoß zur Errichtung eines «Seminariums für Cantores, Praefecti und Singlehrer, einer Singschule nach einer ordentlichen Methode» mit Unterricht im Singen, Generalbaß sowie Klavier- und Orgelspiel. Das königliche Ja-Wort hatte einen Widerhaken in dem Zusatz, das Institut dürfe erst nach Bereitstellung entsprechender finanzieller Mittel gegründet werden. Zelter wußte, daß sich staatliche Portefeuilles nur zögernd öffnen, und übte sich in Geduld. Er unterrichtete derweil etliche Schüler in Gesang und in der Instrumentalmusik.

Zelters Geduld ward belohnt. August Wilhelm Bach erklärte sich bereit, die Ausbildung im Orgelspiel zu übernehmen. Bernhard Klein konnte gewonnen werden, Studenten der Universität im Kirchgesange auszubilden. Endlich floß Geld. Freude bei Zelter und anderen: Die erste musikalische Bildungsanstalt in Berlin erhielt ab 1822 einen eigenen, selbständigen Etat und die Bezeichnung «Musikalisches Institut zu Berlin behufs der Beförderung der Kirchenmusik und Ausbildung von Organisten und Musiklehrern an Gymnasien und Schullehrer-Seminaren», gemeinhin Kirchenmusikschule oder Institut für Kirchenmusik genannt. Manche sagten auch nur Orgelschule. Sie unterstand dem preußischen Kultusministerium und hielt enge Verbindung zur Universität und zur Singakademie, da Zelter 1823 die Oberaufsicht übernahm.

Ein Jahr währte in der Regel die Ausbildung in Gesang, Orgel-, Klavier- und Geigenspiel. Bevor es daran ging, prüfte jeder Lehrer seine Schüler recht individuell; erst 1833 kam eine geregelte Aufnahmeprüfung auf, die in den siebziger Jahren eine Präzisierung erfuhr. Konnten zunächst pro Semester höchstens zwanzig Schüler betreut werden, erhöhte sich deren Zahl in den achtziger Jahren auf 25.

In dieser Zeit legte ein Statut den Aufbau des Königlichen Akademischen Instituts für Kirchenmusik neu fest. Es diene dazu, heißt es darin, «Organisten, Kantoren, Chordirigenten wie auch Musiklehrer für höhere Lehranstalten, insbesondere für Schullehrer-Seminare, auszubilden. Lehrgegenstände sind: Orgel, Klavier- und Violinspiel, Harmonielehre, Kontrapunkt und Formlehre, Gesang und Orgelstruktur». Die mindestens siebzehn Jahre alten Bewerber hatten den Nachweis zu führen, daß sie die Kosten ihres Unterhaltes aufbringen konnten, «ohne dadurch in der regelmäßigen Teilnahme am Unterricht gestört zu werden». Damit schloß das Statut Bewerber aus minderbemittelten Familien von vornherein aus.

Für den Nachwuchs an Berufsmusikern, die in Kirchen und an Schulen tätig werden sollten, war wenigstens einigermaßen gesorgt. Woher kamen die Professionellen, die dann beispielsweise in Orchestern strichen, bliesen, zupften und dergleichen? Oder gar als Solistensterne am Musikerhimmel leuchteten? Mühsam, weil ja völlig neu, war der Weg zur Akademischen Hochschule für Musik. Auf königliche Order wurde am 31. März 1833 die «Abteilung für musikalische Komposition» an der Akademie der Künste eingerichtet. Bestrebungen von Mendelssohn Bartholdy, sieben Jahre später eine Musikhochschule zu gründen, hatten nicht den er-

153

wünschten Erfolg. Erst 1869 entstand die «Lehranstalt für ausübende Tonkunst», von Joseph Joachim geleitet. Gemeinsam mit der erwähnten Kompositions-Abteilung bildete sie die Akademische Hochschule für Musik.

Heftig, aber ergebnislos hatte Richard Wagner gegen diese Berufung polemisiert. Man könne eine Hochschule nur mit der Geige alleine nicht leiten, schrieb er. Es gehöre auch der Taktstock des Dirigenten dazu und die Fähigkeit zur Komposition: «Der Taktstock soll ihm nicht recht pariert haben; auch das Komponieren scheint ihn mehr verbittert, als andere erfreut zu haben.»

Nicht zu Unrecht befürchtete Wagner, der exponierteste deutsche Professor werde sich mehr der klassischen, denn der modernen Musik zuwenden, was zum Nachteil für Komponisten wie Berlioz, Liszt und eben Wagner war. Es trat ein, was Wagner prophezeit hatte: Joachim berief Freunde der klassischen Musik als Lehrer an die Hochschule. Mit seinem bald berühmten Joachim-Quartett spielte er regelmäßig vor allem Konzerte der klassischen Schule.

Die Hochschule für Musik vergrößerte sich erst im Laufe der Zeit. Begann es zunächst mit Violin-, Violoncello- und Klavierklassen, kamen 1871 eine Orgel- und ein Jahr später eine Kontrabaßklasse hinzu. Unterricht fand auch für alle Blasinstrumente statt. Im April 1873 vergrößerte eine Chorschule die Ausbildungspalette, 1874 wurde ein vollständiger Vokalchor eingerichtet. «Auch datiert von diesem Zeitpunkt die von dem Herrn Kriegsminister getroffene Einrichtung, daß zur Zeit je zehn Militärmusiker von verschiedenen Regimentern zum Zwecke ihrer weiteren Ausbildung im Spiele eines Blasinstrumentes an das Institut kommandiert wurden», heißt es in einem zeitgenössischen Bericht.

Erst im Jahr 1882 verschmolzen per Dekret die Kompositions- und die Tonkunstabteilung der Hochschule zu einem einheitlichen und bessern Ganzen mit vier Unterrichtsgebieten: Komposition, Gesang, Orchesterinstrumente sowie Klavier und Orgel. Joseph Joachim wurde durch Erlaß vom 27. Juli 1895 der Vorsitz des Direktoriums übertragen. Er durfte sich nunmehr auch mit Herr Direktor anreden lassen. Ferner wurden in Berlin die speziellen Meisterschulen für Komposition geschaffen.

Ein Dreigestirn leuchtete schließlich am Ende des vorigen

Jahrhunderts am königlich-staatlichen Ausbildungshimmel über Berlin: das Akademische Institut für Kirchenmusik, die Akademische Hochschule für Musik und die Meisterschulen für Komposition. Sie boten Gewähr dafür, daß ein nicht geringes Reservoir an Berufsmusikern ausgebildet werden konnte.

Das Joachim-Quartett

Das Sternsche Konservatorium

und andere Musik-Unternehmungen

Schwerfällig tilgte der preußische Staatsapparat die weißen Flecken auf der musikalischen Ausbildungskarte von Berlin. Ehe sich Bureaukraten auf die neue Situation einstellten, sie richtig beurteilten, Entschlüsse faßten und gar handelten, vergingen Jahre, wenn nicht Jahrzehnte. Bürgerlicher Unternehmergeist reagierte schneller und scheute auch kein Ri-

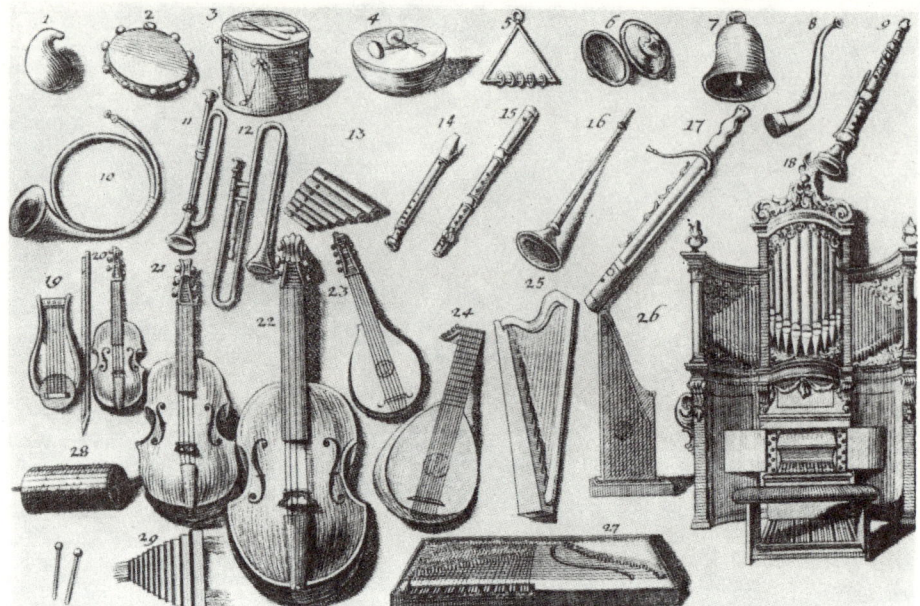

siko. Dirigent und Gesangspädagoge Julius Stern, abgelehnter Singakademie-Direktor, erkannte die Ausbildungsmisere und die darin liegende gewinnträchtige Chance. Er – und ihm folgten etliche andere – schlug den bürgerlich-kommerziellen Weg zu ihrer Überwindung ein. Gemeinsam mit dem Hofpianisten Theodor Kullak und dem Professor für Musik an der Berliner Universität und Gründer der «Berliner Allgemeinen Musikalischen Zeitung» Adolf Bernhard Marx eröffnete er am 1. November 1850 mit 14 Schülern die «Musikschule für Gesang, Klavier und Komposition», die sich alsbald eines exzellenten Rufes erfreute.

Dennoch gingen die drei Gründer nicht viel später auseinander. Theodor Kullak bildete mit der «Neuen Akademie der Tonkunst» ein Konkurrenz-Unternehmen. Glücklich machte Stern mit der Berufung Hans von Bülows den Verlust mehr als wett. Als Marx 1857 ging, übernahm Julius Stern die alleinige Führung des nunmehrigen Sternschen Konservatoriums. Mit feinem Spürsinn konnte er eine Reihe renommierter Musiker an sein Konservatorium binden, etwa Heinrich Ehrlich, Rudolf Willmers, Louis Brassin und Sterns berühmte Schwägerin Jenny Meyer. Selbstbewußt und gelassen sah er der Konkurrenz der Hochschule für Musik entgegen ...

Nach seinem Tode im Jahre 1883 übernahm zunächst Rudolf Radecke die künstlerische Leitung und teilte sie ab 1888 mit Jenny Meyer. Seine größte Blüte erlebte das Konservatorium, als die Direktion auf Gustav Hollaender überging (1894). Zu jener Zeit erhielten mehr als 350 Schüler eine gediegene und anerkannte Ausbildung. Ging es in den Anfangsjahren darum, tüchtige Solisten zu erziehen, wurde später auch dazu beigetragen, den wachsenden Bedarf an En-

semble-Musikern zu decken. Allmählich trat das Sternsche Konservatorium mit Schülerabenden und Konzerten auch an die Öffentlichkeit.

1893 verband sich das Sternsche Unternehmen mit der 1883 gebildeten Klindworthschen Schule für Klavierspiel und Theorie. Klindworth war ein Freund von Wagner und Liszt und gehörte damit zur – wie es damals hieß – Fortschrittspartei in der Musik. An seiner Schule hatte seit 1885 Hans von Bülow regelmäßig Kurse für talentierte Pianisten geleitet. Das Sternsche Konservatorium als älteste private Musikschule Berlins verfügte schließlich über Klassen für Gesang, Klavier, für Streichinstrumente, Orgel, Theorie, für Ensemblespiel, Kammermusik und Orchesterübungen sowie eine Bläserschule. Zu erwähnen sind die Kapellmeister- und dann auch noch eine Schauspielschule!

Neben dem Sternschen existierten das 1889 ins Leben gerufene Konservatorium des Westens, verbunden mit dem 1862 gegründeten Schwantzerschen Konservatorium, das Bendasche Konservatorium (1890), die Akademie für Musik John Petersen, die den «berufsmäßig Musikstudierenden seit 1896 eine umfassende, ihrem Talente und Zwecke entsprechende vollkommene Ausbildung für Konzert und Oper» bot. «Doch werden auch solche, die sich zu guten Dilettanten ausbilden wollen, vom frühesten Alter aufgenommen», heißt es in einer Werbeschrift der Akademie.

 Ein Kranz für Breslaur

Neben staatlichen Institutionen und privaten Unternehmungen machten sich in allen Teilen der Stadt musiklehrende Frauen und Männer um die Ausbildung der Berliner verdient. Die meisten mühten sich mehr oder minder redlich allein um ihre Eleven, manche vermochten ein oder zwei Kollegen hinzuzuziehen und nannten sich dann gleichfalls «Konservatorium». Stellvertretend für all diese Namenlosen wollen wir zum Abschluß dieser Abteilung Herrn Emil Breslaur unsere Reverenz erweisen.

Er lebte Ende des vorigen Jahrhunderts in der Oranienburger Straße 57. Wie so viele Berliner stammte der Professor nicht aus Berlin. Er hatte am 29. Mai 1836 in Cottbus das

Licht der Welt erblickt und unterrichtete 43 Jahre später interessierte Berliner im Klavierspielen und anderen Zweigen der Musik. Für sein kleines Konservatorium konnte er immerhin die Großherzogliche Königliche Hofopernsängerin Vera Goldberg verpflichten, während sein Mitstreiter und Königlicher Kammermusiker Boll seinen Schülern beibrachte, wie man kräftig und richtig die Trompete bläst.

Zwischen Cottbus und Berlin lagen Jahre immensen Fleißes und Schweißes. Emil Breslaur widmete sich dem Studium neuerer Sprachen, der hebräischen Wissenschaft, der Literatur und der Musik. Er bestand das Lehrexamen in Neuzelle, wurde Religionslehrer und Prediger in seiner Heimatstadt, ehe er sich nach Berlin aufmachte. Als 27jähriger ließ er sich am Sternschen Konservatorium u. a. in den Fächern Klavier, Orgel und Komposition ausbilden, um schließlich von 1868 bis 1879 als Lehrer für Theorie, Klavierspiel und Methodik des Musikunterrichtes an der «Neuen Akademie der Tonkunst» tätig zu sein. Die erste Nummer der von ihm edierten musikpädagogischen Zeitschrift «Der Klavier-Lehrer» erhielten seine Leser am 1. Januar 1878.

Verdient machte sich der Professor nicht allein um musikbegeisterungsfähige Berliner, vielmehr auch um seine Berufskollegen. Am 19. Februar 1879 begründete er den «Verein der Musiklehrer und -lehrerinnen» zu Berlin und später den «Verband deutscher Musiklehrerinnen». Eine der in den Satzungen festgelegten Aufgaben war es, die Mitglieder in Krankheitsfällen zu unterstützen.

Er hatte ein Herz für die Musik, aber auch für seine Mitmenschen, der Berliner Professor Breslaur aus Cottbus ...

Tango in Berlin N.
Zeichnung
Heinrich Zille

Bänkellieder und Gassenhauer

Motto:
Berlin ist musikalisch,
det is keen leera Wahn,
Es sang(k) vor einjen Tagen,
sojar een Äppelkahn.

Wohl jeder von uns dürfte die folgende Geschichte durchlitten haben: Da stellen wir gutgelaunt in morgendlicher Frühe das Radio an, um neueste Nachrichten und dergleichen zu hören. Die zwischendurch gesendeten Melodien rauschen mehr oder minder an unserem Ohr vorbei – außer einer: der Schlager der Saison. Er bohrt sich ins Ohr, steigt noch etwas höher und krallt sich fest. Die Melodie ist schlicht und der Text einfach.

Auf dem Wege zum Bus ertappen wir uns mit gespitzten Lippen. Leichte Schamröte überzieht unser Gesicht: Hoffentlich hat's keiner gehört! Im Bus summen wir vor uns hin – der zeitungslesende Nachbar auch. Beiderseitiges Erschrecken.

So geht es den lieben langen Tag. Endlich ist Feierabend, doch die Melodie kommt mit. Zu Hause läuft der Fernseher. Mit Zähneknirschen nehmen wir die Drohung des Moderators auf, er sende jetzt den Schlager der Saison …

Es schließt an der Wohnungstür, die Frau des Hauses tritt ein, sieht den vergnatzten Ehemann und fragt: «Was ist denn los?» – Da geschieht das Unfaßbare, aber immer Wiederkehrende. Der Schlager ist fort. Wie der Schnee vom letzten Winter. Keine Melodie mehr da, keine Zeile Text. Mit hilflosem Gestammel versuchen wir zu erklären. «Weiß gar nicht, was du hast», sagt die gute Frau, schüttelt den Kopf und summt beim Hinausgehen – das bewußte Lied.

Es sind dies beileibe keine Exklusiv-Erfahrungen, die uns da womöglich tagelang quälen. Im alten Berlin ging es durchaus ähnlich zu.

So schrieb Fanny Mendelssohn im Februar 1828 an August Klingemann über einen Galoppwalzer mit Text, «von dem die ganze Stadt widerhallt, kein Ball ohne die Melodie, ja man kann nicht zwei Minuten leben, ohne von ihr verfolgt zu werden». Sie berichtete von unzähligen Versen, die kursierten und von denen etliche nicht vor weibliche Ohren gelangten. Und Heinrich Heine erlebte hautnah das Freischütz-Fieber in Berlin und hatte das Gefühl, «mit veilchenblauer Seide gewürgt» zu werden: Jedermann sang, pfiff oder spielte das «Lied der Brautjungfern» oder kurz den «Jungfernkranz».

Aber beileibe nicht nur – sagen wir – klassische Lieder eilten in Berlin von Mund zu Mund, weit mehr noch Lieder des Volkes: vom Bänkelgesang über den Gassenhauer bis zum «Schlager» aus der Operette. Und nicht wenige der ehrwürdigen klassischen Weisen mußten sich einen neuen Text gefallen lassen. Parodie entsprach der Mentalität der Berliner weitaus besser als feierliche, gar noch steife Würde.

Musik bei Hofe und Hofmusik, da war der Unterschied so groß wie zwischen dem flötenspielenden Großen Fritz und dem emsig kurbelnden kleinen Leiermann. Inmitten beider Pole lag die Musik des aufstrebenden Bürgertums, wollen wir etwa an Mendelssohn, Zelter und andere denken. Allerdings näher dem Hofe denn den Höfen ...

Was die Berliner auf Höfen und in Gassen sangen, in Tabagien oder bei zünftigen Festen im Familien- oder im Handwerkerkreis, das war ohne Schnörkel dem Leben entnommen, das spottete ebenso gern wie oft, war mitunter sentimental, aber auch deftig-derb wie eine Molle mit Korn und einer würzigen Bulette dazu. Mit den Melodien hielten es die Berliner nicht anders als die Cantores der Kirchen: Sie mußten eingängig sein oder altvertraut. Wenn im kirchlichen Gesangbuch auf eine Melodie zehn Texte kamen – warum nicht im weltlichen auch?

Weitaus wichtiger war, die Dinge des täglichen Lebens beim – wie die Berliner meinten – richtigen Namen zu nennen. Etwa im politischen Bereich, wie das in zweiundzwanzig Fassungen bekannte Spottlied über das Attentat des Bürgermeisters Tschech auf das preußische Königspaar im Jahre 1844 oder ein Drohlied im 48er Revolutionsjahr wider den ungeliebten Kartätschenprinzen, den späteren Wilhelm I. Die preußische Obrigkeit verbot, solche Lieder zu singen – und zu pfeifen. Sie lieferte damit dem späteren Kanzler Bismarck für sein Sozialistengesetz das historische Beispiel.

Auffällig an den alten Berliner Liedern ist das Lokalkolorit. Die zumeist unbekannten Gassenhauerschöpfer machten sich einen Kopf um liebe oder unliebe Mitmenschen, um Volksfeste und Landpartien, um die Pferdebahn und andere städtische Ereignisse. Verklärten sie einerseits die Sonnenseite des Lebens, so bekümmerten sie sich auch um das, was im Schatten lag.

Bänkelsänger, Leiermänner und Harfenjule

Es schreibt sich leicht hin, daß die heiteren und ernsten, spöttischen und sentimentalen Lieder der Berliner von Mund zu Mund gingen. Es bedurfte aber schon einer Übereinstimmung zwischen dem, was da vorgetragen wurde, und der eigenen Sicht auf die Dinge; denn keiner konnte jemanden zwingen, etwas auswendig zu lernen, was im Innern abgelehnt wurde. Und es bedurfte eines guten Gehörs für Melodie und Text, vor allem für die Nuancen, auf die es mitunter ankam. Ausgangspunkt waren nicht selten fahrende Sänger im engeren und weiteren Sinne. Sie übernahmen Lieder von Berufsmusikern, dichteten und komponierten hin und wieder auch mal selbst, vieles schnappten sie in Kneipen, auf Märkten und Festen auf und gaben es weiter.

Wo viel Volks zu Hauf strömte, da fand und hörte man auch sie, etwa im frühen Berlin bei Volksfesten. Das Fest der Schützengilden beispielsweise zählte zu solchen Magneten im Berlin des sechzehnten Jahrhunderts. Bevor wir uns auf einem ein wenig umschauen, sei dieser Hinweis gestattet: Die Schützengilden waren nicht allein Ausdruck besonderer Männlichkeit, vielmehr noch ein handfestes Gegengewicht der Berliner Bürger zu den raubenden und sengenden Rittern der Adligen.

Die alljährlichen Schützenfeste von Berlin und Cölln fanden vor den Toren der Stadt begeisterte Aufnahme bei den Einwohnern und ihren Gästen. Einer der Austragungsorte lag im Bereich der heutigen Reinhold-Huhn-Straße, die bis vor kurzer Zeit noch Schützenstraße hieß. Laden wir uns zu einem pfingstlichen Schützenfest ein! Nach dem gemeinsamen Gottesdienst verteilten die Mitglieder der Schützengilde mancherlei Almosen an die Stadtarmen und die Hospitäler, schulterten ihre Armbrüste oder Büchsen und zogen in bunter Schar zum Festplatz. An der Spitze marschierten die Fahnenträger, ihnen folgten – wir ahnen es – die Pfeifer und Trommler. In verschiedenen Wettbewerben – so dem Schießen nach dem Königsvogel oder Adler – ermittelten die Teilnehmer ihren Schützenkönig.

Drei Tage währte solch Gaudium, und der letzte weitete sich zu einem Volksfest aus. Würfelbuden lockten Glücks-

Der
Moritatensänger.
Stich von
Daniel
Chodowiecki

sucher wie Verkaufsstände mit Zinngeschirr und Selbstge-
backenem die Käufer. Hier stemmte ein Herkules eine ei-
serne Kugel in die Höhe, dort pries ein Quacksalber ein un-
fehlbar Mittelchen gegen Zahnweh und Haarausfall an.

Dicht umringt wurde ein Mann in abenteuerlicher Kleidung, die den Weitgereisten verriet. Er entrollte eine große,
grellbemalte Bildtafel und befestigte sie an einem Pfahle.
Flink huschten die Augen der jungen und alten Berliner
über die einzelnen Zeichnungen, und sie nahmen zumeist
Gräßliches wahr: abgeschnittene Köpfe, brennende Häuser,
umgestürzte Postkutschen, zähnefletschende wilde Tiere.

Gemessenen Schrittes, sich seines Wertes bewußt, ging
der Mann zu seinem Karren und entnahm ihm ein Bänk-
chen und einen langen Zeigestock. Er postierte das Bänk-
chen vor die Bildtafel, stieg hinauf, damit er die gespannt
wartende Menge überragte. Die Vorstellung begann; sie
zeigte einen Bänkelsänger in Aktion.

Zu einer einfachen, melancholischen Melodie sang er mit
monotoner Stimme von einem erschröcklichen Ereignis, das
sich da und da abgespielet. Jeder schaurige Höhepunkt seines Singsangs fand sich auf einem Bildchen der großflächi-
gen Tafel wieder. Mit seinem Stock wies er auf die entsprechende Zeichnung. Gewiefte Bänkelsängerzuhörer merkten
sehr wohl, wann sich die Moritat ihrem Ende zuneigte – so-

Ein Spottlied
auf das verwanzte
Berlin

Wanzen
Tinctur

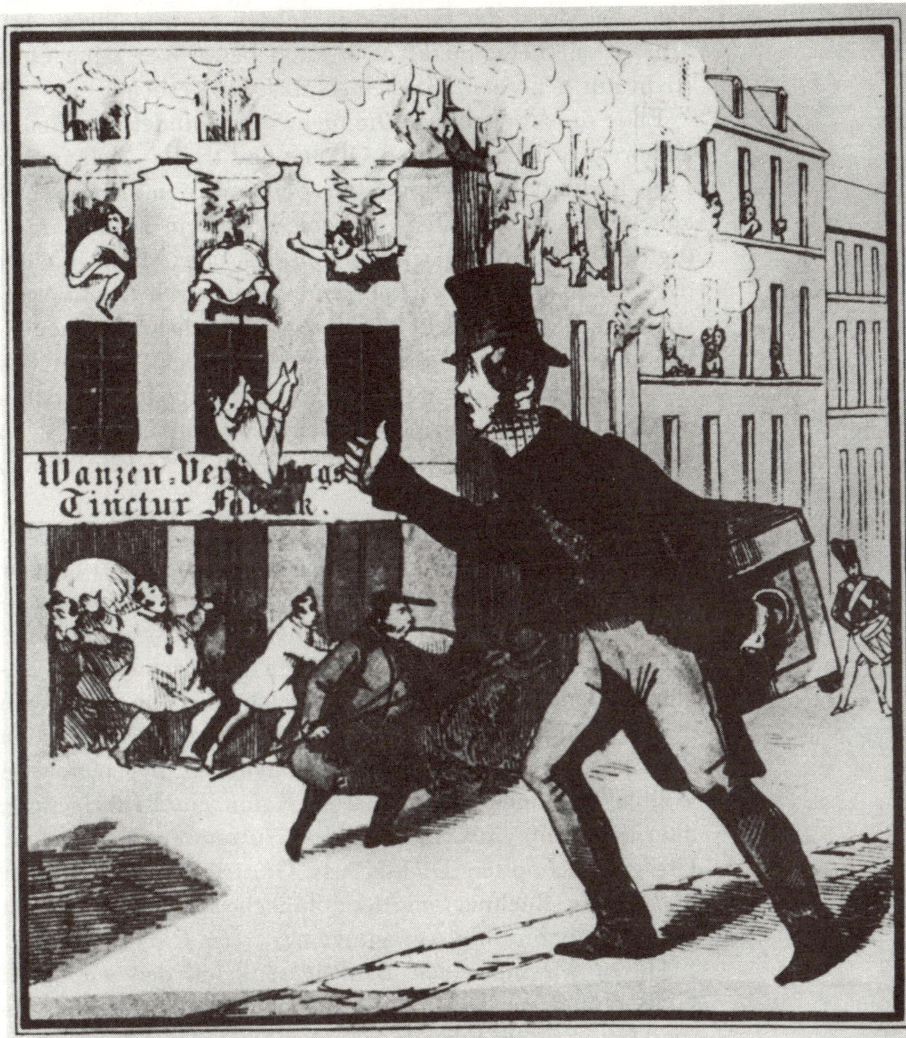

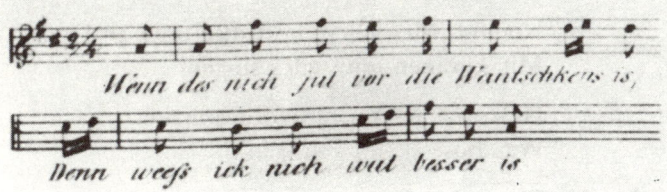

Wenn das nich jut vor die Wantschkens is,
Denn weeſs ick nich wat besser is

bald die Moral der Geschichte anhob. Etwa in dieser Art: «Ihr lieben Leut, merkt euch auch heut: Wer seine Oma sticht mit Scherben, tut niemals nicht was erben.»

Ende der Vorstellung. Die mehr oder minder ergriffenen Zuhörer entrichteten ihren Obolus und trollten sich zurück nach Berlin oder Cölln, um die soeben vernommene Neuigkeit weiterzugeben. Der verwegen gekleidete Mann erkundigte sich nach dem nächsten Volksfest oder Markt in einer der Nachbarstädte, packte seine Siebensachen und verschwand. Bis ins ausgehende neunzehnte Jahrhundert tauchten solche fahrenden Gesellen immer wieder bei städtischen und dörflichen Vergnügungen auf. Erhoffte ihr Publikum zunächst vor allem neue Nachrichten von ihnen, ging es in späteren Jahren mehr um die Belustigung an kecken Reimen über zumeist Bekanntes.

In gewisser Weise waren die Bänkelsänger im wahrsten Sinne des Wortes Vorläufer der Zeitungen; und so trugen sie im sechzehnten Jahrhundert auch den Namen «Zeitungssinger». Sie sangen von geschichtlichen Ereignissen der jüngsten Vergangenheit und verbreiteten Nachrichten von Unglücksfällen, Verbrechen und dergleichen. Nicht wenige von ihnen übten offen oder versteckt Kritik an den herrschenden Zuständen. Ihre Gesänge von alltäglichen Begebenheiten wollten benennen und belehren. Kaum ein Bänkelgesang, der nicht mit einer moralischen Nutzanwendung endete. Übrigens schöpften Dichter wie Gottfried August Bürger und Georg Büchner aus dem Bänkelgesang; auch Bertolt Brecht entnahm ihm Anregungen.

Hören wir uns einen Bänkelgesang an, den wir Adolf Glaßbrenner verdanken. In seinen Heften «Buntes Berlin» schildert er in der Episode «Der Schützenplatz» den Auftritt eines Bänkelsängers, der von einer furchtbaren Mordtat an sechs Personen Kunde gab. Die Aufnahme:

Kommt, Menschen, hört dies traur'ge Lied,
Mit Thränen muß ich's singen!

Hört, was in Amsterdam geschehn,
Was Böses kann gelingen!!!

Ein Goldschmidt hatte einen Sohn,
Vernehmet hier der Arbeit Lohn!

Was doch nicht all' geschehen kann!
Ist man oft selbst nicht schuld daran?

So geht's auch diesem reichen Mann,
Denkt über seine Leiden;

Er bild't sich ein, er sei Sultan,
Und denkt nur über Freuden;

Doch sein Sohn, der kam dreimal selbst,
Hielt um die Schusterstochter an;

Er liebte sie, und was geschah?
Der Vater sagte zur Eh' nicht ja!

Das Mädchen war dem Vater arm,
Sein Stolz war nicht zu beugen;

Des Sohnes Herz, durch Treue warm –
Groß waren seine Leiden!

Moritaten
im Armenviertel
Stück von
J. W. Müll

Weinend sieht er sein Mädchen an,
Sie schmieden sich nun einen Plan;

Diesen hier zu vernehmen,
muß sich die Welt nicht schämen.

Die Nacht bricht an, man ruhet sanft,
Man ahnet keine Leiden.

Sein Sohn wählt's Messer, geht voran,
Schneid't Vater, Mutter, beiden

Im Schlafe, ach! die Gurgel ab,
Und läßt noch nicht vom Morden ab;

Er find't am Morden noch Plaisir,
Mordet noch seiner Geschwister vier.

Nun eilet er der Kammer zu,
Wo's Küchenmädchen ruhte;

Doch diese war nicht mehr in Ruh',
sie sich zu retten suchte.

Ein kleines Knäblein von drei Jahr
Auch mit ihr in dem Zimmer war.

Sie zog den Schlüssel aus der Thür,
Der Mörder stand beschämt dafür.

Sie schreit um Hülf, der Tag bricht an,
Die Nachbarn kommen eilig.

Was sieht man hier? Ein Mord gethan!
Das Blut strömt hier so häufig.

Man siehet rechts den Vatermord
Und links, o Gott! den Muttermord;

Im Blute schwimmen auch noch hier
Ihr' Kinder an der Zahle vier.

Nu eilet auch die Polizei,
Dem Mörder nachzuspüren,

Mit hast'gen Schritten hier herbei;
das Mädchen sagt die Spuren.

Fruchtlos setzt man dem Mörder nach,
Man höret nur ein leeres Ach!

Es folgen hier den Leichen nach
Viel Tausende bis an das Grab.

Gendarmen lassen keine Ruh',
Dem Mörder nachzusetzen.

Zu St. Niklaus findet man ihn,
Arr'tirt ihn ohn Verletzen.

Mit seinem Mädchen wohlbedacht,
ward er nach Amsterdam gebracht;

Bekennet gleich all' sein Vergehn,
Und hört nicht auf für sie zu flehn.

Das Urtheil ward ihm bald gemacht,
Sterben war Richterstimme;

Ein Priester ward ihm zugebracht,
Starb nicht im Gottesgrimme.

Drum, Eltern, denket doch recht nach,
Behandelt keinen Sohn mit Schmach.

Die Liebe ist ein Wunderding –
Sag lieber ja, eh es mißlingt.

In späterer Zeit trafen die Bänkelsänger auch mit anderen
Straßenmusikanten zusammen, ohne ihnen eine Konkurrenz
zu sein, mit Drehorgelspielern, gemeinhin Leierkastenmänner geheißen. Weit mehr als die Bänkelsänger gehörten sie
viele Jahre zum Bild der Stadt. Taucht heutzutage einer dieser Zunft auf, grenzt das an ein Wunder, oder die DEFA
dreht einen Spielfilm im Altberliner Milieu. Was heute so
selten ist wie ein Goldklumpen im märkischen Sand, das gehörte noch in den fünfziger Jahren unseres Jahrhunderts zur
Alltäglichkeit. (Zumeist) Männer mit Drehorgel zogen von
Hof zu Hof, und deren gab es ja unendlich viele. Begleitet
von einer treuen Schar kleiner Kinder, spielten sie, was das
Zeug hielt. Sie gingen mit der Zeit, hatten demzufolge einen
aktuellen Schlager auf der Walze. Doch der erhoffte Groschen, eingewickelt in Zeitungspapier, flog eher als Dank
und Salär aus dem Fenster, sobald etwas Berlinisches erklang. Etwa von der berühmten Holzauktion im Grunewald.

Als Friedrich Wilhelm I. den militärischen Trommelwirbel zur Hauptmusizierform in Preußen machte, kamen zwei
Dutzend Uhrmacherfamilien von Italien nach Berlin. Eine
von ihnen hieß Bacigalupo und trug mit der Produktion von
Drehorgeln dazu bei, daß sich eine neue Zunft von Straßenmusikanten herausbildete. Ihre Instrumente – mit scharf
klingenden Pikkolo-Pfeifen und schrill-frechen Trompeten
– genossen unter Leiermännern den Ruf, den vergleichsweise Stradivaris unter Geigern haben. Übrigens schloß der
letzte Sproß dieser Familie erst vor wenigen Jahren seine Augen für immer. Noch ist sein Firmenschild in der Nähe des
S-Bahnhofes Schönhauser Allee zu bestaunen.

Nicht weniger als ein halbes Tausend Leierkastenmänner erfreuten oder erschreckten in der Mitte des vorigen Jahrhunderts vor allem die Berliner im Norden und Osten der Stadt. In jenen Teilen Berlins, in denen Dünkel in hochherrschaftlichen Häusern lebte, waren die Volksmusikanten durchaus nicht gern gesehen, noch weniger gern gehört. Zu sehr erinnerten sie an Armut und Elend, an eigene Schuld. Polizei als Hüter von Ordnung und Sicherheit − vor allem der Besitzenden − vertrieb die Hofmusikanten in ihre Stammreviere.

Dort gaben die Armen den noch ärmeren Kurbelnden, zumeist Invaliden. Etwa: «Mein Jott nee, der hat seine Beene im Kriech verlorn, jehm wa ihm 'n Jroschen», sagte Mutter Krause und ließ Töchterchen Hedwig das in Papier gewikkelte Geldstück «uff'n Hof» werfen. Artig bedankte sich der Leiermann mit freundlichem Hutschwenken.

Auch auf Volksfesten − so beim Stralauer Fischzug − drehten sie emsig die Kurbel und ersetzten ein ganzes Orchester, damit Paule und Rieke schwoofen konnten.

In seinem «Berliner Skizzenbuch» schilderte Schriftsteller August Trinius die Leiermänner. «Den Vortritt unter allen Vertretern der Berliner Hofmusik beanspruchen seit Jahren die Leierkastenvirtuosen. Welch prächtige Frohgesellen sind darunter! Vielleicht, daß Mancher die treue Gattin daheim vergißt, die Flasche Feuerwasser vergißt er gewiß nicht. Künstlerisch am höchsten stehen noch Italiens braune Jungen. Da ist Schwungkraft, Feuer, verständnisvolles Anschmiegen und geschmackvolle Vortragsweise im Drehen der Kurbel zu bemerken; und was dem Kasten an Wärme und Jugendfrische verloren ging, ersetzen sie reichlich aus ihren dunklen, sehnsuchtsvollen und schönen Augen. Der ärgste Gegensatz zu ihnen, unschön und roh in jedem Wort, gemein in jeder Bewegung, ist der Berliner Voigtlandstroubadour. Sein Instrument zeichnet sich durch gellendes Trompetengeschmetter und ohrenbeleidigendes Trommeln und Knarren aus ... Seine Vortragsweise ist frech und gemüthlos.»

Jeder Hofvirtuose agierte in einem fest umgrenzten Revier, hatte «seine bestimmten Häuser und Höfe, in denen er genau an demselben Tage, zur selben Stunde, mit unheimlicher Pünktlichkeit, gleich den Aposteln an der Rathausuhr

Berliner Stadtklatsch.

Heitere Lebensbilder aus Berlin's Gegenwart.

№ 9.

Eine Wasserparthie nach Strasau.

Scherzhaftes Gemälde von A. Hopf.

Mad. Kulike. Aber, Mann, warum hast Du denn eene so schmale Gondel aus-
gesucht, Mathilde und ick, wir haben ja mit unsere Crinolinen nich Platz jenug.
   Herr Kulicke. Wenn wir in London wären, dann würde ick vor Euch den
Levr-Nathan miethen.
   Wilhelm. Det jroße Schiff heeßt „Leviathan."
   Herr Kulike. Ach richtig, es is ja getauft!

Preis 2½ Silbergroschen.

Eduard Bloch.

Firma: L. Lassar's Buchhandlung,

in Berlin, Brüderstraße Nr. 2.

zu Prag, erscheint. Verbote und Warnungen in den Hausfluren verachtet er mit gelassener Souveränität.»

Im Ausklange des vorigen Jahrhunderts zogen nicht weniger als dreitausend Drehorgelspieler von Hof zu Hof. Paul Lindenberg informierte in seinem «Berliner Pflaster»: «Der Verdienst dieser wandernden Weltstadtmusikanten ist häufig ein ganz guter, wenn auch selbstverständlich nie ein regelmäßiger, aber es kommt oft genug vor, daß sie an einem Tage zehn oder mehr Mark einnehmen.»

Otto von Leixner beklagte in seinen «Sozialen Briefen aus Berlin», daß der Leiermann leider auch an Sonntagen auftaucht. «Doch nimmt er auf die Feststimmung Rücksicht, denn er beginnt (zwischen 7 und 7½ Uhr morgens!) mit einem Choral und geht dann zu einem ernsteren Liede über, das den Übergang zu Schottisch und Walzer bildet.»

Lebewohl wollen wir von diesen Gesellen mit einer kleinen Anekdote sagen, die von Berliner Pfiffigkeit berichtet.

Bei einem Besuch Berlins vernahm Richard Wagner vertraute, aber verhunzte Töne: Auf einem Hof erklang von einem Leierkasten der Hochzeitszug aus seinem «Lohengrin». Der Leiermann kurbelte so schnell, daß sich die getragene Melodie in eine schwungvolle Polka verwandelte. Wagner betrat den Hof und erklärte dem Invaliden, daß er langsamer drehen müsse. Der erwiderte schnoddrig: «Watt denn, mir wolln Se wat weismachen? Mir? Woher wollen Se denn det wissen?» Wagner gab sich zu erkennen. Darauf der Leiermann: «Jut, wie langsam soll ick denn det Ding drehn?» Wagner griff zur Kurbel und machte es vor. Der Belehrte blieb skeptisch: «Ick weeß nich, tächlich fuffzich Mal nuddel ick det Lied, und da kommt eena und sagt, det is falsch.» Ein Geldstück verscheuchte die Skepsis.

Wenige Tage später, an fast gleicher Stelle. Wieder hörte Wagner seinen Hochzeitszug, sogar im richtigen Tempo. Wagner betrat den Hof, um den Leiermann mit einem Taler zu belohnen. Da leuchtete ihm vom Leierkasten ein großes Schild mit der Aufschrift entgegen: «Schüler von Richard Wagner.»

Nicht selten besangen die Hofmusikanten traurige Schicksale, die dem ihren glichen. Das tat beispielsweise eine gewisse Louise Schulz. Sie kam 1829 in Potsdam als Tochter eines armen Tischlers blind zur Welt. Lediglich dem außerge-

Bei der «Wasserparthie nach Stralau» darf der Leierkastenmann nicht fehlen

173

wöhnlichen Können des Berliner Augenarztes Gräfe verdankte sie, daß sie nach einer Operation wenigstens auf einem Auge Hell und Dunkel unterscheiden konnte. Ihre schöne Stimme aber fiel auf. So ermöglichte ein Mäzen dem Mädchen, Gesangsunterricht zu nehmen. Mit ihrer Stimme verdiente sie schließlich ihr Geld, von dem sie auch ihre schlimm erkrankten Eltern ernähren mußte. Als sie starben, war die Waise alleine auf der Welt.

Louise lernte einen Puppenspieler kennen und lieben. Mit ihm zog sie von Stadt zu Stadt, von Dorf zu Dorf. Er lud zum Kasperletheater ein, sie begleitete ihn mit ihrem Gesang und mit der Harfe. Ihre zwei Kinder starben jung an Jahren, schließlich erlag auch ihr Mann einer heimtückischen Krankheit.

Louise Schulz wechselte nach Berlin über und machte mit ihrer Harfe und dem Gesang alsbald den Leiermännern Konkurrenz. Schnell hatte sie ihren Namen weg: Harfenjule. «Wer kennt sie nicht, die alte, blinde Sängerin mit der großen, an allen Ecken und Enden geflickten Harfe und dem plumpen, breitrandigen, einst schwarz gewesenen Strohhut?» fragte Victor Laverenz in seinem Buch «Berliner Originale». «Ein großer Legendenkreis hat sich um die unschöne Alte mit den knochigen Fingern und den großen Füßen gebildet. Die Fama hat ihr eine glänzende Vergangenheit als berühmte Opernsängerin angedichtet. Wenn man jedoch den romantischen Schleier hinwegzieht und die wahren Thatsachen erblickt, dann sieht man bei der von der Last der Jahre gebeugten Greisin auf ein Schicksal, hart und gänzlich freudenleer. Kaum ein Lichtblick weist der Kampf ums Dasein auf, den Harfenjule seit 55 Jahren mit den widrigsten Verhältnissen hat führen müssen, und jetzt, in einem Alter, wo fast den Meisten ein wenigstens annähernd ruhiger Lebensabend vergönnt ist, muß sie − oft von bitterster Not verfolgt − tagaus tagein in Wind und Wetter durch die Straßen wandeln, und der Wohlhabenden gehen Hunderte achtlos an ihr vorüber.» Ja, mehr noch: Mitunter kam es vor, daß Herzlose die Blinde hänselten und ihr die Harfe zerbrachen.

Die meisten aber rührte der Klang ihrer immer noch anhörbaren Stimme. Die Harfenjule gehörte zur Stadt wie der Senf zur Bockwurst. Man rief sich gegenseitig zu, daß sie wieder im Anmarsch sei. Von ihrer Popularität mag ein

Die Harfenjule.
Zeichnung
von Hans Schmitz

Scherzreim wie dieser zeugen: «Ich bin die Harfenjule mit großem Pompadour, in ganz Berlin und Rixdorf spiel ick die Harfe nur.» Sie starb im Jahre 1911.

Was man einst sang – und pfiff

Wer gibt sich schon mit Trockenübungen beim Schwimmunterricht zufrieden? Wem schmeckt die Stulle ohne Belag? – Also wäre es ungebührlich, in dieser Abteilung nicht Proben dessen zu geben, was da von Bänkelsängern, singenden

Der
Leierkastenmann –
auf Volksfesten
noch immer eine
Attraktion

Leiermännern, der Harfenjule und vielen namenlosen Musizierfreudigen in Gassen und Straßen, auf Volksfesten und in Tabagien, zu freudigen oder traurigen Anlässen, offen oder heimlich an Texten dargeboten wurde. Es gab ja nichts, was nicht in typisch berlinischer Art und Weise besungen wurde: Herzes Freud und Herzes Leid, städtische Ereignisse, Kritik an Potentaten und so weiter. Sehr oft sprechen die Texte für sich, so daß wir uns eines Kommentares enthalten können. Blättern wir ein wenig im (nicht vorhandenen) weltlichen Gesangbuch vergangener Zeiten. Wem es nach mehr gelüstet, der besorge sich das informative und umfangreiche Gassenhauer-Buch von Lukas Richter.

Im Gegensatz zum insgesamt recht zagen und zahmen Berliner Bürgertum scheuten sich viele Handwerker, Gesellen und andere arbeitende Berliner und nicht zuletzt die berühmt-berüchtigten Gassenjungen nicht, lauthals politische Geschehnisse zu kommentieren. Daß dabei Spott und Hohn nicht zu kurz kamen, liegt bei der Mentalität der Berliner nahe. Als der Hof noch heftig schwankte, ob er Napoleon die Hand oder die Faust bieten sollte, hatten etliche Berliner längst Stellung bezogen.

Theodor Fontane verdanken wir dieses Lied, das in der Zeit der Befreiungskriege im Schwange war. Er zeichnete es unter dem Titel «Berliner Straßenlied (1812)» auf:

Warte
Bonaparte;
Warte Kujon,
Andre Woche, wir kriegen dich schon.

Ja der Russe, ja der Russ'
Hat uns gezeigt, wie man's machen muß:
Im ganzen Kremmel
Nicht eine Semmel
Und auf den Hacken
Immer nur Hunger und Kosacken –

Ja der Russ'
Hat uns gezeigt, wie man's machen muß.
Hin ist der Blitz
Deiner Sonne von Austerlitz,
Unterm Schnee
Liegen all deine Corps d' Armée.

Warte
Bonaparte;
Warte Kujon,
Andre Woche, wir kriegen dich schon.

Im Jahre 1844 verübte der ehemalige Bürgermeister von Storkow, Ludwig Tschech, ein Attentat auf Friedrich Wilhelm IV. Obwohl er fehlte, mußte er im Dezember 1844 in Spandau unter dem Beil sein Leben lassen. Durch Berlins Straßen gingen bänkelsängerische Verse dieser Art, und zwar nach der Melodie «Kriegers Lust» von Gungl:

Niemals war ein Mensch so frech
Wie der Bürgermeister Tschech,
Der mit frevelhafter Hand
Kugeln auf den König sandt!
Schoß der juten Landesmutter
Durch den Rock ins Unterfutter.

So'n vafluchta Hochverräter,
Königsmörder, Attentäter!
Hätt' uns ja bei einem Haar
Erschossen 's janze Königspaar.

Als die Hinrichtung bekannt wurde, entstand ein weiterer Vers:

Berlin traf's wie ein Donnerkeil:
Der Tschech starb durch das Henkerbeil.
Der König, fromm und ach so gut,
Vergoß um nichts Märtyrerblut!

In einem Brief an Bebel zitierte Engels im April 1886 diesen Vers:

Hatte je ein Mensch so'n Pech
Wie der Bürgermeiser Tschech,
Daß er diesen dicken Mann
Auf zwei Schritt nicht treffen kann.

Dem ungeliebten Prinzen von Preußen, dem Kartätschenprinzen, der auf die Revolutionäre hat schießen lassen, sangen die Berliner 1848:

Komme doch, komme doch, Prinz von Preußen,
Komme doch, komme doch nach Berlin!
Wir wolln dir mit Steine schmeißen
Und das Fell über die Ohren ziehn.

Oder:

Schlächtermeister, Prinz von Preußen,
Komme doch, komme doch nach Berlin!
Wir wolln dir mit Steine schmeißen
Und auf die Barrikaden ziehn.

Den sicher größten Spaß hatten unsere Ahnen – unterscheiden wir uns da wesentlich? – an geselligen Liedern, die in
trauter Runde erklangen: bei der Hochzeit vielleicht oder in
der Schenke. Rundgesänge und Trinklieder nahmen kleine
oder große Schwächen der lieben Mitmenschen aufs Korn,
sagten nichts weiter als die Wahrheit – aber mit Witz, spot-
teten über Allzumenschliches. Wer konnte, flickte aus dem
Stegreif einen Vers ran – daß der Reim holperte, machte
nichts.

Beginnen wir mit einem Lied unbekannter Herkunft, das
Berliner Geschichte machte; denn seit es gesungen wird, besteht die Redewendung: Er hat sich amüsiert wie Bolle.

Als Bolle einst zu Pfingsten
Nach Pankow nahm sein Ziel,
Da hat er seinen Jüngsten
Verloren im Gewühl.
Drei volle Viertelstunden
Hat er nach ihm gespürt –
Aber dennoch hat sich Bolle
Ganz köstlich amüsiert.

In Pankow gab's kein Essen,
In Pankow gab's kein Bier,
War alles aufjefressen
Von böser Menschen Gier.
Nicht mal 'ne Butterstulle
hat man ihm reserviert –
Aber ...

Im Hasenheider Holze,
Da gab's 'ne Keilerei
Und Bolle, gar nicht stolze,
der war auch gleich dabei.
Hat's Messer rausgezogen,
Hat einen fricassiert –
Aber ...

179

Es fing schon an zu tagen,
Als er sein Heim erblickt.
Sein Rock war ohne Kragen,
Das Chemisett geknickt,
Der eine Ärmel fehlte,
Das Aug' war marmoriert –
Aber ...

Als er nach Haus gekommen,
Da ging's ihm aber schlecht,
Da hat ihn seine Olle
Ganz fürchterlich verdrescht.
Drei volle Viertelstunden
Hat sie auf ihm poliert –
Aber ...

Unbekannt dürfte auch das nachfolgende Lied nicht sein, vornehmlich von Berliner Studenten beim Stammtisch gesungen. Wenn wir es heute anstimmen, lauten die ersten Zeilen: Brüder, wir trinken noch eins – wir sind ja noch so jung, zur Sparsamkeit hab'n wir im Alter noch viel Zeit.

Bruder, trink einmal,
Wir sind ja noch so jung,
Im Alter ist zur Kneiferei
Noch immer Zeit genug;
Denn die kleinen Humpen
Sind für alte Leute;
Darum laßt uns heute
Alle fröhlich sein.

Unzählige Varianten existieren von dem berühmten Liede «Lott' is dot!», dessen Urfassung vom Beginn des vorigen Jahrhunderts diesen Text trägt: «Lott' ist dot, Lott' ist dot, Julchen liegt im Sterben; d'r Freier kommt, d'r Freier kommt, der will alles erben.»
Nach Bedarf und Geschmack dichteten die Berliner um:

Lott is dot, Lott is dot,
Jule liegt im Sterben,
Det is fein, det is fein,
Könn' wir bald was erben.

Lott is dot, Lott is dot,
Jule sitzt im Keller.
Wat machtsen da, wat machtsen da?
Frißt die Wurscht vom Teller.

Auf die Stettiner Kreuzpolka dichtete der Berliner Volksmund das Lied vom Schwiegersohn:

Siehste woll, da kimmt er,
Jroße Schritte nimmt er;
Siehste woll, da kimmt er schon
Der verliebte (geliebte, besoffne) Schwiegersohn.

Oder:

Gestern früh um achte
Kam der Storch und brachte
Meiner Mutter einen Sohn,
Und der Bengel lachte schon.
(Und der Bengel fragte schon:
Wo ist hier die Destillation?)

Als in Berlin die ersten lateinamerikanischen Musiken und Tänze die Runde machten, entstanden dazu – etwa zur Machiche – Verse folgender Art:

Laß mich an deinem Busen
Noch einmal schmusen.
Da sprach sie unta Treenen:
Ick hab' ja keenen.

Und die Berliner Laubenpieper ergötzten sich immer und immer wieder am Liedchen von der braven Händlersfrau:

In Berlin, im Friedrichshainchen,
Saß 'ne Äppelfrau mit Kuchen und mit Pfläumchen.
Und während sie die Pfläumchen mißt,
Da hat ein Hund ihr in den Korb gepißt.

Wat kann man bei 'nen Hund for Bildung suchen,
Sagt die Äppelfrau und trocknet ab die Kuchen,
Legt sie drauf an 'nen besondern Ort –
Na, wenn se trocken sind, denn jehn se ooch mit fort.

Als die Stadt ab Mitte des vorigen Jahrhunderts einen bedeutenden wirtschaftlichen Aufschwung nahm, strömten von überall Glückssucher nach Berlin. Manche fanden es, manche nicht. Zumal dann nicht, wenn eine wirtschaftliche Depression einsetzte. Und auf die konnte man warten. Dann klang es in Obdachlosenasylen und in Kneipen:

Wir hab'n keene Arbeet
Wir hab'n keene Arbeet,
Wir hab'n keene Arbeet,
Wir können den janzen Tach spazieren jehn!
Wir hab'n keene Arbeet,
Wir hab'n keene Arbeet,
Wir wolln ooch jar keene Arbeet hab'n.

Mit geller Stimme zum Leierkasten zu singen war dieses Lied:

Ich bin nur een elendiglicher Tropf
Und will euch jetzt een Lied zur Orjel sagen.
Die blaue Mütze, seht, uff meenem Kopf,
Die hab' ich einmal als Soldat jetragen –
Fürs Vataland.

Seht, meene beeden Beene fehlen mir!
Ick trug sie auch eenmal vajnücht ins Weite
Und war een frischa Bursche, so wie ihr.
Zum letzten Male trug ich sie im Streite –
Fürs Vataland.

Wir rückten vor. Eene Jranate schrie
Und platzte plötzlich – nun Ade, o Leben!
Zwee Freunde stürzten; ick – sank in die Knie,
Ick habe nur die Beene herjejeben –
Fürs Vataland.

Als Berlin den traurigen Ruhm genoß, größte Mietskasernenstadt der Welt zu sein, lebten Tausende und Abertausende in Kellerwohnungen. Heinrich Zille schrieb einmal, mit einer Wohnung könne man einen Menschen ebenso erschlagen wie mit einer Axt. Den Ärmsten unter den Armen war dieses Lied gewidmet:

Wir sind Kellaleute! Kellaleute!
Der Vata hat sechs Kinda loofen
Und hat in de Müllastraße Kohlen zu vakoofen.
Det heeßt: in Wirklichkeit vakooft er keene.

Wir leben von de Juste und de Lene.
Hurra!

Wir sind Kellaleute! Kellaleute!
Die Mutta hat nich jenuch mit sechs,
Eeen Siebtes is schon untawechs.
Wir hab'n ooch bei uns eenen Schlafburschen zur Miete,
er schleeft in Vatas Bett hinta de Jadine.
Hurra!

«Du hast die
schönsten
Augen...».
Lithographie von
Theodor Hosemann

183

Wir sind Kellaleute! Kellaleute!
Ick bin det jüngste von de Jörn,
Drum kann ick am besten sehn und hörn.
Wenn de Juste und de Lene nich mehr loofen,
Denn jeh ick ooch – Kohlen zu vakoofen.
Hurra!

Wir sind Kellaleute! Kellaleute!
Wenn der Herr Pastor zu fromm und sittlich wird,
Denn schnaub ick ma, det det Fensta klirrt.
Un ick freu ma so, wenn nachher aus de Budike
Der Fritz mir nachschaut mit valiebtem Blicke.
Hurra!

Wie Juste und Lene, so mußten nicht wenige Mädchen «anschaffen» gehen. Davon erzählt dieses Lied über die leichten Mädchen;

Die Barnimstraße is allbekannt,
Dadrinnen steht een Häuschen, das wird Barnim jenannt.
Da kommen all die Damen, so lieblich und so fein,
Die da promenieren des Nachts beim Mondenschein,
Die kommen da hinein –
mit 'nem Grünen so ganz allein.

(Der Grüne = ein Polizeiwagen.)

Nun wollen wir Pennen und Kaschemmen rasch fliehen, auch das Frauengefängnis in der Barnimstraße hinter uns liegen lassen, um uns einer besonders beliebten Gattung von Gesängen zu erfreuen.

 ## Parodien

Natürlich kannte kaum einer der Volks-Umdichter das Wort «Parodie». Verhohnepipeln wollten sie, auf die Schippe nehmen. Seit jeher hat der Berliner ein feines Gespür dafür, wo etwas zu steif daherkommt. Da er flink mit dem Kopfe und ebenso flink mit der Zunge war und ist, dichtete er respektlos und nach Bedarf um.

Als Friedrich Wilhelm III. von einer Krankheit genesen war, informierte Zelter seinen Freund Goethe in einem

Briefe von einer stadtbekannten Parodie auf die preußische Nationalhymne: «Singen doch unsere Straßenjungen ‹Heil dir im Siegerkranz, nun ist das Bein wieder ganz.›» Eine andere Fassung lautete: «Heil dir im Siegerkranz, Pellkartoffeln und Heringsschwanz – au det schmeckt fein.»

Vor etlichen Jahren erntete ein spanischer Schlagersänger erhebliches Mißfallen bei ernsthaften Musikfreunden: Er erdreistete sich, Beethovens Neunte im Disko-Sound darzubieten. Er befand sich «nur» auf den Spuren jener Berliner des vorigen Jahrhunderts, die frech umdichteten:

Freu dir, scheener Töpperjunge,
Morjen schmiern wir Ofens aus.
Dir rejiert een Donnawetta,
fliecht nur eene Kachel raus.

Ähnlich wie der «Jungfernkranz» eroberte das kleine Fischermädchen aus der Operette «Incognito» den ersten Platz unter allen Gesangstiteln. Überall, wo man hinkam, dudelte dieses Lied: vom Pianoforte, von der Walze des Leierkastens und dergleichen. Gang und gäbe war alsbald die Berliner Parodie:

Fischerin, du jroße,
Fall nich in die Sooße,
Fall nich in den Mostrichtopp,
Sonst krichst du'n Katzenkopp.

Mozarts «Don Giovanni» mußte sich folgende Änderung bieten lassen:

Reich mir die Hand mein Leben,
Komm mit mir auf mein Schloß,
Ich will dir Äppel jeben,
Von meinem besten Roß.

Verdis «Rigoletto» hörte sich so an:

Ach wie so trügerisch
Und so verführerisch
Sind Weiberherzen,
Wenn sie mal scherzen.
Spielt auch ein Lächeln
Um ihre Fresse,

Alles ist Falschheit
und Rafinesse.

Und Webers «Oberon» in dieser Art:

O Hüon, mein Jatte,
Der Kaffee, er naht.
Der Schlafrock von Watte
liecht ooch schon parat.

Lange Zeit war das Motiv des ersten Satzes von Schuberts
«Unvollendeter» als Signalpfiff beliebt. Der Text dazu lautete:

Fri-daa!
Wo kommste her?
Wo gehste hin, wann kommste wieda?

Flotows «Martha» mußte eine schlimme Verdächtigung er-
dulden:

Martha, Martha, du entschwandest –
Und mit dir mein Portemonnaie!

Selbstredend ließen die Berliner die Lieblingsmusik der Militärs, die Märsche, von ihrem Spott nicht unverschont. Bekannt sind u. a. Parodien zum «Petersburger Marsch»:

Denkste denn, denkste denn,
Du Berliner Pflanze,
Denkste denn, ick liebe dir,
Weil ick mit dir danze?

Denkste denn, denkste denn,
Det ick darum weene?
Wenn de mir nich lieben tust,
Denn lieb ick mir alleene.

Denkste denn, denkste denn,
Det ick mit dir scherze?
Steck mir 'n Sperspektief in 'n Mund
Und kiek mir in mein Herze.

Zum «Königgrätzer Marsch»:

Piefke lief, Piefke lief,
Piefke lief de Stiebeln schief.

lange Schritte
nimmt er!

Siehst du wohl
da kimmt er,

Zum «Fatinitza»-Marsch:

> Du bist varückt mein Kind,
> Du mußt nach Berlin,
> Wo die Varückten sind,
> Da gehörste hin.

Das «Marschlied der Jäger» von Methfessel hörte sich plötzlich so an:

Aus dem
«Neuruppiner
Bilderbogen»

Hinaus in die Ferne,
Fürn sechser fetten Speck,
Den eß ick doch zu jerne,
Den nimmt mir keena weg.

Und wer det tut,
den hau ick uff'n Hut,
den hau ick uff de Neese,
det se blut.

Millöckers Walzerlied «Er soll dein Herr sein» aus «Gasparone» (Berliner sagen «Gas-Patrone») erfuhr gleichfalls eine
totale Text-Neugestaltung, mit der wir uns aus dem Bereich
der Parodien verabschieden wollen:

Mutta, der Mann mit dem Koks ist da.
Mutta, der Mann mit dem Koks ist da.
Junge, halts Maul, ick weeß et ja.
Hast du denn Jeld? Ick hab keen Jeld –
Wer hat denn den Mann mit dem Koks bestellt?
Ach lieber Koksmann, ick habe keen Moos!
Aber Madameken, det kost't ja bloß
'ne halbe Mark.
So'n bißken Quark
Hab'n se nich,
Det find ick stark.
Thun se denn nich borgen?
Nee, borgen macht Sorgen.
Borgen kann ich nich,
Thu ich nich, will ich nich,
Borgen is janz fürchterlich.

 Vorsicht – Katzenmusik!

Der Möglichkeiten viele bieten sich in unseren Tagen den
Berlinern, ihrem Unmut Luft zu machen. Wer sich – was
mitunter vorkommt – in einem Laden oder einem Restau-
rant gebeutelt fühlt, der verlangt das Kundenbuch und trägt
ein, was zu verändern ist. Nicht nur jeden Dienstag bekommen die Bürgermeister und ihre Mitarbeiter in den Rathäu-
sern manches zu hören, was dem Berliner auf der Seele liegt,
unter den Nägeln brennt, wo ihn der Schuh drückt.

Spottlustige Berliner praktizierten in der Mitte des vorigen Jahrhunderts mit einer besonderen Form der Hof- und Straßenmusik eine andere Möglichkeit. Wenn das Wort Musik hier richtig am Platze ist! Es geht um die berüchtigten Katzenmusiken. Übrigens kein Kind von der Spree, sondern eins von der Donau. Reisende hatten die Idee aus dem gemütlichen Wien mitgebracht, und nun machte sie in Berlin Furore.

Wie es sich für ordentliche Preußen geziemte, bildete sich zunächst ein Katzenmusikkorps. Ob die Teilnehmer zur Pflicht aufgebrummt bekamen, alle höchst unmusikalisch zu sein, oder ob sie – im Gegenteil – des Gesanges kundig sein mußten, ist nicht überliefert.

Jedenfalls trat diese Truppe regelmäßig zusammen und beriet gemeinsam, wer der Ehre einer dargebrachten Katzenmusik teilhaftig werden sollte. Voraussetzung dafür war, daß die solchermaßen Geehrten gegen die Normen des Zusammenlebens verstoßen hatten.

Da gab es beispielsweise einen Kaufmann, der hielt sich nicht an die – wie wir heute sagen – Ladenöffnungszeiten. Sehr zum Ärger seiner Mitarbeiter und Konkurrenten behielt er sein Geschäft bis weit über das normale Maß hinaus auf, sei es aus Geldgier oder wegen Schlaflosigkeit.

Davon erfuhr die Truppe. Eines schlimmen Tages zog sie mit Tschingderassassa und Tätärä durch die Berliner Straßen zu des Kaufmanns Laden, vollführte dort einen Heidenspektakel und ließ eine derart mißtönig in die Ohren gehende «Musik» ertönen, daß die Katzen vor Angst in die Spree sprangen.

Doch als General von Aschoff, einstiger Polizeipräsident von Berlin, plötzlich auch vor seinem Haus die Jammermusik mit ebenso lauten wie unmißverständlichen Rufen nach dem Rücktritt von seinem Posten vernahm – er hatte Truppen gegen friedfertige Berliner geschickt –, da schlug das letzte Stündlein dieses merkwürdigen Chores. Des Polizeipräsidenten Proklamationen wider die Katzenmusiker schloß sich (selbstredend) der Berliner Magistrat unterthänigst an. Da die Katzensänger auch ihrerseits genug hatten, schlief diese schräge Art der Hofmusik schlicht und einfach ein. Und ward bis zum heutigen Tage nicht mehr gehört.

Konzert um 1760.
Stich von
Daniel
Chodowiecki

Der Hof macht die Musik

und das Bürgertum Karriere

Wenn man so will, liegt der Ursprung der Berliner höfischen Musik in Augsburg. Im Jahre 1518 war es, daß der brandenburgische Prinz Joachim zum Reichstag fuhr, den der alte Kaiser Maximilian zur Wahl seines Nachfolgers einberufen hatte. Pomp, Prunk, Pracht beeindruckten den jungen Mann sehr, etwa die Aufzüge der Reichsstände, des Kaisers Hofhaltung und nicht zuletzt dessen Taktieren beim Kauf der Wahlstimmen: Was nutzt dem Herrschenden die Wahl, wenn er das Ergebnis nicht vorausbestimmen kann!

Neben diesen allgemeinen Eindrücken nahm der Prinz zwei Dinge mit nach Hause, die fürderhin sein Leben mitbestimmen sollten: eine Braut, die er nie zuvor gesehen (das «Bestechungsgeld» für seines Vaters Stimme) und die Liebe zur Musik. Wie Johann Haselberg von den Festlichkeiten des Reichstages in den «Stend des hailigen Römischen Reichs» berichtete, ward «mit Busanen, pfeiffen vnd trumeten, allerlay saitenspil nit gespart». Beim Tanze «was zwayerlay melodey von zwayen Partheien Baucken trummeter, die gar herrlich in ainander erhallen, mitsampt andern saitenspilen, vnd warden alle ding nach Fürstlichen Eren, als sich gezimpt, wol bestellt». Bei den Aufzügen erklangen «Busanen, Trumeten, vnd allerlay Instrumenten der Musica», ebenso bei der Tafel, bei Empfängen und anderen Anlässen. Des Kaisers Kantorei – ihr gehörten 40 Sänger an – bot feierliche Kirchenmusik.

Mit vollem Herzen kehrte der Prinz ins karge märkische Land zurück. Bis zu diesem Zeitpunkt hatten sich die brandenburgischen Kurfürsten mit dem begnügt, was das Mittelalter an musikalischer Kost bot: Gesang in der Kirche (bei dem, wie eindringliche Appelle belegen, auch mal ein kräftigendes Schläfchen eingelegt wurde), Schulchöre, deren Qualität manche Wünsche offen ließ, die Türmer und die fahrenden Sänger mit ihren Neuigkeiten von hier und dort.

Als der Prinz im Jahre 1535 die Regentschaft übernahm – er nannte sich nunmehr Joachim II. Hektor –, tat er einiges für die Musik bei Hofe und in seiner Residenz. Er überführte das Domstift aus der alten Erasmuskapelle des Kurfürstenschlosses in das einstige Dominikanerkloster und richtete mit dem Kantorat und dem Sukzentorat zwei musikalische Stellen ein. In späteren Jahren übersetzte der gebildete Kurfürst das Repertorium der Choräle, Psalmen etc.

unter dem Titel «Der alten reinen Kirchen Gesenge verdeutscht» aus der lateinischen Sprache. Etliche Briefe Luthers und Melanchthons – Joachim hatte Begegnungen mit beiden – leiteten den stattlichen Quartband ein. Zudem wies der Kurfürst an, eine größere Orgel in die Dominikanerkirche einzubauen.

Schließlich ließ der Kurfürst zwei Bläserchöre gründen. Sie wirkten bei den Gottesdiensten mit, begleiteten Prozessionen und dienten zur Repräsentation bei Hofe. Die kurfürstliche Kapellordnung verpflichtete die Sänger und Instrumentalisten zum Gehorsam dem Kapellmeister gegenüber. Wöchentlich fanden zwei Proben statt. Wer trunkenen Zustands bei der Tafelmusik des Kurfürsten Ohr beleidigte, mußte einen Taler Strafe zahlen. Ein weiterer Passus beorderte die Musiker – sollte im Dom nicht gespielt werden – auch in die anderen Kirchen von Berlin und Cölln. Damit kamen auch jene Berliner in den Genuß dieser Musik, deren Stand ein Besuch des Gottesdienstes im Dom nicht zuließ.

Sohn Johann Georg führte das musikalische Werk des Vaters weiter, ja, er vergrößerte sogar die Hofkapelle, obwohl er der freigebigen Lebensart des Vaters eine recht pfennigfuchserische folgen ließ. Neben Organisten, Zinkenbläsern und Trompetern gehörten der Kapelle sieben Kantoren, drei Chorschüler, der Geiger Göttling, der Harfenist Lang und ein zitherspielender Junge an. 1574 wandte er sich brieflich an seinen Sohn Joachim Friedrich, damals Administrator des Erzstiftes Magdeburg, ihm «etzlich Quart-Zinken, Bommarten und dergleichen blasende vornehme und ansehnliche Instrumente» zu borgen.

Im übrigen forderte er unterschiedliche Musikausübung während des Gottesdienstes und bei Hofe. Letztere möge «heimblicher vnd lieblicher seyn». Ferner wünschte er, Vokal- und Instrumentalmusik alternierend zu hören. Damit dürfen wir ihn als Anreger der ersten rein konzertierenden Instrumentalmusik in Berlin ansehen.

Von seiner Gunst hing ab, ob sich Adlige die Kapelle mal ausleihen durften. Allerdings ohne die kurfürstlichen Musikinstrumente. In einer Kapellordnung mahnte der Kurfürst seine Musici, nicht miteinander zu zanken, sich nicht zu raufen, nicht zu schlagen und nicht – zu beißen, vielmehr «christlich vnd billich, einigk vnd friedlich zu leben».

Joachim Friedrich, der «Instrumentenverleiher», tat es im Hinblick auf die Kapelle seinem Vater gleich: Er erhöhte die Zahl der Musikanten, konnte aber keinen Nachfolger für den altgewordenen Kapellmeister Fabritius finden, so daß es bald arg um das musikalische Leben bei Hofe bestellt war. Zur Taufe seiner Tochter Marie Eleonore mußte er sich eine Kapelle ausleihen.

Schließlich fand sich mit Johann Eccard – er hatte als Komponist der «Geistlichen Lieder auf den Choral» und der «Festlieder» einen guten Namen – ein Berliner Kapellmeister.

Eine neue Blüte erlebte die Hofmusik unter Johann Sigismund. Der leidenschaftliche Musikfreund gestattete sich eine Kapelle mit 37 Mitgliedern. Dieser Klangkörper brauchte Vergleiche mit den größten Kapellen damaliger Zeit nicht zu scheuen. 1614 stellte er eine englische Komödiantentruppe in seinen Dienst, was sich förderlich auf das Musikleben auswirkte. Mit Walter Rowe d. Ä. hatte Johann Sigismund einen der bedeutendsten Violinisten des siebzehnten Jahrhunderts verpflichten können. Als Musiker und als Lehrer genoß er gleichermaßen hohes Ansehen. Er unterrichtete auf der Viola da Gamba und der Viola Bastarde u. a. die Prinzessinnen Luise Charlotte und Hedwig Sophie. Aus dem fernen Kopenhagen schickte Prinz Christian seinen Kapellknaben Alexander Leverentz zu Rowe nach Berlin; auch Männer wie Johann Peter Gärtner, Johann Gohl, Zacharias Madra und Matthäus Strebelow nannten Walter Rowe ihren Lehrer.

Das Kurfürstliche Schloß und die Domkirche (Mitte), das Ballhaus, die Marienkirche und der Turm des Spandauer Tores (links) um 1650

Weitere Engländer folgten an die Berliner Hofkapelle, etwa der berühmte Suitenkomponist William Brade als Kapellmeister und der Harfenist Edward Adams. Überhaupt finden sich in der ersten Hälfte des siebzehnten Jahrhunderts vor allem englische Namen auf den Besetzungslisten für Saiteninstrumente. Aus Italien reisten zwei junge Sänger nach Berlin, unter ihnen der Kastrat Giovanni Gualberto, der sich in Berlin Alberto Maglio nannte.

Dem kulturellen Höhepunkt unter Johann Sigismund folgte das schlimme Tief des Dreißigjährigen Krieges. Kurfürst Georg Wilhelm untersagte das Aufführen von Schulkomödien und verbot 1629 jedes Musizieren auf der Gasse. Als Georg Wilhelm im Jahre 1640 seine Augen für immer schloß, bestand die «Hofkapelle» aus neun Musikern, darunter nicht ein einziger Sänger. Die Kantorei existierte nicht mehr.

Der Große Kurfürst Friedrich Wilhelm hatte viel Brachliegendes zu kultivieren. Sein Hauptaugenmerk auf musikalischem Gebiet richtete sich auf die Dommusik. Er nahm von Kantor Johann Krüger, St. Nikolai, im Jahre 1647 entsprechende Vorschläge entgegen. Ihn hätte er gern als Kapellmeister des Domchores gesehen. Indes übernahm Posaunist Christoph Haselberg diese Stelle und richtete eine Dommusik im Sinne des Großen Kurfürsten ein: Die Psalmen und Gesänge sollen vierstimmig gesungen «und darunter neben der Orgel von unsern Musikanten gespielet und von der gantzen Gemeinde mitgesungen» werden.

Die Hofkapelle setzte sich schließlich nur noch aus Saiteninstrumenten zusammen; kein einziger Bläser ließ mehr sein Instrument erschallen. Eine Ausnahme machten lediglich die Trompeten. Sie durften bei besonders festlichen Gelegenheiten ritterliche Töne von sich geben. Erst 1681 wurden zwei französische Hautboisten – vermutlich Hugenotten – in die Kapelle aufgenommen. In Frankreich waren der Blasinstrumentenbau und das -spiel weiter entwickelt. Während in Deutschland noch die rohe Schalmei röhrte, kannten die Franzosen bereits die viel geschmeidigere Oboe.

Unter Kurfürst Friedrich III., dem späteren ersten Preußenkönig Friedrich I., wandelte sich die Hofkapelle in ein für damalige Begriffe recht modernes Orchester, dem 1712 angehörten: sechs Erste Violinen, fünf Zweite Violinen, zwei

Bratschen, fünf Violoncelli, zwei Erste Hautbois, zwei Zweite Hautbois und vier Fagotte. Es bestritt regelmäßig mittags und abends die Tafelmusik.

Friedrich III. schenkte seiner zweiten Gemahlin Sophie Charlotte das Dorf Lützow, späteres Lietzenburg und heutiges Charlottenburg. Die Baumeister Nering, Schlüter und Eosander machten sich um ein prächtiges Schloß verdient, das Sophie Charlotte zu ihrem Musentempel erhob. Staatsmänner, Gelehrte und Künstler gaben sich ein Stelldichein und erlebten oft und gern musikalische Unterhaltungen. Sophie Charlotte favorisierte Kammerduette für zwei Singstimmen mit Clavicembalo-Begleitung aus der Feder von Agostino Steffani, Domenico Scarlatti, Alessandro Stradella, Arcangelo Corelli und weiterer Italiener. In jener Zeit weilte der junge Händel am Hofe und gefiel mit seinem Klavierspiel. Als die nunmehrige Königin am 1. Februar 1705 starb, verkümmerte die Kammermusik am Berliner Hofe.

Was nun die Oper betrifft, so besaß der König nicht genug Geld, um sich – etwa wie sie schon in Dresden bestand – eine ständige Oper leisten zu können. So genoß man allenfalls bei großen Feierlichkeiten die Aufführung von Opern. Vorläufer der Oper waren zunächst kleine Lustballette mit schlichter Handlung, Tanz, Wort und Musik oder Singspiele und Ballette. Am 12. Juli 1701 ließ die Königin in ihrem kleinen Opernhaus in Lietzenburg zu Ehren des Königsgeburtstages die Oper «La fede ne Tradimenti» von Attilo Ariosti aufführen. Erstmals stand in Berlin kein süßes Schäferliebesspiel und auch kein offensichtliches Huldigungsballett auf dem Programm, sondern ein Drama. Weitere Opernaufführungen folgten, wobei die Königin italienische Tonsetzer bevorzugte. Erst nach ihrem Tode erhielten deutsche Dichter, Komponisten und Sänger die Chance, sich bei Hofe zu bewähren. So schrieb Johann von Besser ein Ballett und Singspiel unter dem Titel «Sieg der Schönheit über die Helden», das zur Hochzeit des Kurprinzen Friedrich Wilhelm mit Prinzessin Sophie Dorothea im Dezember 1706 über die Bühne ging. Jungfer Conradine, berühmte deutsche Sängerin ihrer Zeit, und Jungfer Weidemann traten auf, ihnen zur Seite u. a. die Kammermusikanten Froböse und Stricker. Die letzte der Berliner Hofopern trug den Titel «Alexanders und Roxanen Heyrath», von Stricker

Johann Friedrich
Reichardt

komponiert und von Markgraf Albrecht in die Szenerie des
Hofmalers Wenzel gesetzt, ein – wie man beurteilte – geist-
loses Stück mit hoher Prachtentfaltung.

Der Nachfolger des ersten Preußenkönigs zog auch unter
das Musikleben einen dicken Schlußstrich. Friedrich Wilhelm I., der noch bei der Aufführung der italienischen Oper
«La Festa del Hymeneo» im ersten Berliner Theater über
der Kgl. Reitbahn im Ballett mitgetanzt hatte, löste die Hofkapelle nach zweihundertjährigem Bestehen auf und war
überhaupt jeglicher Musik – es sei denn Trommelwirbel bei
seiner Truppe – abhold. Ein Menschenalter lang versanken
die Musen in den Schlaf. «Lange Kerls» standen künftig höher im Kurs als große Musiker.

Hochburg der Künste und Wissenschaften

An anderer Stelle berichten wir, wie zornig Friedrich Wilhelm I. reagierte, als er des Sohnes Vorliebe für die Musik und konkret für das Flötenspiel entdeckte. Obwohl er den Sohn kujonierte, vermochte er nicht, die Musen aus Friedrichs Herz zu verbannen. Schon als Kronprinz stand für Friedrich fest, daß seine künftige Residenz, daß Berlin nach der langweiligen Durststrecke eine Hochburg der Künste und Wissenschaften werden sollte. Bereits in Rheinsberg – in dem schönen Flecken lebte er von 1736 bis 1740 – gründete er ein Orchester mit vierzehn Musikern und Carl Heinrich Graun an der Spitze. An den Instrumenten berühmte Namen: Carl Philipp Emanuel Bach, Sohn des großen Bach, die Brüder Franz und Johann Benda. Sie bildeten den Grundstock für die künftige Hofkapelle. Der Vater durfte nichts davon wissen. Übrigens gehörte Baumeister Knobelsdorff zum engeren Kreis der Vertrauten des Friedrich.

Der Tod des ungeliebten Soldatenkönigs am 31. Mai 1740 wurde von den Berlinern reserviert aufgenommen; ihre Hoffnungen galten dem neuen Herrscher, galten Friedrich II. Kaum auf dem Thron, setzte er auch seine ehrgeizigen künstlerischen Pläne in die Tat um. Bereits am 13. Dezember 1741 erlebte Berlin mit der Aufführung von Grauns «Rodelinde» im königlichen Schloßtheater die erste Oper nach vielen, vielen Jahren.

Knobelsdorff erhielt königliche Order, in der Straße Unter den Linden ein prachtvolles Opernhaus zu errichten. Er tat, wie ihm geheißen, und so konnten die Berliner am 7. Dezember 1742 eine Doppelpremiere erleben: die des, wenn auch noch nicht ganz vollendeten, Bauwerks und die der Graun-Oper «Cäsar und Cleopatra». In roten Mänteln und unter Allongeperücken führten Kapellmeister Graun und Konzertmeister Benda das Orchester, die italienischen Sänger und das französische Ballett. Das heißt, der junge König griff mitunter auch selbst in das Geschehen auf der Bühne ein. Als Ballettmeister Poitier in folgenden Jahren gegen solches Tun aufzubegehren wagte, warf ihn der König kurzerhand hinaus und ließ einen Schmähartikel wider das Bockbein in der «Spenerschen Zeitung» erscheinen.

Überhaupt kümmerte sich Friedericus Rex um die Oper, wie es einem absolutistischen Herrscher zustand: Er bestimmte das Repertoire, «verbesserte» Grauns Musiken, indem er selbst Arien hinzukomponierte, oder schrieb in den Libretti herum. Besetzungen bedurften allerhöchster Billigung. Bei nicht wenigen Aufführungen saß der König hinter dem Dirigenten und schaute scharf in die Partitur – wehe dem Musiker, der dem kgl. Musikempfinden nicht entsprach!

An dieser Stelle ist es vielleicht angezeigt, ein paar Sätze über die Besucher des prachtvollen Opernhauses zu verlieren. Seine Majestät erwähnten wir bereits. In seiner Nähe durften sich die Prinzen aufhalten, derweil der Rest der königlichen Familie in den Logen des ersten Ranges zu finden war. Hier ließ sich auch der hohe Adel bewundern. Staatsminister, Gesandte und der übrige Hofadel schauten oder schliefen in den Logen des Parketts, des zweiten und dritten Ranges. Berliner Bürger nahmen im Parterre Platz. Wer die Oper besuchen durfte, bestimmte der Hof. Er lud dazu ein, erhob kein Eintrittsgeld. Die Oper sollte – wahrhaft preußisch – nicht allein der Unterhaltung, sondern zugleich der musikalischen Ausbildung dienen.

Eine der glanzvollen Premieren fand am Montag, dem 6. Januar 1755, statt. Das Trauerspiel «Montezuma» mit der Musik des königlichen Kapellmeisters Graun und einem Text vom Berliner Hofdichter Tagliazucchi stand auf dem Programm. Erstrangige Musiker versprachen eine glanzvolle Aufführung: Johann Gottlieb Graun, des Königs Flötenlehrer Johann Joachim Quantz, Carl Heinrich Grauns späterer Nachfolger Johann Friedrich Agricola, Carl Philipp Emanuel Bach und Franz Benda, die glutvolle italienische Sängerin Giovanna Astrua und in der Titelpartie der Kastrat Giovanni Tedeschi.

Doch noch reizvoller als diese erstklassige Besetzungsliste war einigen Beteiligten das Wissen um den wahren Dichter: Der preußische König hatte den Text in französischer Sprache verfaßt und seinen Hofdichter aufgefordert, selbigen in sangbare italienische Verse zu übertragen. Aus besagtem geheimem Grunde gewannen Aussagen des Trauerspiels ja ganz besondere Bedeutung, wenn etwa die Rede von Mehrung des Wohlstandes, Pflichterfüllung (!) und Friedfertig-

keit war. Dem Grafen Algarotti hatte der Autor anvertraut, Das Opernhaus
er wolle mit dem Stück die «Barbarei der christlichen Reli- vor dem Brand
gion» und ihrer fanatischen Eiferer geißeln. Er wandte sich
gegen Politiker in der Kutte.

Über den Erfolg seines Stückes zeigte sich der Herrscher
ebenso zufrieden wie über das europäische Echo auf das
glanzvolle musikalische Leben in Berlin: Die italienische
Oper und das französische Schauspiel feierten in Berlin (höfische) Triumphe. Des jungen Königs Rheinsberger Traum
erfüllte sich.

Zunächst. Denn die erste Krise ließ nicht auf sich warten.
Zum einen sprach sich des Königs Willkür auf und hinter
der Bühne im ganzen Lande und darüber hinaus herum, was
zur fatalen Folge hatte, daß – sagen wir – Stars gern Berlin
mieden. Zum anderen deutete sich an anderen Höfen bereits
das Ende der italienischen Oper an, was man in Berlin eigenwillig ignorierte. Wer zerstört schon Jugendträume? Weiterhin mußte Graun zur kgl. Zerstreuung hintereinanderweg
komponieren. Man bedenke: Allein in der Zeit von 1741 bis
1756 flossen dem armen Mann – 29 Opern im italienischen
Stil aus der Feder. Keins der musikalisch flachen und hand-

Flötenkonzert
Friedrichs des
Großen
in Sanssouci.
Gemälde
von Adolph Menzel

lungseinfachen Werke überlebte den Meister. Nicht zuletzt kostete das königliche Vergnügen, für das ja kein Eintritt genommen wurde, unendlich viel Geld – derweil das Land verarmte. Nach dem Siebenjährigen Krieg erwachte der König aus seinen Jugendträumen; sein Feuer für die Oper verlor merklich an Kraft.

Der Krieg schlug dem Opernhaus etliche Wunden. Erst im Dezember 1764 hob eine neue Spielzeit an – gleich mit zwei Pleiten. Weder Grauns «Merope» – der Komponist war 1759 verstorben – noch Agricolas «Achille in Sciroe» rührten des Königs Hände zum Beifall. Da talentierte Sängerinnen fehlten, übernahmen Kastraten die Frauenrollen. Man kann sich lebhaft vorstellen, zu welchen Witzen das in Berliner Straßen führte. Mißmutig verfolgte der König die Talfahrt seiner einst heiß geliebten Oper. Nur Quantz vermochte ihn davon abzuhalten, die Oper zu verpachten oder gar aufzulösen.

Nach dem Tode Agricolas übernahm für kurze Zeit Carl Friedrich Christian Fasch die Stelle des Kapellmeisters, bis dann ab 1775 der hochbegabte und sehr sensible Johann Friedrich Reichardt das höchste musikalische Amt in Preußen ausübte. In seinen «Briefen eines aufmerksamen Reisenden, die Musik betreffend», seinem «Schreiben über die Berlinische Musik», seiner Betrachtung «Über die Deutsche comische Oper» hatte er scharfsinnige Analysen über die musikalische Situation verfaßt, die ihm naturgemäß nicht nur Freunde einbrachten. Da sich Benda für ihn einsetzte, hatte der Alte Fritz nichts gegen seine Bestallung einzuwenden. Er gab ihm lediglich den Rat, seinen Namen zu italienisieren – Ricciardini oder Ricciardetto klänge doch nicht schlecht.

Reichardt hatte es schwer an der Oper, weil er Neues wollte, aber Altes, Verstaubtes aufführen sollte. Zu seinen Neuerungen gehörte, daß er nicht mehr vom Cembalo aus, sondern mit dem Geigenbogen dirigierte. Elisabeth Schmehling-Mara, die wir an anderer Stelle würdigen, weigerte sich, seine Arien zu singen, das Orchester leistete dem jungen Kühnling mancherlei Widerstand. Das alles wirkte sich spürbar auf die ohnehin nicht hohe Qualität der Königlichen Oper aus. Nur absolut Königstreue und Karrieristen freuten sich über die Billetts, mehr noch erledigten den Opernbesuch als lästige Pflicht. Wer sich's leisten konnte, schwänzte. So war es beinahe ein Segen, daß die Oper im Zusammenhang mit dem Bayrischen Erbfolgekrieg am 30. März 1778 ihre Pforten schloß, und zwar für eineinhalb Jahre.

Reichardts Bemühungen, erstrangige Sängerpersönlichkeiten an die Berliner Oper zu holen, scheiterten oft genug. Der Italiener Ferrandi etwa lehnte mit der Bemerkung ab, daß «der König im Ruf eines Despoten steht, der die Künstler wie seine Soldaten behandelt». 1780 mußte wieder ein Kastrat eine Frauenrolle singen.

Kritische Geister verschafften sich über die Berliner Presse gebührende Aufmerksamkeit. Sie kritisierten die Rückständigkeit der Berliner Oper und bildeten mit Reichardt eine Front. Der König reagierte wie zu erwarten: 1782 verbot er den Berliner Zeitungen, sich weiter mit der Oper zu beschäftigen. Den Berlinern blieb nichts weiter übrig, als sich in auswärtigen Blättern – beispielsweise in Hamburgern – zu informieren. Diese scherten sich um das Dekret des Preußenkönigs nicht und nannten die schlechten Dinge beim Namen.

Rivalen vom Gendarmenmarkt oder:
Deutsch oder italienisch – das ist die Frage

Viele Berliner Bürger mochten das Vergnügen des preußischen Hofes, sich an italienischen Opern und französischen Schauspielern zu delektieren, nicht teilen. Wer war schon der Sprache Italiens und Frankreichs mächtig, die da von den Bühnen herabklang? Und dem Prunk waren sie als nüchterne und dabei spottlustige Menschen sowieso abhold. Dann noch Kastraten statt Sängerinnen – nein, das alles war nicht nach ihrem Geschmack.

Das Berliner Bürgertum fand Bestätigung und kulturelle Freude mehr am Gendarmenmarkt, im – nomen est omen – Nationaltheater. Diese Bühne darf für sich in Anspruch nehmen, der deutschen Oper den Weg bereitet zu haben, wie steinig und dornig und kurvenreich er auch immer war. An seinem Anfang standen Wolfgang Amadeus Mozart und Christoph Willibald Gluck. Mozarts programmatische Frage: «Jede Nation hat ihre Oper – warum sollen wir Teutsche sie nicht haben?» erhielt ihre ersten Antworten abseits vom Hof und auch gegen dessen Willen.

Vielleicht gefiel den Berlinern, daß man am Gendarmenmarkt weder mit den Stücken noch mit den Besetzungen zimperlich umsprang. Den Standsängern italienischer Art setzten die Regisseure am Gendarmenmarkt spielende, agierende Sänger entgegen, die ihrem Widerpart auch mal eine deftige Maulschelle verpaßten, mit trunkener Zunge redeten, ihre Perücken schief aufsetzten und Fußtritte verteilten, daß die Kulissen zitterten. Beifall war gewiß.

Nicht wenige Darsteller traten sowohl auf der Sprech- als auch auf der Singbühne auf. Ein Paradebeispiel lieferte das Ehepaar Unzelmann. Beider Vertrag umfaßte Schauspiel, Komödie und Oper. Friederike, eine schöne Frau mit blauen Augen unter braunem Haar, entwickelte sich zu einer der Hauptstützen der Mozart-Oper in Berlin und feierte auch im dramatischen Fach schöne Triumphe. Erst als sie mit ihrer Schauspielkunst musikalische Schwächen nicht mehr überdecken konnte und eine anhaltende Heiserkeit sie behinderte, sagte sie der Singbühne Valet.

Ihr Mann Carl Wilhelm war sogar nahezu unmusikalisch. Er scherte sich um keinen Takt und keinen Deut darum, ob seine Mitspieler ihren Part schon beendet hatten, bevor er seinen begann. Sein Plus, das ihn zu einem Publikumsliebling damaliger Zeit machte: Er war zum Komiker geboren. Es genügte, daß sich der Mann mit der fliehenden Stirn über gewaltiger Adlernase nur auf der Bühne zeigte, um Lachsalven auszulösen. Dennoch – sagen wir – agierte er als Figaro und als Leporello im «Don Juan». Sein Publikum dankte mit stürmischem Applaus. Vielleicht dachte dieser oder jener, daß eigentlich nur die Mozartsche Musik ein wenig störe ...

Meister Mozart gewann peu à peu die musikalischen Herzen der Berliner. Je öfter seine zunächst als Singspiele getarnten Opern – man wollte den Berlinern nicht zuviel auf einmal zumuten – auf dem Spielplan des Nationaltheaters standen, desto mehr setzte sich die Mozartsche Musik durch. Schließlich bemerkten auch Harthörige: Unzelmannscher Klamauk ist gut, doch eine Arie aus dem Munde eines ausgebildeten Sängers besser. Zwischen 1788, der Aufführung von «Belmonte und Constanze» (Friederike Unzelmann in der weiblichen Titelrolle), und 1794, da am 12. Mai die «Zauberflöte» mit Carl Wilhelm Unzelmann als Papageno über die Bühne ging, schwang sich das Nationaltheater zu einer ernsthaften künstlerischen Konkurrenz der Hofoper auf.

Die sah das natürlich anders. Dort blieb modern, was alt und italienisch war. Und über einen Herrn Mozart rümpfte man nicht einmal insgeheim die Nase. Man qualifizierte ihn als seichten Komponisten ab, obwohl er einen Flötenmann ins Zentrum seiner sicher beliebtesten Oper stellte. Stutzig wurden die adligen Ignoranten im Knobelsdorffschen Bau erst, als sich das Nationaltheater anschickte, mit einem Werk von Gluck eine große Oper auf die Bühne zu bringen.

Prinz Heinrich verging das Lachen

Seit 1792 gehörte Bernhard Anselm Weber dem Nationaltheater als neuer Kapellmeister an, und zwar neben Karl Bernhard Wessely, der sich allerdings mehr zum Komponieren und für Intrigen berufen fühlte. Gegen seinen Widerstand setzte Weber voll auf Gluck und seine Werke. Er hatte das Glück, daß mit Margarethe Luise Schick zur rechten Zeit eine geniale Sängerin in Berlin eintraf – allerdings nicht zum ersten Mal. Mozart hatte sie in Frankfurt am Main singen hören und lobte sie über alle Maßen. Friedrich Wilhelm II. verpflichtete sie nach Berlin an die Königliche Oper. Sie kam, sang und verschwand, weil sie höfischer Prunk und Schlendrian abstießen. Als sie 1793 aus Hamburg in die preußische Residenz zurückkehrte, hielt sie etwaige Kritiker mit einem familiären Kompromiß in Schach: Sie ging ans Nationaltheater am Gendarmenmarkt, ihr Mann als Geiger in die königliche Kapelle. Die Schick fühlte sich nicht als Primadonna, sondern ordnete ihr Spiel in das des Ensembles dienlich ein. Mit ihrer starken, edlen Stimme wurde sie zur Protagonistin Glucks.

Doch so weit war es noch nicht. Etliche Briefe wechselten zwischen Nationaltheater und Königshaus. In ihnen war im Zusammenhang mit der Aufführung der Gluck-Oper «Iphigenie auf Tauris» die Rede u. a. davon, «das deutsche Talent und den deutschen Geist zu heben und aufzumuntern», und damit verbunden wurden untertänigst vorgebrachte Bitten um Geld («Wir ersterben in tiefster Submission»). Die gute Folge: Der König öffnete sein Portefeuille, stellte die Ballett-Eleven seines Opernhauses zur Verfügung und führte somit selbst einen kleinen Dolchstoß wider seine Oper. Allerdings unwissentlich, denn die königliche Familie nahm die ganze Angelegenheit nicht ernst. Prinz Heinrich etwa verkündete, er werde zum Gendarmenmarkt schlendern und sich die Aufführung ansehen, weil er mal wieder kräftig lachen wolle.

So kam der 24. Februar 1795 und mit ihm die Berliner Premiere von Glucks «Iphigenie» mit Madame Schick in der Titelrolle und unter der Stabführung von Bernhard Anselm Weber. Prinz Heinrich und all jenen, die einen Reinfall erleben wollten, blieb das Lachen im Halse stecken. Weber beherrschte die Musiker und die Schick die Bühne. Bald erkannte jedermann im Parkett und auf den Rängen: Tragische Oper ist auch mit deutschen Sängern möglich. Ausbleibender Beifall – das Haus erstarrte nahezu vor Beklemmung – bedeutete in diesem Falle Sieg.

Der musikliebende Prinz Heinrich eilte hinter die Bühne, dankte Weber mit bewegenden Worten und unterbreitete

Christoph Willibald
Gluck

ihm den Vorschlag, seine Kapelle zu leiten. Weber wich mit
der Bemerkung aus, dies müsse der König selbst entscheiden. Dieser tat es, allerdings anders, als es sein Sohn wollte:
Er beließ Weber am Nationaltheater und holte Wessely weg.

Die deutsche Oper fand eine Heimstatt am Gendarmenmarkt, derweil in der Prachtstraße Unter den Linden die italienische Oper vorherrschte. Dort Adlige, hie Bürger, die
auch im Konzertleben eigene Vorstellungen entwickelten
und mit der Singakademie realisierten.

Schauen wir einmal rüber, was sich im Ausklange des
achtzehnten Jahrhunderts in der Königlichen Oper tat.
Langhans d. Ä. erhielt den Auftrag, das Knobelsdorffsche
Logentheater (mit zimmergroßen Logen) in ein Rangtheater
umzubauen. Nach einjähriger Bauzeit öffnete es im Januar
1788 mit einem Maskenball wieder seine Türen. «2000 Mas-

ken sind am 8. Januar anwesend», heißt es in einem Bericht, «welche 1800 Butterbrote, 300 Ochsenzungen, 200 Kalbs- und Wildbraten, 200 Torten, 200 Baumkuchen, 6 Scheffel Bonbons, 6 Scheffel gebrannte Mandeln, 100 Hasen, 200 Flaschen Champagner und 1 Zentner Schokolade vertilgten.» Offensichtlich verlustierten sich nicht nur allerfeinste Kreise dort, wie einer Verfügung entnommen werden darf, die nur wenige Tage später erging: «Öffentliche Weibsbilder werden mit 1 Jahr Zuchthaus in Spandau bestraft, wenn sie sich auf der Redoute sehen lassen.»

Reichardt besorgte mit seiner «Andromeda» die Eröffnungsoper und überraschte mit einem neuen dramaturgischen Prinzip: Er wandte sich von der reinen Nummernfolge mit Ballettverbindung ab und präsentierte eine durchgehende Handlung, in der Spiel und Tanz miteinander im Zusammenhang standen.

Skandal bahnte sich mit der zweiten geplanten Oper an, mit «Orpheus» von Bertoni. Gluck-Freunde und Nationalgesinnte fragten heftig an, weshalb nicht das gleiche, aber von Gluck vertonte Werk gegeben werde. Schlicht und ergreifend der Grund: Die italienischen Sänger weigerten sich, dies aufzuführen. Komponist Benda gefiel das nicht. Er setzte sich an sein Pult und komponierte im Handumdrehen einen «Orpheus» mit dem Zusatz «eine deutsche Oper». Sie sollte am gleichen Tage wie die von Bertoni in einem Saal des Hotels «Stadt Paris» aufgeführt werden. Der König legte sein Veto ein. Wie wir sehen, tobte der Kampf zwischen den Traditionalisten und den Progressiven auch an der Oper munter weiter.

Zur neuen Spielzeit erweiterte sich der Kreis der Zuschauer. Nicht, daß nunmehr kostenlose Eintrittskarten an jene gingen, die mit ihrer Hände Arbeit den Reichtum derer da oben mehrten, nein, sie flatterten den sogenannten Gutbürgerlichen ins Haus. Für nicht wenige von ihnen galt es als «unjeheure Ehre», in der Oper des Königs Gast zu sein. Man warf sich in Schale, nahm vielleicht auch das Baby oder den Hund mit, zeigte sich, was man hatte, wer man war. Wie hätte sich – beispielsweise – ein Hans von Bülow, der wegen Zuspätkommender mitunter abklopfte, in jener Zeit wohl gefühlt, da die Zuschauer miteinander plauschten, um die besten Sehplätze in Streitigkeiten kamen und einfach auf den

Stuhl stiegen, wenn sie der Primadonna scharf ins Dekolleté äugen wollten? Immer und immer wieder hagelte es Verfügungen wider solches Publikum, die u. a. das Zischen, Pfeifen oder Pochen untersagten.

Kundennummern, die uns Heutige berechtigen, um eine Eintrittskarte anzustehen und sie bei Glück eventuell zu bekommen, existierten damals nicht. Dafür trieben die Mitarbeiter der Oper einen schwunghaften Schwarzhandel mit den Billetts. Sie nutzten schamlos die Eitelkeit manch braver Biedermänner aus Berliner Bürgerhäusern aus.

Reichardt, Vertrauter des Königs, spielte eine unterschiedlich zu wertende Rolle in jenen Jahren. Er hatte nicht die Kraft, künstlerischer Leiter der Oper zu werden, resignierte mitunter und floh bei brennenden Problemen. Bleibenden Ärger hatte er mit den Italienern des Hauses, denen seine Opern «zu deutsch» waren, mit der Direktion, die sich mit der Reichardtschen Sonderstellung – er durfte unabhängig Engagements abschließen – nicht abfinden mochten. Im Jahr der Französischen Revolution schrieb er mit «Benno» die erste Preußen-Oper. In italienischer Sprache. Er weitete eine Begebenheit der brandenburgischen Geschichte zu einer leicht kitschigen Handlung aus. Dies brachte ihm Beifall auf beiden Seiten des Grabens.

Reichardt ahnte nicht, daß seine Gegner weitaus klüger höfische Kabale inszenieren konnten. Seine Schlinge war längst geknüpft, es bedurfte nur des äußeren Anlasses. Er selbst lieferte diesen bei einem Kartenspiel. Beim Disput riß er den Kartenkönigen die Köpfe mit der launigen Bemerkung ab, so müßte man es mit allen Königen machen. Da er sich jedoch weder 1789 in Frankreich noch im Jahre 1848 in Preußen befand, fiel er in königliche Ungnade und mußte gehen. Friedrich Wilhelm II. nahm ihm kräftig übel.

Und Friedrich Wilhelm III. nahm ihn wieder auf. Zwar nicht mehr als Kapellmeister, doch als Komponist. Zum Unwillen des zweiten Kapellmeisters Friedrich Heinrich Himmel, der selbst gern und gut komponierte. Sofort bildeten sich zwei Lager an der Oper. In der Absicht, beide Kontrahenten einander näher zu bringen, gab der König bei beiden eine Opernkomposition in Auftrag. Das Gegenteil des Beabsichtigten trat ein: Jede der Parteien hoffte in dem willkommenen Wettstreit auf den Sieg des eigenen Idols.

Reichardt setzte auf «Rosamonde», Himmel auf «Vasco da Gama». Den Ausschlag gab vorweg ein Zeitungsartikel, in dem sich Himmel im Ton vergriff. Die Würfel waren gefallen, Reichardt trug den Sieg im Opernkrieg davon. Die Berliner reimten:

«Als Reichardt sprach zu Rosamonden: Werde!
Da fiel der ganze Himmel auf die Erde.»

Es war ein Pyrrhussieg; denn beide Opern gerieten in Vergessenheit. Reichardt blieb sich und seinem Neugeist treu. Er gründete 1805 die «Berlinische Musikalische Zeitung», in der er mit spitzer Feder die Berliner Musikszene beschrieb und vor allem ein Bahnbrecher für Beethoven in Berlin wurde.

Mittlerweile leitete August Wilhelm Iffland das Nationaltheater. Obwohl bei ihm das Schauspiel dominierte, vernachlässigte er die Oper nicht. 1805 brachte er Glucks «Armide» heraus.

Ein Jahr später zogen Truppen Napoleons in Berlin ein und unter die Entwicklung an beiden Bühnen zunächst einen Schlußstrich. Iffland hatte Befehl, am Gendarmenmarkt vor allem französische Singspiele und Ballette und deutsche Stücke ebenfalls in französischer Sprache aufzuführen. Noch ärger erging es der Hofoper: Sie fungierte in der französischen Besatzungszeit als Brotmagazin...

 *Erst Mozart, dann Gluck, jetzt Beethoven*

Nach der Franzosenzeit – König und Königin kehrten im Dezember 1809 in ihre Residenzstadt zurück – entstand der Plan, beide Häuser klar zu profilieren und einheitlich zu leiten. August Wilhelm Iffland erhielt die ehrenvolle Berufung als Generaldirektor der Königlichen Schauspiele. Unter diesem Namen vereinten sich das Haus am Gendarmenmarkt und die Bühne Unter den Linden bis zur Flucht des Kaisers im Jahre 1918 zu einem niemals einheitlichen Ganzen. Sahen die Berliner im Nationaltheater beziehungsweise ab 1811 im Schauspielhaus kleinere Schau- und Lustspiele sowie Singspiele, blieb das Opernhaus den großen Opern und Schauspielen vorbehalten.

Wie wir uns erinnern, setzte sich Reichardt vehement für Beethoven ein. In einem seiner «Vertrauten Briefe» schrieb er über den Tonkünstler: «Es jammert mich oft recht herzinnig, wenn ich den grundbraven, trefflichen Mann finster und leidend erblicke, wiewohl ich auch wieder überzeugt bin, daß seine besten originellsten Werke nur in solcher eigensinnigen, tief mißmutigen Stimmung hervorgebracht werden konnten. Menschen, die sich seiner Werke zu erfreuen imstande sind, sollten dies nie aus den Augen lassen und sich an keinen äußeren Sonderbarkeiten und rauhen Ecken stoßen. Dann erst wären sie seine echten und wahren Vertreter.»

«Undine»-Komponist, Schriftsteller und Maler E. T. A. Hoffmann stellte sich in seiner Fürsprache für Beethoven an die Seite Reichardts. In der «Allgemeinen Musikalischen Zeitung» schrieb er seit 1809 wahre Elogen über den Komponisten.

Die Dritte im Bunde war Bettina von Arnim. In ihrem Buch «Goethes Briefwechsel mit einem Kinde» bekannte sie: «Es ist Beethoven, von dem ich jetzt sprechen will, und bei dem ich der Welt und Deiner vergessen habe; ich bin zwar unwürdig, aber ich irre mich darum nicht, wenn ich ausspreche (was jetzt vielleicht keiner versteht und glaubt), er schreite weit mit der Bildung der ganzen Menschheit voran, und ob wir ihn je einholen?»

Auch Zelter fand, wenn auch zunächst mühevoll, Zugang zur Beethovenschen Musik. Aus seiner Singakademie durfte sich Amalie Sebald freuen, die Gunst des Meisters zu besitzen. Er schrieb ihr im August 1811 ins Stammbuch: «Ludwig van Beethoven, den Sie, wenn Sie wollen, doch nicht vergessen sollten.» Der hoffnungslos Liebende schickte ihr noch acht zärtliche Briefe, ohne den erwünschten Erfolg zu erlangen.

Nach dem Tode Ifflands leitete ab 10. Januar 1815 Karl Graf von Brühl beide Häuser. Er hatte bei Singakademie-Gründer Fasch die Musiktheorie studiert, verstand sich aufs Waldhornblasen, komponierte dann und wann und trat als Sänger hervor. Auch Goethe schätzte den jungen Mann, der zunächst als Kammerherr beim Prinzen Heinrich diente. Welches Ansehen er nicht zuletzt bei der Regierung genoß, dürfen wir diesem freibrieflichen Ausspruch des Staatsministers von Hardenberg entnehmen: «Machen Sie das beste Theater in Deutschland, und danach sagen Sie mir, was es kostet.»

Der Reichsgraf versuchte alsbald, das beste deutsche Theater zu machen. Unter seiner Regentschaft erlebte Beethovens «Fidelio» am 11. Oktober 1815 die erste Berliner Aufführung. Zum Erfolg hat Josephine Schulz-Killitschky als Leonore beigetragen. Sie war für die erkrankte Anna Milder-Hauptmann eingesprungen. Man rühmte den langen Atem der Josephine, die ausdauernden Triller und die beinahe übertriebene Leidenschaftlichkeit «der schönen Böhmin mit der schönen Stimme» (Reichardt).

Einen Rückschlag in seinem Bemühen, die Oper voll der deutschen Kunst zu erschließen, mußte Graf Brühl hinnehmen, als er den Posten des Kapellmeisters neu besetzen wollte. Bernhard Anselm Weber hatte das Seinige getan, er fühlte langsam seine Kräfte erlahmen. Brühl hatte eine Traumbesetzung vor Augen: Er dachte an jenen Mann, dem er bereits 1814 Hoffnungen gemacht hatte, an Carl Maria von Weber. Doch er machte die Rechnung ohne seinen König. Der nämlich votierte für Gasparo Spontini. Dies aber sollte zu einem nicht nur musikalischen Drama führen, an dessen Verlauf ganz Berlin lebhaften Anteil nahm.

 ## Mit dem «Freischütz» gegen Spontini

Ganz anders als sein Vorgänger – Friedrich Wilhelm II. huldigte der Musik und ignorierte Zeitentwicklungen nicht – sah der dritte Friedrich Wilhelm die Aufgabe der Königlichen Oper und der Musik so: Sie hatte seiner Prachtentfaltung zu dienen und dem Königshaus zu schmeicheln. Diese seine Auffassung vertieften mehrmalige Reisen nach Paris. Bei einem Opernbesuch empfand er Freude am Pomp der Werke Spontinis und am Komponisten selbst. Endlich einer, der alte Zeiten wieder lebendig machen konnte! Entgegengesetzt dachte Brühl: Spontini war für ihn einer, der Vergangenes nicht abzustreifen vermochte. Gegensätzlicher konnte es wahrlich nicht gehen. Brühl führte sachliche Argumente ins Feld, verwies etwa auf Mängel im Komponieren und Dirigieren, nannte fehlende deutsche Sprachkenntnisse («Meine

Erren» und «Ick danke» waren die einzigen Sprachbrocken, deren der Italiener mächtig war). 1816 lehnte er förmlich ein Begehren Spontinis ab, ihn als Kapellmeister zu engagieren. Allein: Der König entschied herrisch für seinen Favoriten. Über Brühls Kopf hinweg verpflichtete er Spontini zum ersten Kapellmeister seiner Oper und zum Generalmusikdirektor. Somit war ein Italiener der erste GMD in deutschen Landen...

Als die ganze Geschichte ruchbar wurde, spaltete sich Berlin im Nu in zwei nahezu feindliche Lager: die Spontinisten und die Weberaner. Fanden sich im ersten vor allem Königstreue, setzte sich das zweite vornehmlich aus progressiven Bürgerlichen zusammen. Eine Entscheidungsschlacht, wie sie sich im Vormärz auch in anderen Bereichen des gesellschaftlichen Lebens anbahnte, dräute auch auf der Bühne...

Am 27. Mai 1820 traf Spontini mit dem König in Potsdam zusammen, einen Tag später in Berlin ein, begeistert gefeiert in den Zeitungen. Wobei gesagt werden muß, daß die Zensur jegliche anderen Äußerungen unterdrückte. «Willkommen unter uns, du hoher herrlicher Meister», stand beispielsweise in der «Vossischen Zeitung» zu lesen. «Längst tönte dein Gesang recht in unser Innerstes hinein; dein Genius rührte seine kräftigen Schwingen, und mit ihm erhoben wir uns begeistert und fühlten alle Wonne, alles Entzücken des wunderbaren Tonreiches, in dem du herrschest, mächtiger Fürst! – Und darum kannten und liebten wir dich auch schon längst!» Es sträubt sich die Feder, den Autor dieser Zeilen zu nennen. Und doch ist es kein anderer als der Undine-Komponist und der Beethoven-Förderer E. T. A. Hoffmann. Darf er als führender geistiger Kopf der Spontinisten angesehen werden, befanden sich im anderen Lager u. a. Graf Brühl und der Kritiker Ludwig Rellstab.

Im ordengeschmückten dunkelgrünen Frack trat Spontini am 28. Juni des genannten Jahres erstmals an das Dirigentenpult in der königlichen Oper. Er beherrschte seine Musiker wie ein General die Truppe. Den dicken Dirigentenstab aus Ebenholz packte er in der Mitte an, um ihn wie einen Marschallstab zu führen: eckig, doch präzis. Richard Wagner verdanken wir den Hinweis, daß Spontini wegen starker Kurzsichtigkeit seine weiter entfernt sitzenden Musiker überhaupt nicht sehen konnte. Aus Eitelkeit verzichtete der Italiener auf ein Augenglas. Die Aufführung dieses ersten Tages – «Fernando Cortez» – fand, dies wird angesichts der Zensur keinen mehr verwundern, des Lobes volle Kritiken.

Wie ein Orchestermitglied den Dirigenten sah, sollen diese Zeilen belegen: «Gleich einer Majestät trat Spontini ins Orchester, nahm seinen Feldherrenplatz ein, machte mit seinen stechenden Augen die Runde, fixierte das schwere Geschütz, wie er Kontrabässe und Violoncelli nannte, und gab das Zeichen zum Anfang. Wie eine eherne Säule stand er vor seinem Pulte, nur den unteren Teil des rechten Armes bewegend … Die Kammermusiker, vom Konzertmeister bis zum Paukenschlag herunter, saßen in einer wahren Furcht des Herrn da …» Was Spontini an Finessen im Dirigieren nicht beherrschte, wie von Brühl richtig voraussagte, machte er durch härteste Proben mit dem Orchester wett: Sie währten nicht selten von acht Uhr in der Frühe bis 16 Uhr beziehungsweise von 17 bis 23 Uhr.

Einen weiteren Schlag richtete der König mit einer Instruktion gegen alle Spontini-Gegner. Sie übertrug dem Kapellmeister nahezu alle Vollmachten und machte ihn zum allmächtigen Herrn der Oper. Brühl sah sich halb neben- und halb untergeordnet. Der königliche Willkürakt sollte jene innerhalb und außerhalb der Oper in die Schranken verweisen, die nach den Befreiungskriegen absolutistische Fesseln doppelt unangenehm und fatal empfanden.

Spontinis Eitelkeit erstreckte sich nicht nur auf sein Sehvermögen. Er lebte zudem in der festen Überzeugung, einer der bedeutendsten Komponisten seiner Zeit zu sein – lediglich Mozart und Gluck sah er als ebenbürtig an. Daß er aus diesem Grunde und kraft seiner einzigartigen Machtbefugnisse fast ausschließlich eigene Werke aufführte und diese taktisch klug jeweils königlichen Geburtstagen oder ähnlichen Schmeichelanlässen widmete, liegt auf der Hand. Unaufhaltsam glaubte er seinem musikalischen Olymp zuzustreben – und dieser sollte im Mai 1821 mit der Neuaufführung seiner Oper «Olympia» erreicht werden.

Dies Werk hatte bei seiner Uraufführung zwei Jahre zuvor in Paris ein Fiasko erlitten. Wie Spontini jedermann versicherte, selbstredend nicht wegen der Musik, sondern wegen des mangelhaften Librettos. E.T.A. Hoffmann dienerte sich

LA VESTALE
GRAND PRIX DÉCENNAL

G Spontini,

Chevalier de l'Ordre Royal de la Légion d'Honneur
a. de l'Ordre Royal d'Hesse Darmstadt,
Compositeur Dramatique ordinaire de S. M. le Roi de France
premier Maître de Chapelle et Surintendant général de la musique de S. M. le Roi de Prusse &c.

Gasparo Spontini

an, einen neuen Text zu schreiben. Selbst er als begeisterter
Anhänger des Italieners wehklagte bei dieser Zusammenarbeit: «Dies Werk könnte kolossal werden, wenn ich dem
Manne nur das einzige Wort ‹Effekt› nehmen könnte. Aber
damit tötet er alles.»

Doch um diesen Effekt ging es dem Manne vom innersten
Wesen her – und damit traf er sich auf gleicher Wellenlänge
mit dem preußischen König: Pomp und Prunk ohne Programm, ohne tiefen Sinn.

42 seiner berüchtigten Proben setzte Spontini der Berliner Erstaufführung am 14. Mai 1821 voraus. 20 000 Taler kostete die großartige Ausstattung, die kein Geringerer als Friedrich Schinkel besorgte. Spontini scheute sich nicht, lebende Elefanten auf die Bühne zu bringen. Ein Heer von Sängern, Musikern und Statisten sorgten zusätzlich für eine cäsarische Prachtentfaltung. Der Meister wähnte sich auf dem Olymp; der König räkelte sich im Glanze dieser italienischen Sonne.

Im Chor der erlaubten Elogen brummte einer gegen das Stück: Professor Gubitz, der Herausgeber des «Gesellschafters». Seine arg gestutzte Kritik erschien in seinem Blatte am 28. Mai und konnte wegen ihrer von der Zensur attestierten Staatsgefährdung erst am 6. Juni fortgesetzt werden. Der Professor sprach von einem sehr äußerlichen Machwerk. Die neue und an wohlüberlegten Effekten so reiche Partitur kranke an innerer Armut. Der künstlerisch gebildete Zuhörer bleibe bei diesem Höllenspektakel kalt, und Langeweile komme auf, sobald die Schaulust befriedigt ist, das Ohr die erste Betäubung überwunden hat. Der mutige Professor sprach vielen Berlinern, vor allem den Weberanern, aus den verwundeten Herzen.

Mit seiner kecken Attacke machte sich Professor Gubitz zum Vorreiter weiterer Kritiker, die – wo immer es ging – kaum ein Blatt vor den Mund nahmen. Sie verballhornten des Italieners Oper «Nurmahal – das Rosenfest von Kaschemir» in «Nur nicht noch mal – der Hosenrest von Kasimir», ein Flickwerk von Spontini, sowie die Oper «Alcidor» in «Allzudoll». Zelters spitzzüngigem Berliner Mundwerk wird ein bald stadtbekannter Ausspruch zugeschrieben. Nach dem Besuch der Oper «Alcidor» habe er von der gegenüberliegenden Wache den Zapfenstreich gehört und erfreut ausgerufen: «Ha, endlich wieder eine ruhige, vernünftige Musik!»

Spontinis vermeintlicher Triumph währte nicht lange, genau bis zum 18. Juni des gleichen Jahres. An diesem Tag fand im Schauspielhaus am Gendarmenmarkt die denkwürdige Uraufführung des «Freischütz» statt, über die wir an anderer Stelle ausführlich schreiben.

Komponist Carl Maria von Weber verband damit auch sein persönliches Schicksal: Nach wie vor hoffte er, an die Oper zu Graf Brühl zu kommen – selbst mit der trüben

Aussicht, unter Spontini arbeiten zu müssen. Sein «Frei-schütz» erwies sich in der allgemeinen Auseinandersetzung als ein glänzender Sieg. Der Jubel und die Ovationen für ihn, für sein volkstümliches Werk, durften mit Fug und Recht zugleich als Absagen an das falsche Pathos von «Olympia» und an den von sich eingenommenen Italiener gewertet werden.

Schicksal spielte ein von Friedrich Förster stammendes, aber in der Uraufführung anonym verteiltes Gedicht, aus dem diese Zeilen stammen:

Das Hurra jauchzet, die Büchse knallt,
Willkommen, Du Freischütz, im duftenden Wald!
Wir winden zum Kranze das grüne Reis
Und reichen Dir freudig den rühmlichen Preis.
Du sangst uns Lützows verwegene Jagd,
Da haben wir immer nach Dir gefragt.
Willkommen! Willkommen in unserm Hain,
Du sollst uns der treffliche Jäger sein.
So laß Dir's gefallen auf unserm Revier,
«Hier bleiben!», so rufen, so bitten wir;
Und wenn es auch keinen Elefanten gilt,
Du jagst wohl nach anderem, edlerem Wild!

Der Seitenhieb auf Spontini traf Weber fast ins Herz, weil er befürchtete, was dann auch eintrat: Der Italiener reagierte tief beleidigt und bezichtigte Weber der Autorenschaft. Selbst ein Abbitte leistender Zeitungsartikel aus der Feder des «Freischütz»-Komponisten änderte nichts mehr an der nunmehr offenen Frontstellung. So blieb Weber das zwie-spältige Resümee: Sein «Freischütz» erhellte Berlin, die Un-möglichkeit, zu Brühl als Kapellmeister gehen zu können, verdüsterte seinen Sinn. Die meisten Berliner feierten nur eins: den Sieg über Spontini.

Die Querelen um Spontini setzten sich in den folgenden Jahren fort. Sicher nicht zu seiner Freude erlebte die Volks-oper seines Rivalen noch in seiner Ära ihre 200. Aufführung. Mit Mißbehagen verfolgte er, daß die Berliner mit eini-ger Aufmerksamkeit die Werke eines Jakob Beer – mit Künstlernamen Giacomo Meyerbeer – aufnahmen und gar mit Enthusiasmus Albert Lortzings «Zar und Zimmermann» begrüßten. Ludwig Rellstab rühmte letzteren in der «Vossischen Zeitung»: Es sei, solange er über Musikaufführungen kritisch berichte, kein bedeutenderes Werk von einem jungen deutschen Komponisten geschaffen worden. Nicht zuletzt solidarisierte die Berliner, daß Lortzing einer der ihren war.

Als Meyerbeer in Paris mit seiner Oper «Die Hugenotten» größtes Aufsehen erregte und der gute Ruf nach Berlin drang, nutzte Spontini seine Vertrauensstellung beim König, von einer Übernahme in Berlin dringend abzuraten. So spricht sicher aus der königlichen Operneinschätzung der Geist Spontinis: «Katholiken und Protestanten schneiden sich die Hälse ab, und der Jude macht die Musik dazu.»

Rellstab warf dem Italiener vor, der neuen, wahren Musik gegenüber nur Unverständnis zu zeigen, zur äußerlichen Prachtentfaltung zu neigen und seine Stellung zu mißbrauchen. Nach der Uraufführung der «Agnes von Hohenstaufen» mit Dekorationen von Schinkel – geschrieben zur Hochzeit des Kronprinzen Wilhelm und späteren Kaisers – am 12. Juni 1829 verstummte Spontini als Komponist.

Seine bevorzugte Stellung verlor er 1840 mit dem Tode Friedrich Wilhelms III. Friedrich Wilhelm IV. hatte schon als Kronprinz aus seiner Abneigung gegen den Maestro keinen Hehl gemacht. Das hätte Spontini ein warnendes Zeichen sein müssen. Doch als er sich einiger Rechte durch königliches Dekret beraubt sah, erhob er im Januar 1841 in der «Leipziger Allgemeinen Zeitung» dagegen Einspruch. Ein Prozeß wegen Majestätsbeleidigung war die unausbleibliche Folge.

Was sich sofort in Berlin herumsprach. Um aber zu zeigen, daß er nach wie vor im Amte sei, übernahm Spontini am 2. April 1841 im Opernhaus die Stabführung für den «Don Juan». Dies sollte sein letzter großer Auftritt in Berlin werden – allerdings anders, als er es sich dachte.

Das Publikum empfing den Dirigenten mit Pfiffen und Schreien. Von überall ertönten Rufe: Hinaus, hinaus. Trotzdem forderte er die Ouvertüre ab. Aber der allgemeine Krach übertönte alles. Steinwürfe zwangen den Dirigenten in die Deckung. Schließlich verließ er – leichenblaß und als gebrochener Mann – das Haus durch einen Hintereingang.

Der König betrachtete das als Strafe genug und setzte die beantragte Festungshaft aus. 1842 veranstaltete die Singaka-

demie – trotz alledem – dem Italiener noch ein Abschieds-
konzert, was ihn zu Tränen rührte.

Kunde wollen wir noch davon geben, daß Wagner im
Jahre 1844 Spontini nach Dresden einlud, die «Vestalin» zu
dirigieren. Er würdigte ihn auch in einem Nachruf, als Spontini am 24. Januar 1851 in seinem Heimatland starb.

Kurz vor seiner Abberufung als Generalintendant und der
Berufung des Sparmeisters Karl Theodor von Küstner holte
Wilhelm Graf von Redern trotz königlichen Zögerns den
«Hugenotten»-Komponisten Meyerbeer als Nachfolger
Spontinis von Paris nach Berlin. Der Neue lernte bald die
reaktionäre Theaterleitung kennen …

Flammen über der Stadt

Wie wir aus vorhergehenden Abteilungen wissen, war es um
den Brandschutz im ganz alten Berlin nicht sonderlich gut
bestellt – im späteren gleichfalls nicht. Zweimal innerhalb
von gut fünfundzwanzig Jahren krähte der Rote Hahn wie
wild auf den Dächern von Musentempeln.

Feurio! Feurio! – So gellte es in der Nacht vom 18. zum
19. August des Jahres 1843 durch die Linden und schnell
durch alle Straßen der Residenz. Eines der prächtigsten Bauwerke, das Opernhaus, stand in hellen Flammen. Adolf
Streckfuß berichtete darüber in seinem Werk «500 Jahre
Berliner Geschichte»: «1 Uhr morgens bricht der Konzertsaal zusammen, um 8 Uhr bildet das ganze Gebäude nur
noch eine trostlose Ruine.»

Dabei hatte der Theaterabend am 18. August angefangen
wie viele andere, sieht man vom nur halbgefüllten Saale einmal ab. Zunächst ging Kotzebues «Der gerade Weg ist der
beste» über die Bühne, dann Bauernfels' Lustspiel «Das Lie-
besprotokoll», schließlich Hoguets militärisches Ballett «Der
Schweizer Soldat» in der Vertonung von Hermann Schmidt.

Und ebendieser Schweizer Soldat soll – Chronisten zufolge – der Schuldige an der großen Brandkatastrophe gewesen sein. Jedenfalls blieb ein glimmender Gewehrpfropfen in
der Garderobe liegen und entzündete die Kostüme. Die
Brandwache – sie bestand aus drei Personen – glaubte bei
ihrem Rundgang nach der Vorstellung zwar, einen brenzli-

gen Geruch zu verspüren, maß dem aber keine weitere Bedeutung bei. Erst später bemerkte einer der Wächter das Feuer, und er eilte, eine Handspritze zu holen. Wieder zurück, sah er angesichts der Flammenwand die Nutzlosigkeit seines Tuns ein. Er rannte zum Kastellan, das furchtbare Unglück zu melden. Wenig später betrat Baumeister Langhans bleich die Oper und mußte der starken Hitze weichen. Als er das Haus verließ, schlugen die Flammen bereits aus dem Dach und aus den Fenstern.

Die «Berlinischen Nachrichten» berichteten: «Mit großer Beflissenheit und Kühnheit drangen sowohl Beamte der Oper, als auch Bürger, Offiziere, Künstler, Arbeiter und Fremde in das brennende Gebäude und retteten, was noch zu retten war: einige Dekorationen, einiges Holzwerk und eine beträchtliche Masse Musikalien. Indes konnten dies nur unbedeutende Bruchstücke der wertvollen Gegenstände sein, welche das Opernhaus enthielt, da das Feuer mit unwiderstehlicher Gewalt nach vorn drang und nach der Bühne die Logenreihe, die Korridore etc. ergriff, bis es mit der Zerstörung des prachtvollen Konzertsaales, an den sich so manche schöne Erinnerung knüpft, endigte. Schon nach einer Stunde, um 11 Uhr, stand fast das ganze Gebäude in Flammen und gewährte, in seinem gesamten Innern brennend, einen furchtbaren Anblick ...»

Lassen wir einen weiteren Augenzeugen zu Wort kommen, und zwar Hugo Bauer, den Sohn des Hofschauspielers Carl Bauer: «Schon von der Friedrichstraße war kaum mehr weiterzukommen. Aber wir zwei jungen Riesen (gemeint ist als zweiter sein Bruder, d. A.) brachen doch so weit durch, daß wir unter der Akademieuhr (sie befand sich etwa in Höhe der heutigen Deutschen Staatsbibliothek, d. A.) das imposante, grandios-schöne Schauspiel vollständig übersehen konnten. Weiter vorzudringen verhinderte nachhaltiger als alle Polizei die furchtbare, glühende, sengende Hitze. Ewig unvergeßlich wird es mir vor Augen stehen, wie an den dunklen Außenwänden des Opernhauses, die durch das im Innern brennende Feuer in Schatten gestellt wurden, das geschmolzene Kupfer der Bedachung wie grünlich goldene Riesenschlangen niederfloß, die Bildsäulen auf dem Gipfel wankten und stürzten und dann in zweimaligen Zwischenpausen das Dach nach innen einstürzte, jedes Mal eine von unserem Standpunkte unabsehbare Feuersäule gen Himmel flammte und dann ein Funkenregen die ganze Gegend überflutete.»

Das unermeßlichen Schaden anrichtende Feuer schockte nicht allein die Berliner Musikfreunde. Allenthalben wurden Erinnerungen an den Brand am Gendarmenmarkt wach.

Drei Tage nach jener verhängnisvollen Nacht erhielt Architekt und Baumeister Langhans d. J. königliche Order, «den Wiederaufbau des durch Flammen eingeäscherten Opernhauses ohne Veränderung der äußeren Formen nur mit Verbesserung der zerstörten inneren Räumlichkeiten, so wie sie den Anforderungen und Bedürfnissen der jetzigen Zeit nicht mehr entsprechen, sofort in Angriff zu nehmen». Langhans d. J. nahm das beinahe wörtlich; denn bereits am 1. September 1843 begann er mit dem schwierigen Wiederaufbau, der alles in allem eineinviertel Jahr dauerte. In Knobelsdorffscher Hülle barg das neue Haus nunmehr vier statt der bisherigen drei Ränge und ein dreigeteiltes Proszenium. 1800 Gäste konnten den Aufführungen folgen. Mit der Preußen-Oper «Ein Feldlager in Schlesien», von Meyerbeer nur unter «heftigstem Widerstreben» komponiert, erlebte das Haus am 7. Dezember 1844 seine Wiedereröffnung.

Kein Berliner hatte zu dieser Zeit den anderen großen Brand, den von 1817 am Gendarmenmarkt, vergessen. E. T. A. Hoffmann stand am Eckfenster eines Hauses an diesem Platz und sah entsetzt auf das grausliche Schauspiel, das sich seinen Augen bot. Der Kalender zeigte den 29. Juli des Jahres 1817 an, als er den Langhansschen «Koffer», wie die Berliner respektlos das Theater nannten, in hellen Flammen aufgehen sah. «Brennende Perücken flogen durch die Luft», schrieb der Dichter, Musiker und Maler in seinen Erinnerungen. Mit Wehmut mochte er daran gedacht haben, daß auch die Dekorationen und Requisiten seiner «Undine» verbrannten. Glücklicherweise blieben die Noten erhalten. Die Deutsche Staatbibliothek Unter den Linden hütet diese Partitur und das Soufflierbuch als kostbare Schätze.

Schauspieler Johann Friedrich Ferdinand Rüthling erlebte den gewaltigen Brand bei Proben zu den «Räubern» von Schiller im Theater selbst. Er sprach gerade die Worte «Eilt, helft, rettet, gnädiger Herr, das ganze Schloß steht in Brand», als «durch die Öffnung, wo die Krone hing, ganz

Zeitgenössische
Darstellung
des Schinkelschen
Schauspielhauses
1840

langsam ein Funken Feuer ins Parterre» schwebte und auf
den sich ausbreitenden Brand aufmerksam machte. Rüthling
versuchte noch, dies und jenes zu retten, durfte schließlich
zufrieden sein, sich selbst in Sicherheit gebracht zu haben.

Sein Schauspielerkollege Carlsberg konnte dem Feuer
nicht entrinnen. Tage später versammelte sich eine Trauer-
gemeinschaft «in der Propstwohnung an der katholischen
Kirche und geleitete von da die Überreste des unglücklichen
Carlsberg zur Ruhe auf den katholischen Kirchhof».

Rüthling mutmaßte, daß der Brand von technischen Mitarbeitern verursacht worden war. Etliche Berliner vermute-
ten in dem Feuer eine göttliche Strafe, weil «das Teufelshaus
auf dem Gendarmenmarkt zwischen zwei Kirchen gestanden» habe.

Berlin hatte ein wichtiges Theater verloren; die Mimen
waren zeitweilig in das Opernhaus Unter den Linden umge-
zogen.

Der Geheime Oberbaurat Karl Friedrich Schinkel übernahm den ehrenvollen Auftrag, ein neues Theater zu bauen.
Auch hierbei hatte der geldsparende König beauftragt, die
Grundmauern des niedergebrannten Langhansbaues zu nutzen. Schinkel sinnierte, plante und projektierte so hurtig,

daß am 4. Juli des Jahres 1818 der Grundstein in den märkischen Sand gebettet werden konnte. Jedoch zogen sich die
Bauarbeiten länger als zunächst angenommen hin. Erst Anfang 1821 war der Konzertsaal fertig. Am 26. Mai dieses Jahres fand die festliche Einweihung statt. Generalintendant
Graf von Brühl wandte sich wegen eines Prologs an Goethe
und erhielt ihn. Dem Prolog folgte das Schauspiel «Iphigenie auf Tauris» des Weimaraners. Der Epilog – das Ballett
«Die Rosenfee» – entsprach dem Geschmack bei Hofe.

Elegant stimmte der Geheime Oberbaurat Schinkel die
Proportionen des Schauspielhauses auf die beiden flankie-
renden Sakralbauten ab. Um neben dem Theater einen Konzertsaal sowie Magazin- und Probenräume unterbringen zu
können, dachte sich Schinkel eine dreiteilige Anlage aus.
Diese Lösung hatte zudem den Vorteil, daß – wie der Baumeister erklärte – «bei einem etwa entstehenden Unglück immer nur höchstens ein Drittel verbrennen könnte». Schinkel
zog den Mittelbau des 77 Meter langen, 50 Meter tiefen und
36 Meter hohen Hauses nach vorn und zierte ihn über steiler
Freitreppe mit einer ionischen Säulenhalle. Sein Schauspielhaus ist ein in baukünstlerischer und funktioneller Hinsicht
einzigartig gelöster Theaterbau der klassizistischen Stilepo-
che.

Vollkommen an die Antike lehnte sich der plastische
Schmuck des Bauwerkes an. Bis auf wenige Ausnahmen ent-

Giacomo
Meyerbeer

wickelte Schinkel dafür die Entwürfe, die Ch. F. Tieck aus-
führte: etwa für Apoll mit dem Sonnenwagen auf dem Giebel zur Gendarmenmarkt-Seite, den Pegasus auf dem Giebel
an der Charlottenstraße sowie für die Geschichte der Niobi-
den und den Triumphzug des Bacchus und der Ariadne
über dem Portikus. Dank der Schinkelschen Meisterleistung
zählte der Gendarmenmarkt im Herzen Berlins bald zu den
schönsten europäischen Plätzen.

Schinkel nahm an der Einweihung teil. Als das Publikum
seinen Namen rief und man sich nach ihm umsah, war sein

Platz leer. Er hatte geahnt, welchen Lobeshymnen er ausgesetzt werden sollte, und das Theater bescheiden und heimlich verlassen. Der Generalintendant Graf von Brühl ließ es sich nicht nehmen, mit einer Handvoll Musiker zum Schinkelschen Wohnhaus zu ziehen, um dem Baumeister mit einem Ständchen herzlichen Dank zu sagen.

(Den Faschisten blieb es vorbehalten, Schinkels Angst vor dem Feuer berechtigt erscheinen zu lassen. In den letzten Tagen ihres Weltkrieges verschanzten sie sich in dem Bau und zogen Geschützsalven auf sich. Das Haus am Gendarmenmarkt brannte in allen drei Teilen vollkommen aus. Ein ähnliches Schicksal erlebte auch die große Oper Unter den Linden. Mit immensem finanziellem Aufwand ließ der sozialistische Staat beide Bauwerke in alter Pracht und Schönheit wiederherstellen.)

Giacomo Meyerbeer alias Jakob Beer – immer auf Reisen

Jakob Beer, der sich später Giacomo Meyerbeer nannte, tat am 5. September 1791 in Berlin seinen sicher recht melodiösen ersten Schrei. Seine wohlhabenden Eltern – der Vater war Bankier und schließlich auch Mitaktionär des Königstädtischen Theaters – wohnten in der Spandauer Straße, nur wenige Schritte von der ältesten Berliner Apotheke entfernt. Sie führten ein offenes Haus. Künstler und Gelehrte von Rang gingen ein und aus und schufen eine Atmosphäre, die dem Jungen nur dienlich sein konnte. Franz Lauska, Hauslehrer vom Königlichen Hofe, erteilte ihm Klavierunterricht, Carl Friedrich Zelter, Direktor der Singakademie, brachte ihm die Grundlagen des Komponierens bei, und gemeinsam mit Carl Maria von Weber studierte Jakob an der musiktheoretischen Ausbildungsstätte des Abtes Vogler in Darmstadt.

Jakob entwickelte sich zum Wunderkind, wie es im Buche steht: Sein erstes öffentliches Klavierkonzert erklang in seiner Heimatstadt, als er erst zehn Jahre alt war. Dafür erhielt er den herzlichen Beifall musikliebender Berliner wie später auch für seine Kantate «Gott und die Natur», die er als

Neunzehnjähriger komponierte. Seine erste Oper – «Alimelek» – erlebte 1814 in Stuttgart ihre Aufführung; der Komponist war damals dreiundzwanzig Jahre alt.

Studienreisen führten Jakob Beer nach Paris, London und schließlich nach Italien. Und zwar mit dem Erfolg, daß er nicht nur den italienischen Namen Giacomo Meyerbeer, sondern vor allem den italienischen Musikstil annahm. Mit seiner Oper «Robert der Teufel» versetzte er 1830 die Pariser ins Schwärmen und 1832 die Berliner Kritiker ins Tadeln. Obwohl er die berühmte Primaballerina Taglioni für die Berliner Aufführung verpflichten konnte, reagierte das Publikum kühl. Der sensible Meyerbeer verließ die Stadt wieder und schrieb verärgert aus Paris: «Während die französischen Kunstrichter stets nur das Lobenswürdige meiner Werke rühmend besprechen, alles Schöne und Gelungene aufmunternd preisen und die Schattenseiten und Fehler nur schonend tadeln, beschäftigen sich die deutschen Kritiker nur damit, Mängel und Schwächen aufzuführen und den Autor zu schulmeistern, als hätten sie einen Quintaner vor sich.»

Dennoch nahm er kurz vor dem Brande des Opernhauses die Berufung als Generalmusikdirektor der Hofoper an. Friedrich Wilhelm IV. bescheinigte dem Komponisten in der Berufungs-Order: «Ihr seit langer Zeit begründeter musikalischer Ruf und die Beweise Ihres Talents bei dem Einstudieren Ihres genialen großen Werkes auf der Berliner Bühne, welches mit dem glänzendsten Erfolge gekrönt worden ist, hat den Wunsch in Mir erregt, Sie durch ein bleibendes Verhältnis Meinem Dienste und Ihrer Vaterstadt zu erhalten, und ich freue Mich, daß Sie darauf eingegangen sind ... Wenngleich Sie aus Zartsinn das Übergehen des Geldpunkts wenigstens im ersten Jahre gewünscht haben, so finde ich Mich doch veranlaßt, Ihr Gehalt mit dreitausend Thalern sofort festzusetzen.» Des Königs Lob vom glänzendsten Erfolge war durch die prächtige Ausstattungs-Oper «Die Hugenotten» hervorgerufen worden.

Trotz königlicher Fürsprache geriet Meyerbeer in Konflikt mit dem neuen Generalintendanten: Karl Theodor von Küstner stand im unguten Rufe eines übertriebenen Bürokraten. In seinen Lebenserinnerungen stellte er sich selbst ein vernichtendes Urteil aus, als er diese Punkte als wesent-

lichste seiner Regentschaft über das größte Theaterunternehmen Europas mit 813 Mitarbeitern bezeichnete:

1. Feuersicherheitsmaßregeln;
2. Kontrolle von Parterre und Amphitheater;
3. Aufnahme von Inventarien der Theatergegenstände;
4. Anlage der Steinkohlen-Gasbeleuchtung;
5. Erhöhung der Eintrittspreise.

Diesem Pedanten stand der hochgebildete Meyerbeer gegenüber, der sich – weil finanziell unabhängig – voll der Kunst widmen konnte, einer deutschen Kunst. Er öffnete Richard Wagner den Weg nach Berlin und erreichte des Königs Zustimmung, daß künftig in jedem Jahre drei neue, möglichst von deutschen Komponisten stammende Werke aufzuführen seien. Nicht zuletzt setzte er eine Gehaltserhöhung für die Musiker von bislang 120 auf 300 Taler jährlich durch. Der Brand des Opernhauses stoppte diese gute Entwicklung –

aber auch die nahezu täglichen kleinen und großen Schikanen des Verwaltungsmenschen an der Spitze.

Für die Wiedereröffnung hatte Meyerbeer auf das Libretto «Ein Feldlager in Schlesien» von Rellstab die Musik gesetzt und die schwedische Nachtigall Jenny Lind als Star vorgesehen. Das wußte Küstner zu verhindern. An ihrer Stelle sang Leopoldine Tuczek die Partie. Ebenso widersetzte er sich, als Meyerbeer den damals berühmtesten Bassisten Carl Formes engagierte. Erst später feierten beide, Jenny Lind und Carl Formes, in Berlin wahre Triumphe.

1845 hatte Meyerbeer genug von den kleinlichen Querelen und zog sich zurück, blieb jedoch bis zu seinem Tode im Jahre 1864 nominell in der Berufung durch seinen König. Kurz vor seinem Tode fuhr Meyerbeer erneut nach Paris. Inmitten der Vorbereitungen für die Aufführung seiner letzten Oper «Die Afrikanerin» starb er am 2. Mai 1864. In seinem Testament verfügte er, daß seine Tagebücher, Briefe und die musikalische Hinterlassenschaft erst Jahre später gesichtet werden durften. Ferner tat er als seinen letzten Willen kund, in seiner Vaterstadt beerdigt zu werden. So unternahm der ewig Umherziehende im Tode seine letzte große Reise. Auf dem jüdischen Friedhof in der Schönhauser Allee ruht er unter einem schlichten Stein.

Vorstadttheater und Gartentheater – neue Bühnen entstanden

Haben wir bislang den beiden Bühnen am Gendarmenmarkt und Unter den Linden unsere ungeteilte Aufmerksamkeit geschenkt, so wollen wir unseren Blick nun weiten. Am Alexanderplatz war in der Zwischenzeit das erste Vorstadttheater entstanden. Bis ins dritte Jahrzehnt hatte der König seine Zustimmung zu einem solchen Projekte verweigert. Generalintendant von Brühl sah mehrere entsprechende Vorschläge schlankerhand abgelehnt.

Nicht nur er staunte daher, als der einstige Pferdehändler und nachmalige Rentier Friedrich Cerf am 13. Mai 1822 die Konzession zur «Errichtung eines Volkstheaters jenseits der Spree in der Königstadt» erhielt, das den Namen Königstäd-

tisches Theater zu führen hatte. In Berlin kursierten Ge- Das
rüchte, daß Cerf dem König die Konzession abgetrotzt Königstädtische
hatte, weil dieser in seiner Schuld stand. Die finanziellen Theater
Geschicke des Theaters lagen in der Hand einer Mini-Ak-
tiengesellschaft von sechs Berliner Bankiers, unter ihnen der
Vater von Giacomo Meyerbeer, C. H. Beer.

227

Wie im bürgerlich-kapitalistischen Getriebe üblich, ging es Schlag auf Schlag. Kaum hatte Cerf die Konzession erhalten, fand am 21. August 1823 die Grundsteinlegung statt. Nicht einmal zwölf Monate drauf erlebten die Berliner am 4. August 1824 die erste Premiere am Alexanderplatz mit dem Lustspiel «Der Freund in der Not» und der Operette «Die Ochsenmenuette».

Allein schon diese Entrees sagen einiges über die nahezu mörderische künstlerische Ausgangssituation aus. In seinen Memoiren «Vierzig Jahre» schrieb Karl von Holtei, was die 47 Solisten, das 48 Mitglieder umfassende Orchester und der 27 Kehlen starke Chor aufführen durften: «Der Konzession zufolge durfte die Bühne in der Königstadt ein für allemal nicht auf ihren Brettern erscheinen lassen:

a) Große Oper und Ballett,
b) Ernste Oper,
c) Tragödie,
d) Großes Schauspiel.

Das wäre noch zu ertragen gewesen, obschon die Begriffe von ‹ernster Oper› und ‹Schauspiel› nicht selten zu unserem Nachteil verwirrt wurden. Aber, wenn ihr auch Lustspiel, Posse, Melodrama und komische Oper vergönnt waren, so durften diese doch niemals aus dem Repertoire des Hoftheaters gewählt werden, bevor nicht zwei volle Jahre seit ihrer letzten Aufführung verflossen und sie uns ‹verfallen› waren. Das Hoftheater hütete sich, verfallen zu lassen, was uns nutzbar sein konnte. Und nun denke man: auf seiner Seite die alte wohl bejahrte Ausdehnung über alle Gebiete des Dramatischen ... von ‹Olympia› bis zur kleinsten Operette; vom großen Ballett und der Pantomime zu Schiller, Calderon, Goethe und Shakespeare! – Auf unserer Seite die engste Beschränkung für Vergangenheit und Gegenwart in der dramatischen Literatur. Nirgend in der Welt hatte jemals ein so ungleiches Verhältnis stattgefunden.»

Die Eröffnung einer weiteren Bühne für eine Stadt von nunmehr 200 000 Einwohnern erwies sich als dringend notwendig, zumal die königliche Oper in kräfteschonender Selbstbeschränkung nicht einmal jeden Tag spielte. Das Berliner Bürgertum schuf sich selbst ein Theater, wie Karoline Bauer in ihren Erinnerungen «Aus meinem Bühnenleben»

mitteilte: «Sehr ergötzlich war es für mich immer, in den Ge-
neralproben dort unten im Parkett und in den Logen nicht
nur die sechs börsenkundigen, sondern auch noch etliche
Dutzend anderer allmächtiger Aktionäre mit Weib und
Kind und Kegel als gebildetes kritisches Publikum sitzen
und hantieren zu sehen – und auf jedem Millionen- oder
Hunderttausendgesichte das strahlende Bewußtsein: Ihr alle
dort oben auf den Brettern seid uns untertänig! Wir machen
jetzt für Berlin die ‹Konst›, denn wir haben das nötige große
Geld dazu!»

Karl von Holtei und Louis Angely schrieben sich beinahe
die Finger wund, damit wirklich «nur deutsche Stücke über
diese echte deutsche Volksbühne schreiten sollen», wie es
Schauspieler Schmelka sagte. Die «Ochsenmenuette» etwa,
bereichert mit Melodien von Haydn, fanden den Gefallen
des bürgerlichen und des Vorstadt-Berlins ebenso wie Spiele
von Holtei mit Titeln wie «Der alte Feldherr», «Leonore»
und «Trauerspiel in Berlin» mit Nante in kleiner Neben-
rolle. Lieder daraus sangen die Berliner noch nach Jahrzehnten: «Gott grüß dich, Bruder Straubinger» und «Schier drei-

Im «Orpheum».
Gemälde von
Hermann
Scherenberg
1868

ßig Jahre bist du alt». Wer weiß schon, daß Holtei auch das altbekannte Lied «Kommt ein Vogel geflogen» schrieb?

Die Herren Bankiers begnügten sich indes nicht lange damit, eine gut besuchte Bühne in der Vorstadt ihr eigen zu nennen. Sie wollten den Etablierten eine Konkurrenz sein. Dafür öffneten sie weit ihre Portefeuilles und engangierten für damals sagenhafte 7000 Taler pro Saison die Sängerin Henriette Sontag. Plötzlich pilgerte auch der feine Westen in die Vorstadt, um die «jöttliche Jette» zu hören – und zu sehen. Die Zeitungen überschlugen sich in Berichten über sie, und als unser Kritikus Rellstab eine Satire, wenn auch nur eine zahme, wider sie wagte, wogte ein Sturm der Entrüstung über diesen Ungehobelten los.

Kroll verstand sein Geschäft

Im September 1841 weilten Seine Majestät Friedrich Wilhelm IV. im damaligen Breslau und dinierten im «Wintergarten». Essen, Interieur und Atmosphäre behagten ihm derart, daß er dem Eigner Joseph Kroll flugs den Antrag machte, nach Berlin zu kommen und dortselbst ein noch größeres Etablissement zu besten Konditionen zu errichten. Kroll erwies sich als Geschäftsmann durch und durch, der die Chance seines Lebens kühl nutzte. Unter dem Schutze des Hohenzollern und nach Plänen des Architekten Eduard Koblauch baute er ab April 1843 vor dem Brandenburger Tore einen Palast, wie ihn das kleinstädtische Berlin bis dato nicht kannte. 5000 Damen und Herren fanden in den drei Sälen – selbstverständlich trug der größte von ihnen den Namen Königssaal – ausreichend Platz. Wer rauchen wollte, konnte das in einem Tunnel tun. Bis 1848 war ja das öffentliche Rauchen in Berlin nicht nur verpönt, sondern sogar verboten. Mit einem prachtvollen Ball eröffnete Kroll das Haus am 15. Februar 1844. Zum Tanze spielte das ständige Orchester, dem sechzig Musiker angehörten.

Schriftsteller Friedrich Saß über diesen neuen Treffpunkt j. w. d.: «Die großen Säle des Krollschen Etablissements, im Glanze der tausend Gasflammen, durchrauscht von den starken, fröhlichen Tonwellen eines großen Orchesters und durchwogt von einer bunten, mannigfaltigen Menge, gewäh-

ren allerdings einen überraschenden Eindruck, und man ist wohl imstande, hier in diesem Geschwirre und Gewirre die kleinen Sorgen des Lebens und die Prinzipienfragen der Gegenwart zu vergessen, auf Abenteuer auszugehen und vielleicht an irgendeinem verführerischen Auge hängenzubleiben.»

Kroll verstand sein Geschäft. In vielen Straßen Berlins warben große Plakate um den Besuch der italienischen oder chinesischen Nächte, der Verlosungen, von phantastisch arrangierten Maskenbällen, Weihnachtsausstellungen und dergleichen. Ja, er holte sogar Strauß aus Wien, «um mit seinen Walzern die Füße der Berliner und Berlinerinnen zu beflügeln; aber Strauß hat selber gemeint», informierte Saß, «daß hier in Berlin sein Boden nicht sei und daß die Verführungskünste seiner Tänze dem berlinischen Naturell wenig anhaben könnten. Er ist unbefriedigt mit seiner Kapelle in die österreichische Kaiserstadt zurückgezogen.»

Als Kroll kurz nach der März-Revolution von 1848 starb, übernahm seine älteste Tochter die Leitung des Hauses und

Berliner Polka-Kneipe. Farblithographie von Blau um 1850

erwirkte, wieder staunte Berlin, vom berüchtigten Polizeipräsidenten Hinckeldey die Konzession für Theateraufführun-
gen. Sie ließ im Königssaal ein Podium errichten und lud
am 27. Juni 1850 zur Premiere des Volksstückes «Stadt und
Land oder Der Viehhändler aus Oberösterreich» das geneigte Publikum ein.

Auch Auguste Kroll erlag dem Verlangen vieler Theater-
direktoren jener Zeit, sich der Oper zuzuwenden. Zu groß
war der Reiz, sich dieser Gattung zu widmen, die sich noch
vor einer Generation der Hof vorbehalten hatte. Zunächst
aber machte ein Brand am 1. Februar 1851 einen Strich durch
ihre Opern-Rechnung. Ein Jahr später stand der neue Bau:
Der Königssaal als Theater wies immerhin 3000 Plätze auf.

Mochte Auguste sinnen, was sie wollte, immerhin gab sie
einem Komponisten in seinen letzten Lebensjahren ein wenig Trost, der zeitlebens als Prophet im eigenen Lande
nichts oder nur wenig galt: Albert Lortzing. Sie verpflichtete
ihn, und so studierte er vor den Toren der Stadt seinen
«Waffenschmied» ein und dirigierte ihn selbst. Zuvor hatte
er dieses Werk der königlichen Hofoper angeboten. Sie
nahm an und ließ es in der Schublade verstauben. Erst 1887,
genau 36 Jahre nach seinem frühen Tode, erlebte sein «Waffenschmied» die Erstaufführung Unter den Linden.

Bitter ist ein Brief des Komponisten aus seinen letzten
Berliner Jahren: «So gestehe ich Dir, was ich noch keinem

gestanden, daß ich durch die letzten verhängnisvollen Jahre so verarmt bin – daß Deutschland darob erröten könnte, wenn es anders Scham im Leibe hätte ... Die Herren Intendanten, Direktoren, Oberregisseure und andere S ..., wenn sie nicht gleich Erfolge wie die des ‹Freischützen›, auch eines ‹Zar und Zimmermann› wittern, lassen den deutschen Komponisten im Stiche ... Wie wurde und wird gleich nach französischen Opern geangelt! O, entstünde doch nur einmal eine Revolution beim Theater!!»

Sein Lied tönt fort

Als Sohn eines Lederhändlers hatte Albert Lortzing am 23. Oktober 1801 in der Breiten Straße 12 von Berlin das Licht der Welt erblickt. Schon in frühen Jahren fühlte er sich eng dem Theater verbunden, vornehmlich dem Musiktheater. Autodidaktisch eignete er sich kompositorische Fähigkeiten an. Als Sänger, Kapellmeister und Komponist lebte und wirkte er viele Jahre in Leipzig, Dessau und Wien.

So verpflichtete ihn das Leipziger Stadttheater als Sänger und Schauspieler. Der geborene und gelernte Berliner attakierte die Leipziger Obrigkeit, indem er allabendlich seiner Rolle kritische Äußerungen über die Leipziger Zustände hinzufügte. Das geschah zum Gaudium des Publikums und zum Entsetzen des Zensors Demuth, der Lortzing deshalb für einige Tage in Haft sperren ließ.

Nach Haftverbüßung erlebte Lortzing das Theater bis auf den letzten Platz besetzt. Auch Rat Demuth war erschienen. Der Beifall trug Sympathiewellen zu Lortzing. Jedermann war gespannt, wie er extemporieren werde. Als sich eine Stelle anbot, zuckte er mit den Schultern und sagte: «Ich spräche ja gern noch mehr, aber ...» – und hierbei schaute er deutlich in eine bestimmte Loge – «... aber Demuth verbietet es mir.» Donnernder Applaus für Lortzing, und Demuth schlich aus dem Theater.

Lortzings Opern «Zar und Zimmermann», «Der Wildschütz», «Der Waffenschmied» und andere ernteten vom Publikum wahre Jubelstürme, doch das finanzielle Glück lachte dem Komponisten nicht. Vom Theater an der Wien erhielt er eine so geringe Gage, daß sich seine Frau eine Kuh

besorgte, um Milch verkaufen und so die Familienkasse auf-
bessern zu können. Das erfuhr die Steuerbehörde, die Familie mußte die Höhe der Einnahmen benennen und etliche
Groschen Steuern zahlen. Nach Lortzings Tod fand sich in
seinem Nachlaß eine Steuerakte mit der Aufschrift: Albert
Lortzing, Milchhändler.

Wehmütig schrieb er einmal: «Der deutsche Komponist
muß alle acht bis zehn Tage seine Familie verlassen, ihre
Barschaft reicht kaum so weit, bis er wieder etwas verdient
hat; er selbst hat kaum so viel, um den Dampfwagen bezahlen zu können.» Was er hier andeutete, sah in der Praxis für
ihn so aus: Immer wieder mußte er sich als Schauspieler ver-
dingen, um seiner Frau Rosine und den fünf Kindern das
zum Leben notwendige Geld zukommen lassen zu können.

Mit 49 Jahren kehrte er im April 1850 in seine Heimatstadt Berlin zurück und erlag den falschen Versprechungen
des Direktors vom Friedrich-Wilhelmstädtischen Theater in
der Schumannstraße (man darf es als Vorläufer unseres
Deutschen Theaters bezeichnen). Friedrich Wilhelm Deichmann, 1821 als Sohn eines vermögenden Zimmerers in Berlin
geboren, hatte am 25. Juni 1848 zunächst ein Sommer-Thea-
ter eröffnet, das er am 25. Oktober – es war zu kalt geworden – in eine provisorische Winterbühne verwandelte.
Kaum zu glauben, aber in einem Jahr präsentierte er 114 Possen, Lustspiele und Vaudevilles. Als Deichmann den Abstieg
des Königstädtischen Theaters bemerkte, witterte er seine
Chance. Er baute ein festes Haus mit Rang, das er am
17. Mai 1850 eröffnete. Als Kapellmeister und Hauskomponist engagierte er Lortzing. Doch nach einigen Differenzen
ließ er ihn höchstens mal ein Weißbierlied oder Lieder zu
geschmacklosen Possen schreiben und dirigieren – und das
mit zerrüttetem Chor und dezimiertem Orchester.

Da das Geld für die inzwischen dreizehnköpfige Familie
vorne und hinten nicht reichte, arbeitete Lortzing zudem an
der Kroll-Oper als Schauspieler. Zu einer Zeit, da fast jeder
Berliner seine Lieder summte, sang oder pfiff, konnte sich
Lortzing in der Frühe höchstens einen Kaffee ohne Zucker,
zum Mittag einen Eintopf im Kellerlokal und abends eine
Stulle leisten, wie er selbst schrieb.

Bevor ihn Deichmann noch tiefer ins finanzielle Elend
stürzen konnte – er wollte den Vertrag nicht verlängern –,

Albert Lortzing

beendete der Tod die irdische Leidenszeit des Schöpfers der heiter-volkstümlichen deutschen Spieloper am 21. Januar 1851. Da erst schien mancher in Berlin etwas von der großen Tragik zu begreifen, die den Komponisten ein Leben lang begleitet hatte, da erst zeigten sich viele mit ihm verbunden: als nämlich am 24. Januar ein nicht enden wollender Trauerzug Albert Lortzing auf seiner letzten Fahrt in einem vierspännigen Leichenwagen begleitete. Das kgl. Kavallerie-Musikkorps schritt im Trauerzug, ebenso Generalintendant Theodor von Küstner, Generalmusikdirektor Giacomo Meyerbeer und viele andere.

Am Grabe auf dem Sophienkirchhof – in der Nähe der letzten Ruhestätte Wilhelm Bachs, des letzten Enkels des großen Bachs – sprach Schauspieler Anton Ascher die letz-

Gedenktafel
an Lortzings
Geburtshaus
Breite Straße 12,
das im zweiten
Welt-
krieg zerstört wurde

Die Grabstätte
Albert Lortzings
auf dem Sophien-
kirchhof,
Bergstraße

ten Worte, u. a.: «Ein redliches Herz, ein anspruchsloser Sinn, ein warmes, empfängliches Gemüt, begeisterte Liebe zur Kunst, ein großes Talent – alles das – in wenigen Augenblicken deckt es die Erde für immer! Obgleich selbst vom Geschicke verfolgt und vielfach verkannt, kannte er weder Haß noch Neid. Der zärtlichste Gatte und Vater, der treueste Freund war er. Das aber weiß ich und das muß ich aussprechen, daß wohl selten eine so begabte Natur, ein so großes Talent so wenig nach Verdienst gewürdigt worden! – Während seine Schöpfungen Tausende entzückten, während seine Melodien in den entferntesten Ländern erklangen, während seine Lieder im Munde des Volkes lebten, lebte er kümmerlich ein sorgenvolles Dasein, und der angestrengteste Fleiß, das redlichste Streben konnten ihn nicht davor schützen, daß nicht die Sorge um das Wohl, um die Zukunft der Seinigen, seine letzten Augenblicke verbitterte. Armer, armer Freund. Und doch wird dein Name den von Tausenden deiner Zeitgenossen überleben.»

Giacomo Meyerbeer veranstaltete für die notleidende Frau und ihre sechs noch lebenden Kinder mehrere Benefizkonzerte und bekümmerte sich um die künstlerische Hinterlassenschaft des Komponisten.

Auf dem Grabstein Lortzings steht geschrieben:

«Sein Lied war deutsch und deutsch sein Leid,
Sein Leben Kampf mit Noth und Neid.
Das Leid flieht diesen Friedensort,
Der Kampf ist aus, sein Lied tönt fort!»

Albert Lortzing behielt also recht, als er einmal schrieb: «Es ist mir, als ob ich von Berlin nicht wieder fortkommen würde, so wenig mir meine Vaterstadt eigentlich behagt mit ihrer kahlen Gegend und dem ekelhaften Dialekt.»

Ein Militär exerziert die Oper

In der Mitte des vorigen Jahrhunderts nahm Theodor Küstner seinen Abschied von der königlichen Oper, und per Befehl kam Ex-Premierleutnant Botho von Hülsen. Seine Karriere ist so unpreußisch nicht. Der 1815 Geborene trat mit acht Jahren dem Kadetten-Korps bei. Er entwickelte sich zu einem durchschnittlichen Militär und einem brauchbaren Arrangeur von Casinoabenden. An einem solchen nahm Friedrich Wilhelm IV. teil und amüsierte sich köstlich – nicht zuletzt über den Spaßvogel von Hülsen. Als nun die Stelle eines Generalintendanten vakant war, entsann sich der Herrscher seines clownesken Offiziers und verpflichtete ihn.

«Mein straff soldatisches Wesen behagte gar nicht», bekannte Botho von Hülsen noch 1881, «und es war sehr bald, wie man zu sagen pflegt, der Teufel los.» Er mußte nicht wenige anonyme Briefe lesen, in denen ihm seine Untergebenen die Wahrheit sagten. Einer hub mit dem Satze an: «Daß Sie ein Ochse sind, wissen wir schon ...» Dagegen machte Dirigent Hans von Bülow seinem beladenen Herzen offen Luft: Als Kritiker der «Vossischen Zeitung» bezeichnete er die Oper schlicht als «Zirkus Hülsen» und als eine alte Rumpelkammer. Einmal besuchte er eine Vorstellung in Trauerkleidung: mit schwarzer Krawatte und Trauerflor. Auf eine entsprechende Frage antwortete er: «Meine Trauer gilt der heutigen Oper. Bei anständigen Begräbnissen erscheine ich immer in diesem Aufzuge.»

Obwohl er seine Künstler dirigierte wie weiland seine Soldaten auf dem Kasernenhof – nur den Ton milderte er im Laufe der Zeit –, gelang es Hülsen, eine Reihe hervorragender Sängerinnen und Sänger nach Berlin zu verpflichten. Unter seiner Intendanz erlebte die Verdi-Oper «Troubadour» ihre Berliner Erstaufführung. Kritiker Rellstab jubelte: «Eine neue Oper! Schon das ist ein weltgeschichtliches Ereignis nach jetzigem Maßstab und der Vorgänger, wenigstens der musikalischen.» Eine Schwierigkeit für Hülsen bedeutete, daß Meyerbeer bis 1864 lediglich nominell als Generalmusikdirektor fungierte. Er fand demzufolge keinen Dirigenten von Rang, der die Stelle de facto auszufüllen bereit war: ohne Titel, ohne entsprechende Gage, ohne die dazugehörigen Machtbefugnisse. Bis 1869 dirigierte Gottfried Wilhelm Taubert, ihm folgten Wagner-Interpret Karl Eckert, Robert Radecke (1871) und 1881 Heinrich Kahl.

Schwer tat sich Hülsen mit Wagner. Der Offizier konnte dem «Freigeist» nie verzeihen, daß er am Dresdner Aufstand im Mai 1849 teilgenommen hatte, der zur Flucht des sächsischen Königs und zur Bildung einer provisorischen Regierung geführt hatte. Der Zufall wollte es, daß von Hülsen ausgerechnet in jenem Regiment ein Adjutant war, das in Dresden die Revolutionäre niederschlagen sollte – und unter diesen befand sich Wagner. «Ich kann mein persönliches Empfinden nicht verleugnen», gestand er einmal schriftlich, «und nach unserer Begegnung in Dresden im Mai 1849 widerstrebt es mir, in irgendeine persönliche Beziehung zu dem Genannten zu treten.»

Das änderte sich nur bedingt. Da andere deutsche Bühnen regelmäßig Wagner spielten, konnte die Berliner Oper nur schwer an ihm vorbeigehen. «Tannhäuser» erhielt am 7. Januar 1856 freundlichen Beifall. «Vortreffliche Vorstellung. Wundervolle Inszenierung. Entschiedener Beifall. Glück zu», telegrafierte Liszt an Wagner. Drei Jahre darauf folgte «Lohengrin», 1865 «Rienzi» und 1868 «Der fliegende Holländer».

Die Berliner Erstaufführung von Wagners «Meistersingern» mit Albert Niemann als Stolzing und Franz Betz als Hans Sachs fand am 1. April 1870 statt. Das Publikum – Schranzen vom Hofe und snobistische Geldaristokratie – johlte und pfiff schon bei der Ouvertüre.

Den Reinfall besiegelte die Presse. Die «Morgenzeitung» attestierte dem Komponisten: «Ein musikalischer, ohrenzer-

Botho von Hülsen

reißender Wirrwarr. Jeder Dilettant kann ein ähnliches hervorbringen.» Kritiker Gumprecht klagte: «Zum Ende aller Musik sind wir hier angelangt; denn unmittelbar vor uns liegt das Chaos.» Die «Signale» sahen einen «Berg von Albernheit und Plattheit in Wort, Gebärde und Musik».

Nicht allein Kritiker machten sich über Wagner her. «Damals gehörten Anulkungen Richard Wagnerscher Kunst zu den beliebtesten Scherzen», erzählt uns mit Hans Fechner ein Teilnehmer an einer solchen Veranstaltung. Der Maler Hans Holzbecher hatte eine fröhliche Wagner-Oper komponiert und dirigierte als «Hans Richter» sein Orchester – begabte Vereinsmitglieder und Musikhochschüler. «In verschleierter Weise deutete das Programm an, daß Wagner der Vorstellung vielleicht selber beiwohnen würde.»

Franz Kruse wurde gewonnen, den Wagner zu spielen. Er war zunächst Feuer und Flamme, verlor dann aber den Schneid, als ihm beim Schminken aus Versehen eine Augenbraue abgerissen wurde. «Jeder, der ein bißchen Bescheid mit derlei Dingen weiß, begreift, daß es fatal weh tut. Also Kruse streikte. Er wollte einfach nicht. Wir möchten einen anderen bekleben, einem anderen die Augenbraue ausreißen.» Derweil füllte sich der Saal mit erwartungsvollem Publikum. Kruse streikte weiter. «Was tun? Um neun Uhr sollte die Musik anfangen, und eben schlug es zehn. Stern als Leiter machte den Vorschlag, Kruse zu verhauen, wenn er sich nicht gutwillig bekleben lassen wolle.» Glücklicherweise ließ sich Kruse überreden.

«Schließlich mußte einer von uns hinaus vor die Rampe und in wohlgesetzten Worten dem Publikum mitteilen, Wagner sei eben angelangt, die Droschke vom Bahnhof habe Malheur gehabt. Nun müsse er einen Augenblick verpusten und eine Butterbemme essen, wolle dafür aber dann den Taktstock selber in die Hand nehmen.» Eine weitere Viertelstunde verging. Die zweite Notlüge lautete: Wagner habe sein Barett, ohne das er nicht dirigieren wolle, auf dem Bahnhof liegenlassen. Es werde bereits geholt.

Schließlich zeigte sich der Meister in täuschender Maske, mit Lorbeer und Beifall überschüttet. «Nach den einleitenden Takten, dem Einsetzen des Hundingmotivs, mochte der eine oder der andere ganz hinten noch an den richtigen Wagner glauben. Als die Motive aber, musikalisch äußerst

Wie der Tannhäuser zum Sängerkrieg auf die Berliner Wartburg zieht.

Der Turniervogt: Ja wohl, verehrter Herr Sänger! Zu Fuß — mit Vergnügen! Aber das Streitroß muß draußen bleiben!

geschickt, in bekannte Volksweisen übergingen, gaben sich die Zuhörer mit Ausnahme einer alten schwerhörigen Jungfer keinem Zweifel mehr hin.»

Dann jagte ein Scherz den anderen. Wagner-Kruse zerbrach etliche Taktstöcke und warf die Enden zu vermeintlich schlecht spielenden Musikern. Diese wiederum rächten sich, indem sie mitten im Spiele innehielten und lautstark ihre seit Wochen ausbleibende Gage forderten. Herzlichstürmischer Applaus krönte diesen Abend.

Solche Scherze mochten ja noch angehen, doch Offizier von Hülsen kannte keine Grenzen: Beim Tod Wagners lehnte er ab, das Opernhaus für eine Trauerfeier zur Verfügung zu stellen. Er schrieb seinem Kaiser Wilhelm I.: «Ew. K. K. Majestät wird der übertriebene Kultus nicht entgangen sein, welcher gegenwärtig bei dem Tode Richard Wagners stattfindet. Mozart, Weber, Meyerbeer, Goethe, Schiller sind gestorben, und die Welt ist keineswegs von einer derartigen exorbitanten, allerdings zum Teil künstlich gemachten Aufregung erfaßt worden; die kgl. Theater haben bei dem Ableben der Genannten keine spezielle Totenfeier veranstaltet. Der Anerkennung der hohen Bedeutung des soeben verstorbenen

Wagner, Liszt, Hülsen und Meyerbeer auf einer Karikatur aus dem «Kladderadatsch», 1856

Künstlers entziehe ich mich durchaus nicht, glaube aber, daß in dieser wie in jeder anderen Sache, was freilich der Meister von Bayreuth nie verstanden hat, Maß gehalten werden muß. Vorläufig ... habe ich daher Abstand genommen, eine Totenfeier auf den kgl. Bühnen veranstalten zu lassen.» Allerdings gestattete er schließlich doch, eine Büste Wagners aufzustellen.

Wie eng verflochten Kaiserhaus und Generalintendanz waren, darüber gibt diese Regieanweisung ein beredtes Beispiel: Für ein in Paris spielendes Ballett übermittelte Wilhelm I. seinem willfährigen Botho von Hülsen folgende Order: «Außer dem zu modifizierenden Cancan bemerke ich, daß es mir passender erscheint, daß nicht der Offizier den Revolverschuß tut, sondern daß ein Soldat auftritt, dem der Offizier angibt, auf wen er schießen soll, worauf der Schuß aus dem Gewehr erfolgt ... Wenn der Statist Braun einen Geistlichen darstellen soll, so wäre es besser, einen Ortsrichter daraus zu machen.»

Hülsen tat, wie befohlen. Er strich den Cancan und ließ nicht einen Offizier aus Leidenschaft zur Waffe greifen, sondern einen Gemeinen schießen.

Übrigens sollte der Schuß danebengehen ...

Hülsen folgte Wagner am 30. September 1886 in den Tod. Bolko Graf von Hochberg, ein schwerreicher schlesischer Großgrundbesitzer und «Schlotbaron», übernahm die Generalintendanz der Königlichen Schauspiele bis 1902. Der wilhelminische Pomp, der das öffentliche Leben in Berlin prägte, spiegelte sich auch in den prunkvollen Aufführungen der Oper wider. Deutschland wollte wer sein in der Welt; das sah man auch auf der Bühne ...

 Intrigen, Intrigen, Intrigen

Bestand viele Jahre lang an der Oper die Malaise, daß sich nur sehr wenige gute Dirigenten fanden, änderte sich das mit der Berufung von Felix Weingartner im Jahre 1891. Er debütierte in der Oper mit einer «Lohengrin»-Aufführung. Seinen außergewöhnlichen Erfolg am Pult verdanke er «seiner genialen spezifischen Dirigentenbegabung», urteilte «Spemanns goldenes Buch der Musik» aus dem Jahre 1900.

«Seine Art, den Stab zu führen, hat etwas Souveränes.» Die Berliner Opernbesucher schätzten Weingartners Frische und Begeisterung, die Natürlichkeit seines Empfindens.

Felix Weingartner erhielt als sensibler Künstler schnell einen Eindruck davon, welchen Stellenwert die Kunst und welchen die Bürokratie am Opernhause hatte. Was er erlebte und durchlitt, schilderte er in seinem 1912 erschienenen Bändchen «Erlebnisse eines Königlichen Kapellmeisters in Berlin». Es liest sich seitenweise wie ein Kriminalroman und läßt sicher mancherlei Verallgemeinerungen von Vorangegangenem zu.

Wie erwähnt, gab er am 22. Mai zum Geburtstage Richard Wagners die erste Probe seines Könnens. «Das Orchester der königlichen Oper stand damals in keinem besonderen Rufe», erkannte er. Mit den Musikern, unter ihnen etliche vortreffliche Spieler, konnte sich Weingartner bald einigen. Sie verstanden ihn und sein Anliegen. Weniger tat das Oberregisseur Karl Tetzlaff, der die Inszenierungen zu besorgen hatte. Weingartner bezeichnete ihn als einen «Routinier, der äußerlich zwar wirkungsvoll zu inszenieren verstand, dem aber das innere Wesen des Kunstwerkes, dessen Seele die Musik ist, fremd blieb, weil er selbst gänzlich unmusikalisch

243

war. Mein künstlerisches Empfinden hat darunter die ganzen Jahre, die ich dort angestellt war, schwer gelitten.»

Bezeichnend war die Reaktion des Herrn Generalintendanten, als Weingartner für das erste Sinfoniekonzert die Phantastische Sinfonie von Berlioz auswählte. «Graf Hochberg schlug die Hände über dem Kopf zusammen und rief: ‹Aber warum wollen Sie denn gerade zu Ihrem Debüt ein so entsetzliches Stück wählen?›» Auch diese Aufführung erlebte einen sehr schönen Erfolg. Der schlesische Magnat meinte, der Beifall habe nicht dem Werk, sondern ausschließlich Weingartner gegolten, «und bewahrte im übrigen seine Abneigung gegen alles, was nach seiner Meinung einen modernen Anstrich hatte. Nicht einmal den ‹Barbier von Bagdad› wollte er geben, und selbst Wagner duldete er nur, weil er ihn dulden mußte.»

Natürlich galt auch für Bolko Graf von Hochberg, was für alle leitenden Persönlichkeiten gilt: Sie charakterisieren sich nicht zuletzt durch ihre engsten Mitarbeiter, durch ihre Berater. Die rechte Hand des Grafen trug den Namen Henry Pierson und den Titel eines künstlerischen Direktors. «Hochberg frug ihn in allem um Rat, ließ ihn oft noch zu später Stunde in seine Wohnung kommen, und wollte man etwas bei Hochberg erreichen, so war es der sicherste Weg, sich an Pierson zu wenden.»

Dieser Pierson nun hatte als graue Eminenz nicht nur einen gut bezahlten Posten, sondern auch eine Frau, die in früheren Jahren als Sopranistin einige Erfolge aufweisen konnte. «Sie besaß zwar Talent für Darstellung, die Stimme aber war scharf und schrill geworden, und sie sang oft so falsch, daß ich die Gutmütigkeit des Berliner Publikums bewunderte, das diese Leistungen ohne besondere Gegendemonstration hinnahm.» Ihr zur Seite stand nicht selten Tenor Eloi Sylva, der «zwar eine außerordentlich kräftige Stimme hatte, aber vermöge seiner kleinen Statur und seiner lediglich auf französische Rollen zugeschnittenen Gesangsweise für die Aufgaben, die ihm an der königlichen Oper zuerteilt wurden, nicht im geringsten paßte. Wirkte er in Wagners Werken mit Frau Pierson zusammen, so war der Eindruck geradezu deprimierend. Ich habe niemals im Leben ein ungenügenderes Wälsungenpaar erlebt, wie diese beiden.»

Auch die Beschäftigung des Tenors Sylva hatte einen plau-
siblen Grund: Er nannte sich Freund des Herrn Pierson. Damit waren genügend Bestandteile für ein Drama gegeben, in
dem Weingartner die tragische Hauptrolle spielte.

Der offenherzige Weingartner mochte das traurige Spiel
an der Oper nicht und vertraute der Kraft der Vernunft. Er
sprach mit dem künstlerischen Direktor über die künstlerischen Qualitäten der Frau und erntete nur üble Verdächti-
gungen. Als in einer Musikzeitung Berlins kritische Anmerkungen gegen Frau Pierson erschienen, versuchte der Ehemann, Weingartner zu dem spitzfedrigen Manne zu schikken. Er solle dem Manne verdeutlichen, daß Pierson ein
künftiges Schweigen mit einem Gegendienst vergelten
würde. Selbstredend lehnte der Dirigent ab.

Cosima Wagner kam nach Berlin und äußerte den
Wunsch, im «Lohengrin» die stimmbegabte Ida Hiedler zu

Felix Weingartner

hören. Hochberg stimmte zu, Pierson dagegen. So sang die schrillstimmige Ehefrau die Partie.

Pierson verstand sich auf sein schmutziges Geschäft. Er ließ Weingartner in einer Saison neunzigmal die «Cavalleria rusticana» dirigieren, ohne ihn ablösen zu lassen. «Jeder einigermaßen künstlerische Mensch wird begreifen, daß dieses ewige Herunterleiern ein und desselben Werkes ... für einen fein empfindenden Dirigenten geradezu unerträglich sein muß.»

Am 15. November 1892 fand die Erstaufführung der Weingartnerschen Oper «Genesius» statt, wie sich denken läßt, nicht ohne Komplikationen. Konnte der Komponist mühsam verhindern, daß Bertha Pierson ihm die Tour vermasselte, drückte man ihm aber Eloi Sylva als Sänger der Titelpartie auf. «Hätte ich meine heutigen Erfahrungen schon damals besessen, so hätte ich allerdings lieber auf die Aufführung des Werkes verzichtet, als die Besetzung der Titelpartie durch einen hierfür vollständig ungeeigneten Künstler zuzulassen.» Zudem bestand ein Verbot – wer es lancierte, läßt sich leicht denken –, für die Oper eine neue Dekoration anzufertigen. Der Herr Oberregisseur Tetzlaff ordnete an, alte und älteste Inventarstücke zusammenzuschustern.

Hochberg wußte, wie man Opern köpft: Er machte die zweite Vorstellung zu einer Benefizveranstaltung und unterband die dritte ... Später ging «Genesius» fünfzehnmal über die Opernbühne von Antwerpen, und in Köln stand sie drei Jahre hintereinander auf dem Spielplan.

Damit beileibe nicht genug. «Man teilte mir keine Novitäten zu, nahm mir Opern, die ich bisher geleitet hatte, ab, und noch dazu geschah dies ohne Angabe irgendeines Grundes, ja sogar ohne mich auch nur offiziell zu verständigen. Ich las auf dem Probenzettel den Namen meines Kollegen oder erfuhr die Änderung sonst durch einen Zufall. Der Generalintendantur war es sogar ein Dorn im Auge, daß ich die Konzerte allein leitete ... In Zeitungen, die der Generalintendantur nahestanden, wurde bei jeder Gelegenheit auf mich losgehauen und mir der Mißerfolg meiner Oper höhnisch vorgehalten.»

Bertha schlug gleichfalls zu, wo immer sie konnte. Eines Tages erfuhr Weingartner am späten Nachmittag, daß er am Abend die «Cavalleria rusticana» zu dirigieren hatte. Er eilte ins Opernhaus und sah wenig später eine äußerst aufgebrachte Santuzza-Pierson vor sich auf der Bühne. Sie warf wütende Blicke auf den Dirigenten und schlug, für jedermann im Saale sichtbar, mit dem Fuß den Takt, als wolle sie den Mann am Pulte korrigieren. Danach strengte sie beim Justitiar Volkmann eine Disziplinaruntersuchung an: Weingartner habe sie mit Absicht schikaniert, um ihrer Leistung zu schaden. Weingartner erhielt «wegen schlechten Dirigierens» eine Strafe von 120 Mark. «Bezeichnend ist, daß mir kein Strafresolut und auch sonst keine schriftliche Begründung dieses fabelhaften Urteils zugestellt wurde.»

Einige Wochen danach versicherten mehrere Kammervirtuosen ihrem Dirigenten schriftlich, daß Henry Pierson hinter der schlimmen Angelegenheit stand. «Ich könnte mir die Finger von der Hand hacken lassen», schrieb Kammervirtuose Oskar Schubert, «wenn ich bedenke, daß ich mich seinerzeit, wie ich vernommen worden bin, durch Herrn Pierson verleiten ließ, gegen meine Überzeugung gegen Herrn Kapellmeister Weingartner auszusagen.» Die Eingabe, die Weingartner daraufhin an den Herrn Generalintendanten mit der Bitte um Korrektur des Urteils richtete, wurde schlichtweg ignoriert.

Weingartner stand diese dauernden Querelen, Schikanen und Intrigen nicht durch. Er nahm Schaden an seiner Gesundheit. Wochenlang zwang ihn ein Nervenfieber ins Bett. Das bewegte die Generalintendantur, dem angeschlagenen Manne noch eins draufzugeben, indem sie die Gage um 250 Mark kürzte.

Die Leitungsclique beschnitt Weingartners Möglichkeiten immer weiter. So fragte ihn bald keiner mehr, wenn neue Sänger engagiert werden sollten. Eines Abends dirigierte er «Hänsel und Gretel» und erblickte zu seinem höchsten Erstaunen auf der Bühne eine Gretel, die er nie zuvor gesehen hatte. «Man hatte ein neues Mitglied engagiert, mir keine Mitteilung gemacht und keine Gelegenheit gegeben, mit ihm zu probieren. Den Theaterzettel hatte ich an diesem Tage nicht gelesen, und so ereignete sich der gewiß denkwürdige Fall, daß ein erster Kapellmeister der Königlichen Oper in Berlin mit einem Mitglied dirigieren mußte, dessen Namen er nicht einmal kannte.»

Im letzten Jahr des vorigen Jahrhunderts strich Weingartner die Segel im Opernhaus, dirigierte aber weiter Konzerte der Königlichen Kapelle. In den sechzehn Jahren, in denen er den Stab vor diesen Herren führte, «hat seine Majestät der Kaiser nicht ein einziges Konzert besucht», wußte er zu berichten und deutete damit die mangelnde Kultur des Monarchen an.

«Die Kapelle ist für ihre vorgesetzte Behörde», so ein weiterer Kritikpunkt des analytischen Dirigenten, «eine Zusammensetzung bezahlter Musikbeamter, die ihre Pflicht zu tun haben und denen weiter nichts Unangenehmes erwächst, wenn sie sich keiner Vernachlässigung schuldig machen und sich vor allem so tief als möglich vor ihrem Chef verneigen.»

Dies konnte und wollte Weingartner nicht: «Bereits 28 Jahre stehe ich im öffentlichen Leben», schrieb er 1912. «Zahlreiche Stellungen habe ich bekleidet, mit zahlreichen Behörden und Vorgesetzten habe ich zu tun gehabt. Nirgends ergaben sich nur irgendwie tiefer gehende Differenzen ... Einzig und allein mit der Generalintendantur der Königlichen Schauspiele in Berlin war ein dauerndes Einvernehmen nie zu erzielen, weil dort eine Art von Unterwürfigkeit verlangt wird, die ich nicht zu leisten vermag.»

Weingartner ging, und mit Wagners «Tristan» führte sich am 5. November des Jahres 1899 Richard Strauss als Königlicher Preußischer Kapellmeister an der Berliner Hofoper ein. Schnell mußte auch er erkennen, daß die Kabalen munter weitergeführt wurden. Seine Oper «Feuersnot» durfte nicht an der Hofoper aufgeführt werden. Zornig schrieb Strauss einen Brief, in dem es u. a. hieß: «Als Schlußwort in der ganzen Angelegenheit erlaube ich mir, Ihnen mitzuteilen, daß ich sowohl auf die Ehre der Erstaufführung der ‹Feuersnot› wie auf die Auszeichnung, irgendeines meiner dramatischen Werke am Berliner Opernhause aufgeführt zu sehen, ein für alle Male höflich dankend verzichte.»

Der Empfänger dieses Schreibens trug den Namen – Henry Pierson. Er starb ganz plötzlich 1902.

Johann Sebastian
Bach

Ein Autogramm, bitte

Vom Berliner wird ja gern behauptet, er trage sein Herz nicht gerade auf der Zunge. Er schleiche also nicht etwa wie ein Troubadour vor das Haus seiner Angebeteten, um zum Klang der Guitarre von entflammter Liebe zu singen. Er ist mehr ein Mann des Understatements, wie es heute heißt. Demzufolge lautet seine Liebeserklärung etwa: «Wenn de willst, kannste mir bekochen!» Und das feinfühlige Ja-Wort klingt entsprechend: «Jut, und ick suche zufällig eenen, der mir de Kohlen nach oben schleppt.»

Er verbirgt also seine Zuneigung ganz gern und nicht selten hinter einem Vorhang von Schnoddrigkeit. Das ist im intimen Bereich nicht anders als in der Öffentlichkeit.

Um so mehr darf es uns verwundern und erfreuen, daß der Berliner justament auf dem Gebiet der Musik eine Ausnahme macht. Da kann er mit der Begeisterung eines Südländers «Da capo, Maestoso!» rufen, aber auch mit nicht weniger Leidenschaft faule Eier oder Tomaten zu eindrucksvollen Zeugnissen seiner kritischen Haltung machen. Viele Musiker, Komponisten und Sänger von Rang und Namen, die sich im Laufe der Jahre ein Stelldichein in Berlin gaben, können davon ein Liedlein singen. Ein frohlockendes, wenn alles gut ging, ein garstig, sollten die Beziehungen lau bis eisig gewesen sein.

Wieviel Glut aber verbirgt sich heutzutage bei jenen Berlinern, die in aller Herrgottsfrühe in die Straße Unter den Linden eilen oder zum Platz der Akademie, um für ein einmaliges Gastspiel eines einmaligen Künstlers eine Karte zu erstehen oder zu ersitzen, so sie einen Klappstuhl unterm Arm mitbringen. Sie scheuen nicht Wind noch Wetter, trotzen Regen und ignorieren brennende Sonne. Dabeizusein, wenn ein Großer die Geige streicht, die Orgel spielt oder schlicht singt, ist alles, läßt Strapazen ertragen.

Das war so, das ist so, das wird so bleiben. Es hat den Anschein, als gelänge es am ehesten den Musikern, den Vorhang vor des Berliners Herz wegzuziehen. Schauen wir uns an, wie es bedeutenden Frauen und Männern dieses Metiers in vergangener Zeit gelang. Wobei vorbemerkend darauf hingewiesen sei, daß wir damit – zumindest was die Konzerte im vorigen Jahrhundert betrifft – Berlin als anderen europäischen Metropolen ebenbürtige Stadt kennenlernen. Virtuosen von Weltgeltung gaben sich ein Stelldichein.

Ein schönerer Auftakt als der mit Bach läßt sich kaum denken. Der 1685 in Eisenach geborene geniale Komponist und
virtuose Instrumentalist weilte zwar nur dreimal in Berlin
bzw. Potsdam, doch sein Einfluß auf das Musikleben blieb
so intensiv, daß Meyerbeer zu Heine nach der Wiederaufführung der Matthäus-Passion von Berlin als der Hauptstadt
des Komponisten sprach.

Im März des Jahres 1719 besuchte Bach erstmals die Stadt.
Der ehemalige Kapellmeister aus Köthen scheute die Be-
schwerlichkeiten einer Postkutschenreise nicht, um vom Berliner Hofinstrumentenbauer Mietke ein Cembalo abzuho-
len. Bach mochte sich sagen, es sei besser, die Gütekontrolle
am Ort der Produktion vorzunehmen, ehe vielleicht das
kostbare Instrument bei Nichtgefallen auf die Retour-Reise
müßte.

Zum anderen bot sich an, im Berliner Schloß den Markgrafen Christian Ludwig von Brandenburg aufzusuchen, der
sich immerhin den Luxus einer eigenen Hofkapelle gestattete, obwohl dieses recht verwegen war; denn der Soldaten-
könig liebte Knoten- und Ladestöcke weitaus mehr als Taktstöcke. Wer besitzt schon die Stirn, sich der herrschenden
Meinung zu widersetzen?

Zwei Jahre später erhielt bewußter Markgraf aus Köthen
ein umfängliches Schreiben mit etlichen Noten, die der ab-
sendende Komponist mit «Brandenburgische Konzerte» ti-
tulierte. Es waren dies höfische Konzertmusiken, die zwar
Virtuosen, aber kein ausgesprochen großes Orchester vor-
aussetzten. Im Bachschen Briefe las der Markgraf erfreuten
Sinnes u. a.: «Da ich vor einigen Jahren das Glück hatte,
mich vor Eurer Königlichen Hoheit auf ihren Befehl hin hören zu lassen, und da ich dabei bemerkte, daß Sie einigen
Gefallen an den kleinen Gaben fand, die mir der Himmel
für die Musik verliehen hat, und da beim Verabschieden
mich Eure Königliche Hoheit mit dem Auftrag zu beehren
beliebte, Ihr einige Stücke meiner Komposition zu übersen-
den: so habe ich denn gemäß Ihrem allergnädigsten Auftrag
mir die Freiheit genommen, Eurer Königlichen Hoheit
meine ergebensten Aufwartungen mit den vorliegenden

Konzerten zu machen, die ich für mehrere Instrumente eingerichtet habe.» Die Notenhandschrift trug das Datum vom
24. März 1721.

Ob der Markgraf auch erfreuten Ohres die ihm gewidme-
ten sechs «Brandenburgischen Konzerte» vernahm, ist nicht
überliefert. Die erhalten gebliebene Originalpartitur enthält
keinerlei Hinweis darauf, daß sie damals verwendet worden
wäre. Übrigens schlief die Verbindung zwischen Bach und
Christian Ludwig ein.

Führte die erste Reise über den Cembalobauer Mietke ins
Schloß, galten die Fahrten im August 1741 und im Mai 1747
vordergründig dem Hof-Cembalisten Carl Philipp Emanuel
Bach, seinem Sohne also. Dabei kam es auch zu einer denkwürdigen Begegnung mit dem Flötenspieler von Sanssouci,
über die u. a. die «Berlinischen Nachrichten von Staats- und
gelehrten Sachen» recht ausführlich berichteten. Sie fand
am Sonntag, dem 7. Mai 1747, statt. Wilhelm Friedemann
Bach begleitete den Vater.

Eigens zu Ehren seines Gastes unterbrach der König –
man bedenke! – sein abendliches Flötenkonzert. Er «nötigte
aber den damals schon sogenannten alten Bach, seine in
mehreren Zimmern des Schlosses herumstehenden Silber-
mannischen Fortepianos zu probieren. Die Capellmeister
gingen von Zimmer zu Zimmer mit, und Bach mußte überall
probieren und fantasieren. Nachdem er einige Zeit probiert
und fantasiert hatte, bat er sich vom König ein Fugenthema
aus, um es sogleich, ohne alle Vorbereitung, auszuführen»,
erinnerte sich Bachs erster Biograph Johann Nikolaus For-
kel. In der Zeitung stand dann zu lesen: Der König «geruh-
ten auch, ohne eigene Vorbereitung, in eigner, höchster Per-
son dem Capellmeister Bach ein Thema vorzuspielen, welches er in einer Fuga ausführen sollte. Es geschah dies von
gemeldetem Capellmeister so glücklich, daß nicht nur Seine
Majestät Dero allergnädigstes Wohlgefallen darüber zu be-
zeigen beliebten, sondern auch die sämtlichen Anwesenden
in Verwunderung gesetzt wurden.»

Bach verabschiedete sich mit dem Versprechen vom Großen Friedrich, seine Fuge über das königliche Thema zu no-
tieren und in Kupfer stechen zu lassen. Acht Wochen später
hielt der König neben einem artigen Brief nicht nur die ver-
sprochene Fuge, sondern zudem weitere Kompositionen zum

bewußten Thema in der Hand, die Bach unter dem Titel «Musikalisches Opfer» zusammengefaßt hatte.

Von weit- oder weitergehenden Reaktionen des Preußen-Königs ward nichts ruchbar. Er beschäftigte sich – wie bereits erwähnt – mit seinen Kriegen und gab darüber sogar sein Flötenspiel auf. Glücklicherweise schenkte seine Schwester Anna Amalie der Bachschen Musik weiter ihr Gehör und seinen Noten ihre Aufmerksamkeit. In ihrem Palais Unter den Linden und in der Wilhelmstraße empfing sie regelmäßig Freunde schöner Musik, darunter Bach-Schüler Johann Philipp Kirnberger, Bach-Sohn Carl Philipp Emanuel sowie Leiter und Musiker der königlichen Kapelle. Anna Amalie hielt erfreulicherweise etliche der kostbaren Noten, die ja zumeist nur handschriftlich vorlagen, zusammen und übergab sie später dem Joachimsthalschen Gymnasium. Darunter befanden sich u. a. die Manuskripte der Matthäus-Passion, der h-Moll-Messe und vom «Wohltemperierten Klavier». Carl Friedrich Zelter katalogisierte die Noten und führte mit Eleganz und Vorliebe Bachsche Werke mit seiner Singakademie auf.

Der junge, geniale Felix Mendelssohn Bartholdy gab dem großen Bachschen Werk, das in einen hundertjährigen Dornröschenschlaf gesunken war, den musikalischen Prinzenkuß. Karl Marx bestärkte als Redakteur der «Musikalischen Zeitung» Mendelssohn darin ebenso wie Eduard Devrient, damaliger Opernsänger. Letzterem verdanken wir eine lebendige Schilderung dessen, wie es zu diesem Ereignis kam.

«Immer heißer wurde in mir das Verlangen, den Jesus öffentlich zu singen, immer lebhafter tauschten wir die Wünsche aus, daß es möglich sein möchte, das Wunderwerk zur Aufführung zu bringen», schrieb er in «Meine Erinnerungen an Felix Mendelssohn Bartholdy». Gemeinsam mit Zelter besprachen sie das Projekt, der vor der Schwierigkeit zunächst zurückschreckte. Devrient erklärte dem zweifelnden Meister, daß «namentlich Felix die Schwierigkeiten hoch anschlüge, daß wir aber den Mut hätten, sie nicht für unüberwindlich zu halten. Die Singakademie sei durch ihn schon mit Sebastian Bach bekannt, er habe den Chor so vortrefflich geschult, daß derselbe jeder Schwierigkeit gewachsen sei; Felix habe durch ihn das Werk kennengelernt, verdanke ihm auch Anweisungen für seine Direktion … Wir dürfen hoffen, daß derselbe Enthusiasmus, welcher uns bewege, bald alle Mitwirkenden ergreifen und das Unternehmen gelingen lassen werde.»

Die Proben begannen. Am 11. März 1829 erlebte das monumentale Werk unter der Stabführung von Felix Mendelssohn Bartholdy in der Singakademie seine erfolgreiche Wiederaufführung. Eduard Devrient: «Die Singakademie leistete mit diesen Chören das Trefflichste, was sie je vermocht, und wer den Stimmenklang dieser 300 bis 400 hochgebildeten Dilettanten gehört hat, wer es erfahren hat, zu welch wirklich andächtigem Eifer bedeutende Musik sie hinreißen konnte, der wird begreifen, daß hier unter vollendeter Führung das Vollendete geleistet wurde.»

Die Wirkung des Bachschen Werkes war so groß, daß am 21. März eine zweite Aufführung folgen mußte. (Die Einnahmen aus beiden Konzerten dienten übrigens dazu, zwei Nähschulen für bedürftige Mädchen einzurichten!) Zelter übermittelte seinem Freunde Goethe die freudige Nachricht. Felix Mendelssohn Bartholdy war damals gerade zwanzig Jahre alt geworden. Im Foyer des Berliner Maxim-Gorki-Theaters, der einstigen Wirkungsstätte der Singakademie, verweist eine Gedenktafel auf die historische Aufführung der Matthäus-Passion.

Als Elisabeth Schmehling wie ein Pferd wieherte

Blicken wir nun mehr als zweihundert Jahre zurück und machen ein wenig der Elisabeth Schmehling den Hof. Sie hatte im gleichen Jahr wie Goethe das Licht dieser Welt erblickt, erhielt in London eine Ausbildung als Sängerin und begeisterte ab 1766 ihr Publikum in Leipzig. Ihr guter Ruf – oder sollte man besser sagen: ihre gute Stimme – drang bis nach Berlin, stieß aber im Schloß auf taube Ohren.

Denn jener Friedrich, der den Beinamen «der Große» trug, duldete an *seiner* Oper lediglich italienische Sängerinnen. Der kunstsinnige König war in der Wahl seiner drastischen und finanziellen Mittel keineswegs zimperlich, wollte

Elisabeth
Schmehling-Mara

er einen italienischen Künstler zu seiner Unterhaltung in der Nähe haben. In seinen Memoiren berichtete der berühmte Voltaire, daß der preußische König die Ballerina Barbarina durch Soldaten aus Venedig habe entführen lassen. Bissig (oder wissend?) fügte er hinzu: «Er war ein bißchen verliebt in sie, weil sie Beine wie ein Mann hatte.»

Als Trostpflaster erhielt die geraubte Tänzerin eine Jahresgage, über die sich drei Staatsminister zusammen gefreut hätten. Hinzugefügt sei zudem, daß der König gern an Proben teilnahm und – selbstredend – über die Köpfe der Fachleute hinweg Regie führte. Bei Aufführungen genierten sich seine Majestät keinesfalls, eine ihm besonders genehme Stelle flugs wiederholen zu lassen.

Diesem Manne also, der absolutistisch regierte und auf Widerspruch heftig reagierte, mußte sehr langsam und sehr schonend beigebracht werden, daß eventuell auch deutsche Sängerinnen in seltensten Ausnahmefällen eine wohlklingende Stimme haben könnten. In Leipzig trällere eine deutsche Nachtigall, neben der sich italienische Sängerinnen wie Spatzen ausmachten. Als Opernchef Zierotin wieder einmal so sprach, fuhr ihn Friedrich II. unwirsch an: «Das sollte mir noch fehlen, lieber möchte ich mir ja von einem Pferde eine Arie vorwiehern lassen, als eine Deutsche in meiner Oper zur Primadonna zu haben!»

Wer die drahtlose Telegraphie in Künstlerkreisen kennt, weiß, daß sich dieses Wort schnell wie der Blitz herumsprach.

Trotzdem kam Elisatbeth Schmehling nach Berlin. Endlich zeigte sich der berühmte Flötenspieler geneigt, ihr sein königliches Ohr zu leihen. Der «Spenerschen Zeitung» können wir entnehmen, daß da nicht ein Vorsingen schlechthin geschah. Vielmehr begann ein Kleinkrieg, der sich weiten sollte ...

Geduldig harrte die junge Dame im Empfangszimmer auf ihren großen Augenblick. Wie es sich für einen König geziemt, ließ er auf sich warten. Endlich trat er ein und musterte die Sängerin unverhohlen. Doch er richtete nicht etwa das Wort an sie, sondern vielmehr seine Schritte zum Flügel. Elegant ließ er seine geübten Finger über die Tasten wandern. Zum Spiel ohne Ende.

Friedrich setzte etliche Mittel ein, um die Sängerin zu verunsichern: seine ganze Persönlichkeit, die Wartezeit, sein Präludium und nicht zuletzt die Betonung des Abstandes zwischen ihm da oben und ihr da unten. Indes, Elisabeth focht dies nicht an. Im Gegenteil. Sie fühlte sich von diesem König in ihrem Stolze verletzt. Mit weiblicher List setzte sie nunmehr ihre – im Vergleich bescheidenen – Waffen ein. Derweil seine Herrlichkeit spielten und spielten, sah sich die junge Dame ungeniert die Gemälde an und «unterstand sich sogar, dem König den Rücken zuzukehren», wie die «Spenersche Zeitung» rüffelte.

Dem König entging die Unbotmäßigkeit nicht. Er unterbrach sein Spiel und stellte die barsche Frage: «Sie will mir also was vorsingen?» Glücklicherweise antwortete Elisabeth nicht schnippisch, sondern nickte zustimmend und ließ der vorsorglich einstudierten Arie freien Lauf. Sie bemerkte des

Königs leise Zustimmung und wähnte sich in Gnaden entlassen. Doch der Prüfung war kein Ende. Sie sollte Unbekanntes vom Blatte singen. Das gelang ihr mit Bravour und nötigte dem König Beifall ab.

Es lief alles so gut, daß die liebe Elisabeth der Schalk zu reiten begann. Tonlos und mit rauher Stimme trug sie ein Adagio vor. Prompt reagierte der König unwirsch. Darauf die Sängerin: «Verzeihen, Ew. Majestät, es ist mir etwas in den Hals gekommen, darum habe ich so schlecht gesungen, daß man es fast für das Wiehern eines Pferdes halten mußte. Haben Ew. Majestät die Gnade, ein da capo zu erlauben.» Sie tat, wie angekündigt, und der sprachlose König befahl hernach ihre Anstellung an der Oper.

Allerdings zu weniger günstigen Konditionen als sie ihren italienischen Kolleginnen zugestanden wurden. Sie erhielt eine weitaus geringere Gage und nicht einen lebenslangen, sondern nur einen Vertrag über zwei Jahre.

Ihre Berliner Karriere begann im März 1771 mit der Oper «Piramo e Tisbe» von Hasse. Sie sollte bis 1779 währen. Trat Elisabeth Schmehling auf, bebte die Oper vor Begeisterungsstürmen. Im Nu hatten die Berliner die junge Sängerin in ihr Herz geschlossen. Sicher trug dazu bei, daß sie dem Großen furchtlos entgegengetreten war.

In jener Zeit schon nahmen die Berliner lebhaft Anteil am Privatleben der Bühnensterne. So verbreitete sich wie ein Lauffeuer die traurig stimmende Nachricht, die Schmehling habe sich Hals über Kopf in den Trunkenbold und Leichtfuß Ignatius Mara verliebt. Jedermann riet ihr ab, diesen Violoncellisten zu heiraten.

Selbst der König schaltete sich auf seine unnachahmliche Weise ein: Kurzerhand sperrte er Mara in die Festung Spandau. Darauf drohte Elisabeth, nach Ablauf ihres Vertrages die Stadt zu verlassen. Man lese und staune: Der König gab klein bei, Mara frei, seine Zustimmung zur Hochzeit und sogar noch etwas auf die Gage drauf. Dazu dürfte ihn nicht nur die betörend schöne Stimme der Elisabeth bewegt haben, sondern auch der für ihn sehr mißliche Umstand, daß die heimlich engagierte Ersatzsängerin Nina Potenza leider ohne stimmliche Potenz war.

Wovor jeder gewarnt hatte, trat ein: Die Ehe ging schief. Elisabeth paßte sich dem Lebenswandel ihres Gemahls an.

Friedrich der Große,
der das Singen deut-
scher Sängerinnen
mit dem Wiehern
eines Pferdes
verglich.
Radierung
von Adolph Menzel

Mitunter blieb sie lieber im Bett liegen, obwohl sie um des
Königs Besuch in der Vorstellung wußte. So beorderte
Friedrich II. einmal acht Dragoner in ihre Wohnung, sie in
jedem Falle in die Oper zu holen. Falls sie nicht das Bett verlassen wollte, bestand der Befehl, sie samt Schlafstatt herbei-
zuschaffen.

Amüsiert verfolgten die Berliner, wie ihr Gesangsidol dem
Potentaten weiter kühl-kühn die Stirn bot. Lange ging es
nach dem bekannten Muster «Angriff – Gegenangriff». Ignatius erkühnte sich, dem Friedrich mitzuteilen, Elisabeth
wolle bestimmte Reichardt-Arien nicht singen – dafür sah
er sich erneut auf die Festung verbannt. Operndirektor von
Arnim versuchte zu vermitteln. Ew. Majestät antworteten
streng: «Die Mara soll die Arien singen, wie Ich es verlange,
und nicht widerspenstig sein, wo sie nicht will, daß es ihr
ebenso wie ihrem Mann ergehen soll, und er soll sitzen, bis

auf weitere Order.» Da sang die Schmehling, ihres Mannes wegen. Des Königs Ohnmacht ihr gegenüber lag weiter darin begründet, daß sich trotz eifrigen Suchens keine würdige Nachfolgerin fand.

1770 mußte die Oper geschlossen werden, der Bayerische Erbfolgekrieg forderte seinen Tribut. Elisabeth und Ignatius nutzten die Gunst der Stunde und flohen 1778 über Leipzig nach Dresden. Müde geworden, unterließ es Friedrich II., die beiden von Häschern zurückholen zu lassen. Mit Wehmut dachten die Berliner an die schönen Stunden, die sie mit der ersten Deutschen auf einer Berliner Opernbühne hatten verleben dürfen ...

 ## Ein Bezopfter forderte D statt Dis

Verweilen wir im achtzehnten Jahrhundert. Der Alte Fritz hatte sich mittlerweile von dieser Welt verabschiedet, und Friedrich Wilhelm II. trug schwer am Zepter. Wenn man so will, beherrschten noch immer Italien und Frankreich die Berliner Bühnen. Elisabeth Schmehling-Mara war halt eine rühmliche Ausnahme.

Im Mai des Jahres der Französischen Revolution zogen müde Rosse eine Kutsche mühsam durch märkischen Sand. Als sie von weitem Potsdam passierte, machte sich einer der Insassen so seine Gedanken. Er hatte im Vormonat beim preußischen König vorgesprochen und sich dabei beiläufig den Leiter der Privatkapelle, den Cellisten Duport, zum Feinde gemacht. Duport wollte partout französisch mit ihm sprechen. Das veranlaßte den recht stolzen Ankömmling, unmißverständlich deutsch mit ihm zu reden: «So ein welscher Fratz, der jahrelang in deutschen Landen ist und deutsches Brot frißt, müßte auch deutsch reden und radebrechen so gut oder so schlecht, als ihm das französische Maul dazu gewachsen ist.»

Weiterhin kritisierte der Gast die Privatkapelle. Sie vereine zwar bedeutende Virtuosen, ließe aber als Ensemble etliche Wünsche offen. Ganz im Gegensatz zum verschnupften Duport gefiel dem König das gerade Wort. Er unterbreitete dem Besucher das Angebot, für ein Salär von 3000 Talern an die Berliner Oper zu gehen ...

Die Schinkelsche
Bühnendekoration
zur «Zauberflöte»

Nun also fraßen sich die Kutschenräder knirschend der
Stadt an der Spree näher. Man passierte ein Stadttor und
hielt endlich am Gendarmenmarkt.

Ein verhältnismäßig kleinwüchsiger Mann stieg aus und
orientierte sich. Endlich schellte er an einem Haus und sank
wenig später seinem Freunde Moser in die Arme. Schon im
ersten Gespräch berichtete der Weitgereiste vom recht groß-
zügigen Angebot des Königs, in Berlin Orchesterleiter zu
werden. Wenn er bedenke, daß er in Wien über höchstens
800 Taler in zwölf Monaten verfüge, verlocke ihn die Offerte
schon.

Was denn heute gespielt werde, erkundigte sich der Mann
und vernahm erfreut, es stehe «Belmonte und Constanze»
auf dem Spielplan. Das wolle er hören.

Der kleine Herr brauchte vom Hause seines Freundes
Moser nur wenige Schritte zum Nationaltheater am Gendarmenmarkt zu gehen. Neugierig harrte er der Dinge, die da
kommen sollten. Als sich der Vorhang zum «Singspiel in
3 Akten, frey bearbeitet nach Bretzner», wie der Programm-
zettel verkündete, hob, dauerte es nicht lange, und die Aufmerksamkeit des Publikums teilte sich. Mal schauten die
leicht verwirrten Berliner auf den kleinen bezopften Mann,
mal dorthin, wohin man halt im Theater zu blicken pflegt.

Leidenschaftliche Opernhörer sind uns Heutigen ja auch vertraut. Mit der Partitur auf den Knien verfolgen sie mit sensibler Aufmerksamkeit, was Dirigent, Musiker und Sänger bieten. Ihrem Mienenspiel ist abzulesen, welcher Qualität das Gebotene ist. So etwa dürfen wir uns den bewußten Herrn im Nationaltheater vorstellen – nur, daß er vehementer Anteil nahm.

Ein Zeitgenosse schildert uns diesen denkwürdigen Abend. «Bald freuet er sich zu sehr über den Vortrag einzelner Stellen, bald wird er aber auch unzufrieden mit dem Tempo, bald machen ihm die Sänger und Sängerinnen zu viel Schnörkeleien – wie er's nannte; kurz, sein Interesse wird immer lebhafter, und er drängt sich unbewußt immer näher und näher dem Orchester zu, indem er bald dies, bald jenes, bald leiser, bald lauter brummt und murrt.» Die Zuschauer lächelten über den Fremden, zumal er im Gegensatz zu ihnen in recht schlichtem Rocke das Theater besuchte.

Doch weiter der Augenzeuge: «Endlich kam es zu Pedrillos Arie ‹Frisch zum Kampfe› ... Die Direktion hatte entweder eine unrichtige Partitur oder man hatte darin verbessern wollen und der zweiten Violine bei den oft wiederholten Worten ‹Nur ein feiger Tropf verzagt!› Dis statt D gegeben. Hier konnte das Männchen sich nicht länger halten, es rief ganz laut in seiner freilich nicht ganz verzierten Sprache: ‹Verflucht! Wollt's Ihr D greifen!›»

Eklat braute sich zusammen. Einige Musiker dämpften die Wogen. Sie erkannten den, der da vor ihnen stand. Bald raunte es von Sitz zu Sitz: «Mozart ist da!»

Nun kannte die Begeisterung der Berliner keine Grenzen. Sie feierten den großen Komponisten. Am Ende der Aufführung nahm der Meister von der Bühne aus die Ovationen entgegen.

Zuvor hatte er allerdings Henriette Baranius beruhigen müssen: Sie sang die Rolle der Blonden, des Mädchens der Constanze. Als sie hörte, der Komponist sei anwesend, hatte sie vor freudigem Schrecke den berüchtigten Frosch im Hals. Mozart eilte zu ihr, spendete feines Lob und versprach, mit ihr ganz persönlich zu üben. Was davon den Ausschlag zum Weitersingen gab, steht nicht geschrieben ...

Das Nationaltheater am Gendarmenmarkt durfte ja das Verdienst für sich in Anspruch nehmen, einer der Wegberei-

Mozart
im Nationaltheater
während einer Auf-
führung der
«Belmonte und
Constanze»

ter der deutschen Oper zu sein; dabei standen Gluck- und
Mozart-Aufführungen am Anfang. Allerdings verbuchte
Mozarts «Figaro» im Jahre 1790 einen nur mäßigen Erfolg.
Dagegen fand im gleichen Jahr die Berliner Erstaufführung
des «Don Juan» eine mehr als freundliche Aufnahme. In
Berlin breitete sich so etwas wie ein leichtes Mozart-Fieber
aus. Der Besuch des Komponisten dürfte das Seine dazu beigetragen haben. Unter dem Titel «Eine macht's wie die andere» ging zwei Jahre später «Cosi fan tutte» über die Bühne
und begeisterte auch die Herren Kritiker, die sich über den
«Don Juan» noch recht zurückhaltend geäußert hatten.

1792 entstand der Plan, den Berliner Mozart-Freunden
«Die Zauberflöte» zu bieten. Nur Oberdirektor Engel vom
Nationaltheater wehrte sich dagegen mit Händen und Fü-
ßen. In einer Expertise für den König führte er u. a. techni-

263

Ein Denkmal für
Wolfgang Amadeus
Mozart
im Schloßpark
Köpenick

sche Gründe an, die eine Aufführung verwehrten, und steigerte sich zur Bemerkung: «Ich bedaure hierbei, daß der große Tonkünstler Mozart sein Talent an einen so undankbaren, mystischen und untheatralischen Stoff hat verschwenden müssen.»

Dennoch erteilte Friedrich Wilhelm II. Order zur Einstudierung des Werkes. Engel fiel um: «Die von Ew. Majestät allergnädigst befohlene Oper ‹Die Zauberflöte› wird zu Ende dieses Monats einstudiert scin können.» Und stand wieder auf, indem er nichts dergleichen tat. Erst zwei Jahre darauf, der König resignierte ein wenig vor sich hin, fand die festliche Erstaufführung statt und entzückte die Berliner. In nur acht Jahren erlebte die Oper einhundert gefeierte Wiederholungen.

Und was Mozart betrifft: Er war auf das königliche Angebot nicht eingegangen. Ende Mai 1789 bestieg er wieder die Kutsche und rollte aus der Residenzstadt. Er wußte aber viele Freunde in Berlin.

Mit nassen Schnupftüchern romantisch Beifall gewinkt

Das einstige «Wunderkind» Mozart konnte nur wenige Jahre nach seinem Berlin-Besuch ein anderes «Wunderkind» mit den Worten rühmen: «Auf diesen hier gebt acht! Der wird euch einmal was erzählen.» Diese prophetischen Worte sollten sich bewahrheiten; denn sie galten keinem Geringeren als Ludwig van Beethoven. Ähnlich wie einst Mozarts Eltern mit ihrem reiste auch Beethovens Vater mit seinem musikalisch begnadeten Kind durch die Lande. Sein – wie er sagte – «Söhnchen von nur sechs Jahren», das in Wahrheit bereits zwei Jahre älter war, stellte er in einer musikalischen Akademie den Berliner Kunstfreunden vor. Erst danach – zwischen 1779 und 1780 – erhielt der Wunderknabe systematischen Unterricht im Klavier-, Flöten-, Orgel- und Geigenspiel. Der Zehnjährige spielte perfekt die Kirchenorgel. Organist, Komponist und Dirigent Christian Gottlob Neefe nahm sich des jungen Beethoven an und formte das Talent. Auch er prophezeite: «Dieses junge Genie verdiente Unterstützung, daß es reisen könnte. Er würde gewiß ein zweiter Wolfgang Amadeus Mozart werden, wenn er so fortschritte, wie er angefangen.»

Er schritt fort, und er reiste. Unter dem 19. Februar 1796 schrieb er an seinen Bruder Nikolaus Johann von Prag aus u. a.: «Meine Kunst erwirbt mir Freunde und Achtung, was will ich mehr. Auch Geld werde ich diesesmale ziemlich bekommen. Ich werde noch einige Wochen verweilen hier, und dann nach Dresden, Leipzig und Berlin reisen ...»

Nicht einige, viele Wochen vergingen, bis er in der Residenzstadt an der Spree eintraf. Der Kalender zeigte bereits den Juni des genannten Jahres an. Belegbar ist sein Aufenthalt zwischen dem 21. und dem 28. Juni, möglicherweise aber war er bereits vorher eingetroffen.

Allerdings nahmen die Berliner Tageszeitungen von der Ankunft des 25jährigen keinerlei Notiz. Das verwundert insofern nicht, als sich Beethoven gewissermaßen in der ersten Phase seiner Reife zum Genie befand und – zumindest in Berlin – einen Namen als Komponist noch nicht hatte. In Berlin logierte der *Pianist* Beethoven.

Konzerte gab er vor einem relativ kleinen Kreis musikliebender Berliner, die sich zwei Jahre zuvor zur Singakademie zusammengeschlossen hatten. Da Karl Friedrich Christian Fasch, der die Singakademie gegründet hatte, Tagebuch führte, können wir über Beethovens Auftreten Kunde geben.

Unter dem 21. Juni 1796 notierte er: «H. van Beethoven phantasierte von der Davidiana und nahm dazu das Fugenthema aus Psalm 119 No. 16. – Herr v. Beethoven, Klavierspieler aus Wien, war so gefällig, uns seine Phantasie hören zu lassen.» Genau eine Woche später schrieb Fasch ein: «H. van Beethoven war auch diesmal so gefällig, uns eine Phantasie hören zu lassen.»

Es war durchaus eine hohe Ehre und zugleich eine Auszeichnung für Beethoven, vor diesen Berliner Musikkennern und Musikliebhabern spielen zu dürfen. Daß er gefiel, darf der Einladung zu einem zweiten Konzert entnommen werden.

Wie er selbst die beiden Veranstaltungen sah, schilderte er seiner Freundin Bettina von Arnim: «In Berlin gab ich auch vor mehreren Jahren ein Konzert; griff mich an, und glaubte, was Rechts zu leisten, und hoffte auf einen tüchtigen Beifall, aber siehe da, als ich meine höchste Begeisterung ausgesprochen hatte, kein geringstes Zeichen des Beifalls ertönte; das war mir doch zu arg; ich begriff's nicht; das Rätsel löste sich doch dahin auf, daß das ganze Berliner Publikum fein gebildet war und mir mit nassen Schnupftüchern vor Rührung entgegenwinkte, um mich seines Danks zu versichern. Das war einem groben Enthusiasten wie mir ganz übrig; ich sah, daß ich nur ein romantisches, aber kein künstlerisches Auditorium gehabt hatte.»

Einige Male spielte Beethoven auch bei Hofe, lernte dort den von Mozart düpierten Duport kennen, der ja glänzend das Violoncello zu spielen verstand. Beim Abschiede erhielt

Ludwig van
Beethoven

Beethoven von Friedrich Wilhelm II. «eine goldene Dose
mit Louisd'ors gefüllt», wie ein Chronist vermerkte. «Beethoven erzählte mit Selbstgefühl, daß es keine gewöhnliche
Dose gewesen sei, sondern eine der Art, wie sie den Gesand-
ten wohl gegeben werden.»

Beethoven traf auch mit Carl Friedrich Zelter zusammen,
der als Nachfolger von Fasch die Leitung der Singakademie
übernahm. Bemerkenswert, wie sich Zelters Einstellung zu
Beethoven im Laufe der Zeit erheblich wandelte. Verkannte
er zunächst völlig das Genie, sprach er später im Briefwechsel mit seinem Freunde Goethe von Ergriffenheit und Er-
schütterung gegenüber dem Beethovenschen Werke, um
schließlich eine nahezu anbetende Stellung einzunehmen.

Kapellmeister Friedrich Heinrich Himmel von der Könige-
lichen Oper sollte seine Begegnung mit Beethoven nie vergessen. Himmel genoß als Komponist oberflächlicher Stücke

267

eine gewisse lokale Berühmtheit, was Beethoven zur immerhin noch recht freundlichen Einschätzung veranlaßte: «Ein artiges Talent– weiter aber nichts.»

Beide verabredeten, im Privatzimmer des Jagorschen Cafés am Piano zu improvisieren. Beethoven begann den Wettstreit in sicher unnachahmlicher Weise. Dann setzte sich Himmel ans Piano und spielte halt so gut er konnte. Nach einer recht langen Weile unterbrach ihn Beethoven, halb spöttisch, halb ernst: «Aber lieber Himmel, wann werden Sie denn endlich einmal ordentlich anfangen?»

Wie Ohrenzeugen berichteten, entspann sich ein erregter Disput, der sich auf der Straße Unter den Linden fortsetzte.

Ende Juni verließ Beethoven die Stadt, mit der er weiter verbunden blieb. Fast auf den Tag genau 18 Jahre später schickten er und Hoftheaterdichter Treitschke eine umfangreiche Postsendung in die Stadt an der Spree. Im Begleitschreiben hieß es u. a.: «Die Unterzeichneten geben sich die Ehre, einem Kgl. Nationaltheater zu Berlin hiermit Text und Partitur ihrer Oper ‹Fidelio› in genauer und einzig rechtmäßiger Abschrift um ein Honorar von 20 Dukaten in Golde zum Gebrauch für diese Bühne … anzutragen.» Das Kgl. Nationaltheaer lehnte zunächst ab, setzte dann aber – eineinhalb Jahre darauf – die Berliner Erstaufführung an.

Die «Königlich privilegierte Berlinische Zeitung» nannte die am 11. Oktober 1815 aufgeführte Oper «ein geniales Kunstprodukt erster Größe» und verteilte Lob: «Fidelio ist die erste und einzige uns bekannte Oper, welche L. v. Beethovens Universal-Genie in der Tondichtung als Beweis lieferte, daß er nicht bloß ein großer Universal-Komponist sey, sondern auch dramatische Charaktere mit fester, kühner Hand zu zeichnen wisse.»

 ## Blumenregen für Carl Maria von Weber

Kehren wir kurz in die Gegenwart zurück. In bester Erinnerung ist sicher noch die feierliche Wiedereröffnung des Schinkelschen Schauspielhauses am jetzigen Platz der Akademie 1984 anläßlich des 35. Jahrestages der DDR. Bewegte Freude beherrschte die Berliner, daß sich dieser schöne Platz – er zählte als Gendarmenmarkt vor dem unseligen

MARIA v. WEBER.

Carl Maria
von Weber

zweiten Weltkrieg zu den prachtvollsten unseres Kontinents – dank großen Könnens von Architekten, Bauleuten
und Handwerkern seiner ursprünglichen Gestalt wieder an-
nähert. Daß die Ouvertüre zum Weberschen «Freischütz»
den musikalischen Auftakt im neuen Konzerthaus gab, kam
nicht von ungefähr. Denn Carl Maria von Weber war einst
dem Haus und darüber hinaus der Stadt recht eng verbunden.

Auf Einladung seines Freundes Jakob Beer alias Giacomo
Meyerbeer reiste der 1786 Geborene als 26jähriger nach Berlin. Er wollte vor allem seiner Oper «Silvana» zum Sprung
auf die Bühne verhelfen, den Kapellmeister Bernhard Anselm Weber zu verhindern trachtete. Dagegen setzten sich
Intendant Graf Brühl und Fürst Radziwill für das Werk ein
und eine Orchesterprobe durch. Sie endete leider mit einer

269

Auseinandersetzung zwischen beiden Webers. Doch am 10. Juli 1812 erlebte Berlin die Uraufführung unter der Stabführung des Komponisten. Da sich der Erfolg nicht in eine Anstellung ummünzen ließ, ging Carl Maria von Weber als Kapellmeister nach Prag. Auch ein zweiter Versuch, in Berlin seßhaft zu werden, scheiterte 1814. Diesmal wich Weber nach Dresden aus.

Sieben Jahre sollten vergehen, bis sein Stern hell wie nie über Berlin zu strahlen begann. Gemeinsam mit seiner Frau entstieg Weber im Mai des Jahres 1821 der Kutsche. Er wollte die Proben für die Uraufführung seiner Oper «Der Freischütz» selbst leiten. Es ging ihm um viel, anderen gleichermaßen. Zum einen sollte die deutsche Oper eines patriotisch Gesinnten auf die Bühne gebracht werden, der Körners «Lützows wilde Jagd» intoniert hatte, zum anderen eine interne Auseinandersetzung mit dem Generalmusikdirektor Spontini geführt werden.

Bei der Generalprobe klappte vieles nicht. Will man einem alten Aberglauben von Theaterleuten folgen, programmierte dies den großen Erfolg der Uraufführung.

Am 18. Juni also strömten Scharen musikbegeisterter Berliner zum Gendarmenmarkt. Max Maria von Weber, Sohn des Komponisten, schildert uns den Beginn des großen Ereignisses mit den Worten: «Nach und nach füllte sich das Orchester. Die Musiker begannen zu stimmen. Das Brausen der im übervollen Hause unbequem in glühender Hitze eingekeilten Masse nahm mehr und mehr zu – da erschallte plötzlich Beifallklatschen im Orchester. Weber war eingetreten. Und das ganze Haus mit tausend, tausend Händen nahm das schwache Signal im Orchester wie ein donnerndes Echo auf.»

Unter den Gästen im Schauspielhaus befanden sich Heinrich Heine und E. T. A. Hoffmann, der auch eine Rezension schrieb. Der königliche Hof glänzte durch Abwesenheit.

Schriftsteller Julius Kapp berichtete, daß der dirigierende Weber sich durch ungeheure Beifallsstürme gezwungen sah, die Ouvertüre zu wiederholen. «Obwohl Weber mit einem sehr kleinen Stöckchen dirigierte und kaum mehr als Tempo, Licht und Schatten anzugeben schien, übte er – der geborene Dirigent – doch eine geradezu faszinierende Macht auf das Orchester aus.» Stürmisch verlangte das leidenschaftlich mitgehende Publikum ein da capo des «Jungfernkranzes».

«Die beim Fallen des Vorhanges einsetzenden Ovationen und das tausendstimmige Rufen der begeistert ausharrenden Menge waren in Berlin beispiellos», notierte Julius Kapp. «Kränze, Gedichte, ein wahrer Blumenregen ergoß sich auf die Bühne ... Erregt brauste das Auditorium dieses denkwürdigen Abends auseinander, laut das neue Wunder verkündend.»

Der überglückliche Weber vertraute seinem Tagebuch diese Notizen an: «‹Der Freischütz› wurde mit dem unglaublichsten Enthusiasmus aufgenommen. Ouvertüre und Volkslied da capo verlangt, überhaupt von 17 Musikstücken 14 lärmend applaudiert. Alles ging aber auch vortrefflich und sang mit Liebe ... Gedichte und Kränze folgten. Soli deo gloria!»

Es vergingen nur einige Tage, da kannte ganz Berlin die Melodien des «Freischütz». Spötter Heinrich Heine: «Wenn Sie vom Halleschen nach dem Oranienburger Tor und vom Brandenburger nach dem Königstor, ja selbst wenn Sie vom Unterbaum nach dem Köpenicker Tor gehen, hören Sie jetzt und immer und ewig dieselbe Melodie, das Lied aller Lieder – den ‹Jungfernkranz› ... Dort wird er von einem Lahmen georgelt, hier wird er von einem Blinden heruntergefiedelt. Am Abend geht der Spuk erst recht los. Das ist ein Flöten, Grölen und Fistulieren und ein Gurgeln, und immer die alte Melodie.» Etwas weniger pointiert gesagt: Webers «Freischütz» avancierte im Nu zur Volksoper. In kurzer Zeit erlebte sie ihre 200. Aufführung.

Ergötzlich auch diese kleine Geschichte, die uns von Zelter überliefert ist. Als der Direktor der Singakademie eines Tages durch die Berliner Straßen spazierte, lief vor ihm ein Schusterjunge, der ebenso unermüdlich wie falsch sang: «Wir winden dir den Jungfernkranz!» Er kam und kam über die erste Zeile nicht hinaus, was Zelter über die Hutschnur ging. Mit grobem Baß ergänzte er: «Mit veilchenblauer Seite.» Da drehte sich die kesse Jöre um und fuhr ihn an: «Hörn Se mal, Männeken, wenn Se schon den jrünen Jungfankranz singen wolln, denn fangen Se ihn ooch alleene an. Det andre is Straßenraub!»

So wie wir diesen Abschnitt mit einem Blick ins Heute begonnen haben, so wollen wir ihn auch beschließen. Im November 1984 besuchte mit Hans-Jürgen Freiherr von Weber ein Ur-Ur-Enkel des «Freischütz»-Komponisten das Schinkelsche Schauspielhaus und damit jene Stätte, an der einst «Der Freischütz» seine Premiere erlebt hatte. In das Gästebuch des neuen Hauses trug sich der Freiherr mit den Zeilen ein: «Alte Herzensbindungen der Familie von Weber zum Berliner Geistes- und Musikleben wandeln sich im Angesicht dieses herrlichen Hauses zu jungem Neuem.»

 ## Berlin im Sontags-Fieber

Nur wenige Jahre sollten vergehen, da stieg ein neuer Stern am märkischen Himmel über der Stadt auf, der an Leuchtkraft seinesgleichen suchte. Gebührt Elisabeth Schmehling der Ruhm, erste deutsche Sängerin an einer Berliner Bühne gewesen zu sein, darf Henriette Sontag für sich den Platz der ersten Diva in Berlin beanspruchen. Wer sich einen (nahezu) zeitgenössischen Vergleich vor Augen führen möchte, der denke vielleicht an die Callas. Die eine wie die andere eine begnadete Sängerin, die eine wie die andere schön, die eine wie die andere sich ihres Wertes mehr als bewußt, um es noch einigermaßen charmant zu umschreiben.

Dichter und Schriftsteller Karl von Holtei, Mitglied des Königstädtischen Theaters und Autor zahlreicher Singspiele, schlug gar heftig die Leier, als er seine Anbetung in die Worte kleidete: «Einen so innigen Verein von Anmut, Reiz, Wohllaut des Organs, Ausbildung aller künstlerischen Talente, Darstellungsgabe, besonnener Anwendung der Mittel, bescheidener Koketterie wüßte ich nirgend und nie bewundert zu haben.» Er nannte Henriette schlicht «Wundermädchen, das jeden berausche».

Das Königstädtische Theater am Alexanderplatz hatte die Göttliche nach Berlin geholt. Für mehr als das doppelte Jahressalär, das die Schmehling erhalten hatte. Stationen vor Berlin waren Prag und Wien. Das Prager Konservatorium mußte sie übrigens verlassen, weil sie ohne Direktionsgenehmigung öffentlich aufgetreten war. Als 19jährige ließ sie ihre Schönheit in Berlin voll erblühen.

Genauer gesagt: Mit dem dritten August des erwähnten Jahres begannen Henriettens einzigartiger Triumphzug und

eine Erregung in Berlin zu grassieren, die mit «Sontags-Fieber» eine vergleichsweise harmlose Bezeichnung erhielten. Eine solche Koloratursängerin hatten die Berliner zuvor nie gehört, nie gesehen. Sie warfen sich der «jöttlichen Jette», wie sie berlinisch-zärtlich genannt wurde, förmlich zu Füßen. Die sogenannte bessere Gesellschaft jagte den raren Eintrittskarten ebenso eifrig nach wie der «jemeine Mann» von der Straße. Henriette hatte alle bezaubert. Sie war Berlins Idol.

Das Königstädtische Theater am Alexanderplatz

Selbstverständlich reagierten die Gazetten auf die ungeheure Wißbegier ihrer Leser. Ob erkundet oder erdichtet – täglich füllten die Redakteure etliche Spalten ihrer Zeitungen mit Berichten darüber, was die Sontag tat, wer mit ihr flirtete (was damals «den Hof machen» hieß), welche Parfüms sie bevorzugte und welche Kleidung. Hätte es damals schon die Fotografie gegeben – die Zeitungen wären mit entsprechenden Abbildungen gefüllt gewesen. So flogen Zeichenstifte übers Papier, auf daß die Damen ihrem Schneider sagen konnten: So möchte auch ich aussehen. Hutmacher und Friseure hörten ähnliche Wünsche.

Der Ort ihrer Anbetung hätte nicht Berlin sein dürfen, um nicht einen Spötter auf den Plan zu rufen. Schriftsteller und Theaterkritiker Ludwig Rellstab ging das heftige Son-

273

tags-Fieber derart auf die Nerven, daß er im Jahre 1826 unter dem Pseudonym Freimund Zuschauer darüber das Satirchen «Henriette oder die schöne Sängerin» verfaßte. Ob man es glauben möchte oder nicht: Fast ganz Berlin setzte sich aufs Sofa und nahm kräftig übel. Sogar der Herr Innenminister schaltete sich ein. Dank seines straff organisierten und weitverzweigten Polizei- und Schnüffelapparates ward Rellstab alsbald als Frevler und Urheber des Pamphlets demaskiert und – man trauere um ihn – für etliche Monate nach Spandau auf die Festung geschickt. Die noch vorhandenen Exemplare seines Werkes gingen jenen Weg, den Zensoren unbequemen Büchern seit je vorgeschrieben haben.

Auch dem Theologen Tholock mißfiel, wenn auch aus anderen Gründen, der unsagbare Rummel. Er erhob seine warnende Stimme wider die gefährliche Theaterlust und schloß sein gereimtes Werkchen mit den Zeilen:

Berlin preist sie als seiner Oper Zierde,
Und es vergöttert sie manch guter Christ.
Oh, daß der Sonntag so gefeiert würde,
Wie es die Sontag ist.

Damit nicht der Eindruck entsteht, die solchermaßen in Berlin Gefeierte habe nur ihre Kunst im Sinn gehabt und sei irdischen Dingen gegenüber gleichgültig gewesen, seien einige ihrer Forderungen genannt. Sie ließ monatlich nicht nur rund 580 Taler im weiten Portefeuille verschwinden, sondern beutelte die Bühne am Alexanderplatz mit etlichen Nebenforderungen. So hatte das Königstädtische Theater der Jette eine rote Equipage zu stellen. Miete und Gehalt für das Hauspersonal berappte die Bühne ebenso wie das Geld für den Kostümschneider und das Garderobenpersonal. Ach ja, die Göttliche hatte auch einen Engel von Schwester. Sie wollte und sollte leben. Also mußte die kleine Nina für Kinderrollen engagiert werden …

Davon wußten die Berliner nichts – oder sie wollten es nicht wissen. Man feierte die Diva ohn' Unterlaß. Sie durfte sich schließlich sogar Königlich Preußische Kammersängerin nennen!

In ihrem Werk «Aus meinem Bühnenleben» schilderte Schauspielerin Karoline Bauer den Abschied der «jöttlichen Jette» von Berlin. Es muß ein wahrer Volkstrauertag gewesen

Henriette Sontag.
Zeichnung
von Franz Krüger

sein, jener 9. Mai 1826, da sie zum vorläufig letzten Male auf
der Bühne des Königstädtischen Theaters stand. Fuder von
Blumen, viele Flaschen Eau de Cologne ergossen sich auf
die Bühne. Schwärmer Karl von Holtei ließ nicht weniger als
sechs Gedichte auf sie vom Rang heruntersegeln. Viele Enthusiasten taten es ihm gleich. «Als sie dann nach der Vorstellung an der Tür des Theaters erschien, fand sie den ganzen großen Alexanderplatz mit einer summenden, wogenden
Menge Kopf an Kopf gefüllt. Mit brausendem Hoch! Hoch!
wurde sie empfangen. Obgleich sie bis zu ihrer Wohnung im
‹Kaiser von Rußland› auf der anderen Seite des Alexander-
platzes nur hundert Schritte hatte, so bestieg sie doch klüg-
lich ihren berühmten roten Wagen, um von der Liebe und
Bewunderung nicht erdrückt zu werden. Der Weg nach ihrer
Wohnung war mit Blumen bestreut.» Im Schrittempo
bahnte sich das rote Gefährt den Weg durch die traurig-
freudigen Berliner. «Voran schritt ein Musikkorps.» Die er-

regte Menge wogte auf dem Platz noch bis in die tiefe Nacht, rief ein übers andere Mal Vivat! Vivat! Hin und wieder zeigte sich die Sontag auf dem Balkon und winkte dankend mit einem Tuch. Sofort erhob sich ein tausendstimmiger Chor: «Wiederkommen! Wiederkommen!»

Nickend versprach sie es, tat es später auch, konnte aber nicht mehr an ihre große Zeit anknüpfen. Der Sontags-Bazillus hatte seine Kraft verloren.

Jahre darauf verewigte Maler Hummel die Göttliche in Öl. Sein Bild zeigt die Sontag vor einer Mode-Boutique in der Breiten Straße. In einer Pfütze und in den Schaufenstern spiegelt sich das ehrwürdige Schloß ...

 ## *Chopin am Kneipenpiano*

Das Schicksal wollte es, daß ein genialer Musiker nach Berlin reiste, ohne auch nur eine einzige Probe seines Könnens zu geben. Der junge Mann, der am 14. September 1828 in der Stadt an der Spree eintraf, hatte zwar als Konzertpianist seit einem Jahrzehnt einen guten Namen, doch er befand sich in Begleitung des Zoologen Professor Jarocki aus Polen, der an der Versammlung deutscher Naturforscher und Ärzte teilnahm. Demzufolge zog er nicht in Konzertsäle oder vor einen Kreis von Musikfreunden, sondern ins Zoologische Kabinett der noch jungen Universität und sah sich die Sammlung von gefiederten Zwei- und bepelzten Vierbeinern an. Erst als der Freund seines Vaters darauf drang, ihn weiter zu Tagungen mitzunehmen, die ihn tödlich langweilten, und zu Bankettos, bei denen es um die gleichen Themenkreise ging, da streikte Fryderyk Chopin. In einem seiner witzig-ironischen Briefe schilderte er einen gelehrten Tischnachbarn als «ein Fröschchen mit Bärentatzen», der im Eifer der Disputation sich auch vom Teller des jungen Polen bediente ...

Keine Probe seines Könnens gegeben zu haben – das trifft allerdings nicht ganz zu. Wie der Achtzehnjährige seinen Eltern brieflich mitteilte, hatte er im Hotel «Kronprinz von Preußen» eine akzeptable Unterkunft gefunden, in der sich sogar ein Klavier befand. Darauf habe er täglich spielen können, was dem Wirt bewundernde Worte entlockte. Er sei zufrieden, nicht – wie ursprünglich geplant – in der Franzö-

sischen Straße zu wohnen, «weil diese Straße ungewöhnlich
trist ist; man gewahrt kaum sechs Menschen zusammen». In
der Spandauer Straße gefalle es ihm weitaus besser.

Als er sich nun endlich vom Zoologie-Professor und seiner Tagung hatte loseisen können, schrieb er glücklich seiner Familie am 27. September: «Ich tue nichts als ins Theater
gehen.»

Chopin weilte im Opernhaus, im Schauspielhaus und in
der Singakademie, erlebte eine Aufführung des «Freischütz»
und hörte ein Oratorium von Händel. Zelters Singakademie
begeisterte bei einem Essen der Naturforscher und Ärzte –

hier schließt sich ein Bogen – zum rhythmischen Klatschen und zum Mitsingen. Bei einer dieser Gelegenheiten lernte der junge Chopin den gleichfalls jungen Mendelssohn Bartholdy kennen.

Vergeblich suchte der begnadete Pianist eine Pianofortefabrik in der Friedrichstraße auf: Es stand kein fertiggestelltes Klavier zum Verkaufe bereit.

Wie so viele Berlin-Besucher bewunderte auch Fryderyk Chopin die Schätze der Königlichen Bibliothek am einstigen Opern- und jetzigen August-Bebel-Platz. In einem Brief an seine Eltern schilderte er eine besondere Begegnung, die er und Professor Jarocki an diesem Ort hatten: «Dort sah ich einen eigenhändigen Brief Kościuszkos, welchen Brief Falkenstein, der Biograph unseres Helden, Buchstabe für Buchstabe abschrieb. Als er bemerkte, daß wir Polen seien, den Brief glatt herunterlasen, den er mühsam nachmalte, bat er Herrn Jarocki um Übersetzung des Inhalts ins Deutsche, den er sich nach Diktat in seine Brieftasche eintrug.»

Fryderyk Chopin war nicht zuletzt deshalb so ergriffen von der Begegnung mit einem Zeugnis des großen polnischen Generals und Freiheitskämpfers sowie dessen Biographen, weil sein Vater an diesem heroischen Kampf um die nationale Wiedergeburt Polens teilgenommen hatte. Leider überdauerte der Kościuszko-Brief nicht den zweiten Weltkrieg. Übrigens war der Berliner Polen-Gemeinde untersagt worden, eine Totenfeier zu Ehren des polnischen Freiheitshelden zu veranstalten.

Wer möchte es einem achtzehnjährigen jungen Mann verübeln, daß er nicht allein den schönen Künsten seine Aufmerksamkeit widmete? Interessiert sah er sich die Berlinerinnen an. Er vermochte bei ihnen keinen Chic zu entdecken und bezeichnete sie recht ungalant als aufgeputzte «Lederpuppen». Zu rühmen wußte er indes die «Ordnung, die Reinlichkeit und die Auserlesenheit der Dinge» in «dieser übergroßen Stadt». Er schlenderte gern durch die Königstraße (heutige Rathausstraße) und sah sich die Schaufenster an. Der berlinische Witz war ihm – im Gegensatz zu manch anderem Gast – nicht zu derb, er schrieb den Eltern so manchen nach Hause.

Gemeinsam mit seinem Bekannten verließ er Berlin nach der Tagung der Naturforscher und Ärzte.

Der Teufelsgeiger Paganini

Ob der Genius nicht mitunter des Teufels sei – diese Frage stellten sich die Berliner zu Anbeginn des Jahres 1829, als sich der ge- und berühmte Geiger Niccolo Paganini zu einem Konzert angesagt hatte. Höchster Ruhm und übelste Fama waren ihm vorausgeeilt. Ein Jahr zuvor hatte er Wien in einen wahren Rausch des Entzückens und der Narrheit versetzt. Und die Fama gab vor zu wissen, daß der gespenstisch anmutende Geiger im Eifersuchtswahn seine eigene Frau ermordet habe. In vieljähriger Kerkerhaft sei ihm der Besitz einer Geige mit nur einer Saite gestattet worden. Auf dieser G-Seite habe er gelernt, alle Empfindungen der menschlichen Seele zum Klingen zu bringen. Tatsächlich aber hatte er sich von seiner Gattin Antonia Bianchi getrennt und zog mit seinem Sohn Achilles durch die Lande. Er hielt seinen Sprößling für einen Engel, andere nannten ihn ein verzogenes Gör. Wie es halt so ist.

Im März 1829 machte also Paganini in Berlin Station. Auf Proben im Konzertsaal des Schinkelschen Schauspielhauses deutete er sein überragendes Können nur vage an. Erst am Tage seines Konzertes, am vierten Tag des genannten Monats, ließ er die Geige «singen wie einen Vogel, klingen wie eine silberne Glocke und weinen wie ein Menschenherz, daß selbst dem kältesten Hörer die Träne innigen Mitgefühls quelle», wie es Karoline Bauer erlebte.

Nach dem Schlußtriller brach – so ein Augen- und Ohrenzeuge – ein Beifallssturm aus, wie ihn Berlin seit der Zeit des Sontags-Rausches nicht gehört hatte. «Das Publikum gebärdete sich wie toll. Der Applaus artete in ein Beifallsrasen aus: Die Männer klatschten und schrien dem Virtuosen zu, sie stiegen auf die Stühle, während die Damen sich über die Logenbrüstungen hinauslehnten und tränenden Auges mit den Taschentüchern winkten.»

Nun wissen wir, daß der Geschmack des Publikums mitunter das eine, der des Kritikers ein ganz anderer ist. In diesem Falle aber stimmten selbst die strengsten Rezensenten selten gehörte Loblieder an. Schrieb der eine: «Wenn ich es nicht gehört hätte, ich würde es nicht glauben», steigerte der nächste: «Ich habe es gehört, aber ich glaube es doch nicht.»

Niccolo Paganini

Die Schwestern Caroline und Wilhelmine Bardua notierten unter dem 14. März 1829: «... haben wir einen ganz außerordentlichen Künstler bewundert, den berühmten Violinspieler Paganini, der alle Welt herbeiströmen macht. Von der unglaublichen Vollkommenheit seiner Kunst kann ich nichts sagen – so etwas Außergewöhnliches läßt sich nicht beschreiben ... wie seltsam sein düsteres, wildes Aussehen und sein äußerst linkisches Benehmen kontrastiert zu der ruhigen Sicherheit, mit der er, frei auf einer Erhöhung ohne Notenpult stehend, vor der staunenden Welt seine Wunder entfaltet.»

Karoline Bauer und ihr berühmter Schauspielerkollege Ludwig Devrient hatten das Pech, am Paganini-Abend im selben Hause im Lustspiel «Das Chamäleon» auftreten zu müssen. Vor halbleerem Saal, wie sich denken läßt. In einer Pause kam Dekorationsmaler Gropius herbeigestürzt und rief: «Kinder! Ich hab' ihn gehört! Er geigt wie ein Gott – und wie ein Dämon! Unsere Berliner sind rein weg. Solch ein rasender Applaus ist noch nicht dagewesen.» Da gab es für die Schauspieler kein Halten mehr. Sie eilten, den großen Magier zu hören.

«Wie der Wind fliege ich hin und lausche und staune: Waren das wirklich die Töne einer Geige?» fragte sich Karoline Bauer. «So etwas hatte ich nie gehört. Ich höre noch Ludwig Devrient sagen: ‹Das ist keine hölzerne Geige! Das ist Klagen und Weinen aus zerrissener Menschenbrust – ich wollt', daß mir als König Lear solche Töne zu Gebote ständen!› So hatte ich den Paganini gehört – ohne ihn gesehen zu haben.» Die Schauspieler standen vor einer verschlossenen Tür und konnten den Teufelsgeiger nur durch das Schlüsselloch vernehmen.

Wenige Tage später traf Karoline Bauer doch noch mit dem Virtuosen zusammen – und erschrak über die Häßlichkeit des langen, hageren Mannes. «Er schien nur aus olivenfarbiger Haut und klapperdürren Knochen zu bestehen. Die schwarzen Kleider schlotterten förmlich um dieses Gerippe ... Das Gesicht sah aus wie ein mumisierter Totenkopf; die Wangen hohl; aus den tiefen Augenhöhlen glühten unheimlich schwarze Lichter hervor; lange dünne schwarze Haare umringelten diesen Totenkopf gleich Schlangen ...»

Paganini mußte seine Konzerte mehrmals wiederholen, weil der Ansturm der Berliner zu groß war. Jeder wollte den Teufelsgeiger sehen und vor allem natürlich hören. Schließlich musizierte er im überfüllten Opernhause, weil der Konzertsaal nicht alle Musikfreunde fassen konnte.

Als er aus Berlin abreiste, hinterließ er einen großen Kreis von Verehrern.

Ein «wunderbarer Tyrann des Pianoforte»

Es gibt Gelegenheiten, da gleicht des Berliners Leidenschaft einem tätigen Vulkane. Erlebten wir bei der schönen Henriette und dem unheimlichen Niccolo gewissermaßen Eruptionen des Feuerspeienden, schien er bei Franz Liszt sogar auseinanderzubersten. «Ganz Berlin ist voll Liszt», hieß es damals, und das war beileibe nicht übertrieben.

Justament am Weihnachtsabend des Jahres 1841 stieg der berühmte Virtuose im Hotel de Russie in der Niederlagstraße ab. Für den 27. war das erste Konzert in der Singakademie angesetzt.

Varnhagen von Ense vertraute darüber seinem Tagebuch an: «Er spielte ganz allein, wunderbar, beispiellos, zauberhaft, mit allgemeinem, heftigstem Beifall. Seit Paganini habe ich keinen solchen Meister gehört ... Wir hatten ganz nahe Plätze und sahen den geistvollen, schönen Mann ganz genau. Zuletzt spielte er einen chromatischen Galopp, den ich nicht aushalten konnte. Er hatte meine Pulse in seiner Gewalt, und sein Spiel beschleunigte sie so, daß mir schwindlig wurde.»

Nach dem zehnten Konzert mußte der Künstler ins Opernhaus umziehen; zu viele wollten ihn hören, ihm zujubeln. Es folgten weitere elf Auftritte. Übrigens veranstaltete der freigebige Liszt neun Benefizkonzerte! Auf der Bühne standen stets zwei Flügel – falls einer bei dem ungemein kräftigen Anschlag des Meisters versagen sollte. Er sei ein «wunderbarer Tyrann des Pianoforte», schrieb ein Kritiker.

Wir wollen Dank sagen, daß nicht alle, die Liszt hörten, den Kopf verloren. Einige schauten amüsiert bis indigniert genau hin, was sich da in den Konzertsälen tat. Lassen wir uns von ihren (sicher nicht ganz unaktuellen) Beobachtungen ein wenig ergötzen. Beispielsweise von einem gewissen Friedrich Engels, der zu dieser Zeit seinen Militärdienst in Berlin ableistete. An seine Schwester Marie richtete er u. a. folgende Zeilen: «Die Berliner Damen sind aber so vernarrt gewesen, daß sie sich im Konzert um einen Handschuh von Liszt, den er hatte fallen gelassen, komplett geprügelt ha-

ben ... Den Tee, den der große Liszt in einer Tasse stehen ließ, goß sich die Gräfin Schlippenbach in ihr Eau-de-Cologne-Flakon, nachdem sie die Eau de Cologne auf die Erde gegossen hatte; seitdem hat sie das Flakon versiegelt und auf ihrem Sekretär zum ewigen Andenken hingestellt.»

Romanschriftsteller Alexander Baron von Sternberg glossierte die schmachtenden Damen, die feinere Sorte der – pardon – Fans. «Der Virtuos war in ihr Herz gedrungen – sie liebten. Wenn die Stunde des Spiels begann ... hob ein leises Sehnen den Busen dieser schwer von der Liebe Leidenden. Nun erschien der Meister selbst ... die schwer von der Liebe Heimgesuchte wagte einen Blick hinauf, doch wie vom Blitz gerührt, sinkt sie wieder tief in sich zusammen. Nun ist das Spiel zu Ende; man rast in ihrer Nähe, tausend Händepaare klatschen, aber sie? O nein, solch ein Jubel ist roh; sie hat jede Note innerlich empfunden, jede Saite ist über ihren wunden Busen hingespannt gewesen; sie hat keine Träne mehr, keinen Seufzer mehr, sie schleicht auf den Arm einer Freundin gestützt nach Hause ...»

Als Liszt vernahm, daß Studenten nicht in der Lage waren, die Eintrittspreise zu bezahlen, setzte er ein Konzert in

der Universität an. Allerdings ging auch das nicht reibungs-
los vonstatten; denn zunächst hatte der Liszt-hörige Lehr-
körper samt Verwandt- und Bekanntschaft die Aula gefüllt.
Das veranlaßte den genialen Pianisten, noch einmal in der
Universität aufzutreten – aber diesmal ausschließlich vor
Studiosi.

Sie huldigten ihm dafür und gaben ihm beim Abschiede
am 3. März 1842 ein Ehrengeleit bis weit vor die Tore der
Stadt. Sechs Schimmel zogen die Lisztsche Kutsche, nicht
weniger als 51 Reiter in «akademischem Wichs» bildeten die
Eskorte. Im Gefolge befanden sich dreißig Vierspänner und
Hunderte Privatequipagen.

Varnhagen von Ense notierte: «Tausendstimmiger Lebe-
ruf erschallte. Der König und die Königin waren in der
Stadt spazierengegangen, um den Jubel zu sehen. Man sagt,
der Hof und Adel sei außer sich, daß ein Musikant wie ein
König geehrt werde, ja für den Augenblick diesen ver-
dunkle.»

Seinen Spott mit der «Lisztomanie» der Berliner trieb übrigens ein Drucker aus Spreeathen. Er unterhielt in der Roß-
straße einen Weinkeller. Eines schönen Tages konnten seine
Gäste beim Schoppen Wein über folgende Bekanntmachung
schmunzeln: «Durch den glücklichsten Zufall bin ich in den
Besitz eines Hosenträgers gelangt, welchen der berühmte
Virtuose Franz Liszt in Gebrauch hatte. Um den Wünschen
vieler Berliner Damen zuvorzukommen, die kein Andenken
von ihm besitzen, werde ich diesen Verlegenheitsaushelfer in
kleine Stücke parzellieren und – soweit es der Raum gestattet – einem jeden ein Andenken zukommen lassen. Mit
Zwangsjacken für tolle Damen kann ich jedoch nicht auf-
warten.»

 ## Die Nachtigall aus Schweden

Nach dem Brand des Opernhauses im Sommer des Jahres
1843 beauftragte Friedrich Wilhelm IV. seinen Generalmu-
sikdirektor Giacomo Meyerbeer, für die Premiere im neuen
Haus ein Singspiel zu komponieren. Auf den Text «Ein
Feldlager in Schlesien» von Ludwig Rellstab sollte er die
Musik setzen. Mit «heftigstem Widerstreben» nahm der
Komponist an. Wissen muß man, daß der Autor in der

Jenny Lind,
die Nachtigall aus
Schweden

Meyerbeerschen Familie ob seiner harten Kritiken nur «die Ratte» hieß.

Inkognito reiste Meyerbeer nach Paris und besprach die Angelegenheit mit seinem bewährten Librettisten Eugène Scribe. Meyerbeer nahm dessen Zusage und Jenny Lind mit nach Berlin. Nach den Vorstellungen des Komponisten

Richard Wagner

sollte die «schwedische Nachtigall» im Singspiel um Friedrich II. die weibliche Hauptrolle verkörpern.

Der große Tag kam mit dem 7. Dezember 1844, die Preußen-Oper erlebte ihre festliche Premiere im neuen Haus (im zweiten Akt standen nicht weniger als 352 Sänger, Musiker und Statisten sowie 22 Pferde auf der Bühne), doch die schwedische Nachtigall blieb stumm. Nicht, daß sie ihre Stimme verloren hätte, nein, Generalintendant Theodor von Küstner hatte sich gegen seinen Generalmusikdirektor durchgesetzt und mit Leopoldine Tuczek die festverpflichtete erste Sängerin des Hauses auftreten lassen. Jenny Lind konnte aber in folgenden Aufführungen des Feldherrn-Spektakels ihren Koloratursopran perlen lassen.

Die schwedische Nachtigall blieb nicht lange in ihrem Käfig. Meyerbeer setzte sie wenige Tage später als Norma frei. Die musikbegeisterten Berliner wußten, was sie erwartete, und so fochten sie um die Eintrittskarten, als gelte es, einen Schlesischen Krieg zu gewinnen. Selbst für ein Billett im obersten Rang wurden fünf Taler geboten – ein Leineweber kargte in jener Zeit mit einem Wochenlohn von etwa drei Talern.

Als Jenny Lind das erste Mal die Bühne betrat, machte sich zunächst spürbar Enttäuschung breit. So mancher im Parkett und auf den Rängen dachte an Henriette Sontag, die nicht nur ein rechter Ohrenschmaus, sondern auch eine Augenweide gewesen war. Die Lind aber erschien ihnen dagegen gar zu brav, um nicht bieder zu sagen. «Aber kaum begann sie zu singen, merkte man», schrieb ein Chronist, «es begab sich ein Wunder, man empfand den gotterfüllten Genius, der im gänzlichen Vergessen der Außenwelt die Fülle seines inneren Lebens entfaltete.»

Auch sie öffnete weit der spröden Berliner Herz und entfachte einen Jubel und einen Taumel, der an das Sontags-Fieber erinnerte. Ja, es ging mitunter so weit, daß vornehme Berlinerinnen ihren kostbaren Schmuck abstreiften, um ihn der gefeierten Sängerin darzubringen, ihren Blick dafür zu erhaschen oder gar ihr dankbares Lächeln zu ernten.

Eigens für die schwedische Nachtigall arbeitete Meyerbeer die Preußen-Oper «Ein Feldlager in Schlesien» um. Zunächst trug sie unter dem Titel «Vielka» dazu bei, den Ruhm der Lind zu mehren, dann – nach weiterer Bearbeitung mit Eugène Scribe – erhielt sie ihren endgültigen Titel «Nordstern». Es ist schon ein köstlich Ding zu wissen, daß in der neuen Oper nicht mehr der Preußenkönig die Flöte blies, sondern der russische Zar, und demzufolge russische Soldaten den Dessauer Marsch sangen. So austauschbar ist alles. Zumindest auf der Bühne.

Kalte Neugier beobachtete Wagner

Dem liberalen und weltoffenen Generalmusikdirektor Meyerbeer ist es auch zu danken, daß ein weiterer Großer der Musik seine Visitenkarte in der Stadt an der Spree abgab. Zunächst aber richtete dieser unter dem 27. Juni 1841 aus Paris an den damaligen Generalintendanten der Kgl. Schauspiele Berlin, an den Grafen Wilhelm von Redern, ein Schreiben. Darin hieß es u. a.: «Hochedelgeborener Graf! Ew. Exzellenz werden ganz ergebenst von mir ersucht, meiner Bitte gewogene Beachtung zu schenken, die ich in bezug auf eine Oper von meiner Komposition ausspreche, für welche ich hiermit die Ehre einer ersten Aufführung auf dem Königlichen Hoftheater zu Berlin nachsuche. Es ist dies eine kleinere Oper, betitelt ‹Der fliegende Holländer›.» Wagner fügte noch hinzu, daß er das unschätzbare Glück genieße, mit Herrn G. Meyerbeer persönlich bekannt zu sein.

Hochedelgeboren las den Brief, mitnichten aber das übersandte Textbuch. Er ließ lesen und begutachten. Das von Regisseur Lichtenstein verfaßte Schlechtachten endete mit der Bemerkung: «... so kann es nicht anders als gewagt erscheinen, auf sein Anerbieten einzugehen.» Einer schriftlichen Information ward Wagner nicht für wert befunden. Noch härter und ablehnender urteilte der spätere Generalintendant von Küstner. Von tiefem Mißtrauen gegen den «Freigeist» Wagner erfüllt, beschied der preußische Adlige die Komposition als «ungeeignet für Deutschland».

Einzig Meyerbeer verwendete sich für Wagner. Er bezeichnete ihn als «einen interessanten Tondichter» und bestätigte ihm Talent, weshalb er den Schutz des großen Hoftheaters verdiene. Meyerbeer konnte sich nicht durchsetzen. In Berlin lag die Oper auf Eis. Ihre Uraufführung erlebte sie am 2. Januar 1843 in Dresden.

Berlin schloß sich ein Jahr darauf an. Küstner hatte inzwischen die Intendanz von Redern übernommen. Wagner eilte zur Aufführung nach Berlin. Er hatte die Stadt bereits als 23jähriger kennengelernt. Damals logierte er im Hotel «Zum Kronprinzen» in der Königstraße (heutige Rathausstraße), bewarb sich vergeblich um die Annahme seiner Oper «Das Liebesverbot» und erhielt auch nicht die angestrebte Musikdirektorenstelle am Königstädtischen Theater. Adolf Glaßbrenner hatte eigens dafür eine Zusammenkunft mit dem Theaterdirektor Cerf arrangiert.

Da sich das Opernhaus Unter den Linden nach dem schlimmen Brand nunmehr als Großbaustelle präsentierte, sollte die Berliner Erstaufführung des «Fliegenden Holländer» im Schauspielhaus am Gendarmenmarkt stattfinden. Wagner selbst nahm den Taktstock in die Hand, weil er meinte, Kapellmeister Hennig verstände weder etwas vom Dirigieren, noch von seiner Oper.

Wie der Komponist seiner Frau mitteilte, trat er an jenem 7. Januar 1844 vor ein «wildfremdes Publikum! Ich empfand

dies deutlich: da war mir kein einziger aus diesem Publikum persönlich befreundet ... mit gewöhnlicher kalter Neugier sitzt alles da und denkt: Na, was wird denn das für ein Ding sein, der fliegende Holländer?»

Nach der Ouvertüre regte sich keine Hand zum Beifall. Erst im zweiten Akt empfand Wagner, das Publikum erreicht und – mehr noch – für sich eingenommen zu haben. Als der Vorhang das zweite Mal fiel, schrie und tobte alles.

Wagner bei einer Probe zu «Tristan» in Berlin

289

«Als ich endlich mit den Sängern erschien, denke ich, das Haus bricht zusammen!» Ähnliches wiederholte sich nach dem letzten Vorhang.

O wie so trügerisch kann Beifall sein! Das Stück überlebte kaum den Abend. Nach drei Aufführungen verschwand es für fast ein Vierteljahrhundert vom Berliner Spielplan. Die Kritiker – unter ihnen auch Rellstab – mochten dem Neuen in der Wagnerschen Musik nicht folgen, ein Großteil der Berliner gleichfalls nicht. Oberbürokrat von Küstner verweigerte dem Komponisten sogar das Geld, das ihm als Dirigent zustand. Er habe Wagner dafür keine «Einladung» ausgesprochen, wie es für eine Gagenforderung notwendig gewesen wäre, vielmehr nur den «Wunsch» geäußert, ihn dirigieren zu sehen, wortklaubte er.

In einem Brief an Meyerbeer klagte Wagner im Jahre 1845, ihm bleibe Berlin so gut wie verschlossen. Die Stadt habe ihm vorläufig nur geschadet. Dennoch versprach er, seine Oper «Rienzi» für eine Berliner Aufführung freizugeben. Ach, hätte er es doch nicht getan! Eine weitere Enttäuschung wäre ihm erspart geblieben.

Am 26. Oktober 1847 hob sich der Vorhang für «Rienzi»; doch bald fiel die Stimmung des Publikums ins Bodenlose. Schauspielerin Charlotte Birch-Pfeiffer – sie schrieb auch oberflächliche Bühnenstücke – teilte in einem Brief vom 6. November des bewußten Jahres mit: «Wagners ‹Rienzi› ist mit Trompeten, Tamtam, Pauken und Glockenschlag – durchgefallen, trotz 800 Menschen auf der Bühne, trotz Pferden und Sängern! Die Berliner können was vertragen, Sie wissen es, aber: Zuviel ist doch zuviel. Meyerbeer ist ein sanft blökendes Lamm gegen diesen brüllenden Stier. Das ist nicht mehr Musik, es ist ein Skandal.»

Erst viele Jahre später änderte sich die Einstellung auch der Berliner zur Wagnerschen Musik. Aufsehen erregten die ersten zyklischen Aufführungen des «Nibelungen-Rings» im Berlin des Jahres 1881 – nicht etwa im Opernhaus Unter den Linden, nein, im Victoria-Theater in der Münzstraße. Zum ersten Zyklus erschienen Richard und Cosima Wagner, Franz Liszt und Hans von Bülow, der Dirigent und Kritiker der «Vossischen Zeitung», als Nachfolger von Rellstab.

Hinzugefügt sei, daß sich die Berliner Likörfabrik Kahlbaum um die Aufführung des Rings verdient gemacht hat.

Sie ließ eine Dampfleitung von ihrem Betriebsgelände zur Bühne verlegen, damit etwa in der «Walküre» zur rechten Zeit die Dämpfe das Szenenbild bereicherten.

Schallende Ohrfeigen

Eine Künstlerin soll diese Abteilung beschließen. Flechten wir der sicher letzten typischen Primadonna einen Kranz, die an der Oper Unter den Linden in festem Engagement stand: Pauline Lucca.

Die österreichische Sängerin – sie erblickte im Jahre 1841 das Licht der Welt – erhielt den Ruf nach Berlin, als sie in Prag weilte. Generalintendant Botho von Hülsen sprach die Einladung aus. Pauline erhörte den Ruf und reiste im Jahre 1861 nach Berlin. Hülsen ahnte nicht, daß er sich mehr ein Kuckucksei ins Nest gelegt, als eine Nachtigall ins Ensemble geholt hatte.

Ihre Stimme kam an, mehr noch deren Timbre, und vor allem fiel das Spiel der Sängerin auf. Das recht zierliche Persönchen wußte sich bei jeder Gelegenheit gut in Szene zu setzen. Gelang es wirklich einmal nicht, machte sie halt eine Szene. Wie es sich für eine Primadonna gehört.

In jener Zeit fehlte der Oper ein Kapellmeister, der nicht nur den Taktstock fest in der Hand hielt. So konnte Pauline auf der Bühne das machen, was sie für richtig und für sich wichtig hielt – ohne Widerspruch befürchten zu müssen. Als die Querelen aus diesem Grunde immer mehr zunahmen, sah sich ihr einstiger Förderer von Hülsen gezwungen, am Schwarzen Brett mit einer geharnischten Stellungnahme gegen sie vorzugehen. Der Erfolg war, wie sich denken läßt, gleich Null. Amüsiert verfolgten die Berliner, was sich auf und hinter der Bühne tat. Und die Zeitungen schürten das Feuer noch.

Lange ließ der handfeste Skandal nicht auf sich warten. Mit Mathilde Mallinger – sie sang u. a. die Elsa in «Lohengrin» – schien der Lucca eine ernsthafte Konkurrentin zu erwachsen. Ebenso aufmerksam wie mißtrauisch beobachtete die Primadonna, wie der Nebenbuhlerin Karriere anhob. Hysterisch reagierte sie, sobald deren Stimme und Spiel gerühmt wurden.

Bei einer Aufführung des «Figaro» im Jahre 1872 konnte und wollte sie sich nicht mehr zügeln. Auf offener Bühne verabreichte sie der entsetzten Mathilde Mallinger mehrere schallende Ohrfeigen. Der Eklat war perfekt. Daraus resultierenden Auseinandersetzungen entzog sich die Diva durch schlichten Kontraktbruch. Offensichtlich erlaubte ihr das ein Vorvertrag mit einer amerikanischen Bühne. Es währte nicht lange, da verließ sie Berlin in Richtung New York. In einem Brief aus dem Jahre 1888 bekundete Theodor Fontane, daß er den Weg der Pauline Lucca verfolgt hatte. Er zeigte sich gut informiert, als er von 17 Vorhängen schrieb, mit denen die kapriziöse und schlagfertige Sängerin vom Publikum in New York gefeiert wurde.

Cellospieler.
Zeichnung
von Adolph Menzel
1851

Instrumentalmusik bricht sich Bahn

Vor 1800 durfte Berlin im Vergleich zu anderen Städten des europäischen Kontinents getrost als musikalische Provinz bezeichnet werden – trotz eines flötenspielenden Königs, der die Musik liebte und förderte. Konzertähnliche Musik fand allenfalls bei Hofe statt und dann peu à peu in Bürgerhäusern. Denken wir etwa an Konzerte für Kenner und Liebhaber, zu denen Musikalienhändler Karl Friedrich Rellstab ab 1787 in sein Englisches Haus in der Mohrenstraße einlud. Sie befriedigten in Werkauswahl und Präsentation die Wünsche musikalisch Anspruchsvoller.

Ansonsten ging es etwa so zu, wie es Johann Friedrich Reichardt in seinem Traktat «Leben des berühmten Tonkünstlers Heinrich Wilhelm Gulden, nachher genannt Guglielmo Enrico Fiorino» beschrieb, das aus dem Jahre 1779 stammt. «Bey saurem Weine wurde nun der Plan zu einem gemeinschaftlichen Konzert bezankt ... um so wohlfeil wie möglich davon zu kommen, wurde beschlossen, zwey Violinen, einen Violoncell, eine Flöte, eine Hoboe, zwey Waldhörner, eine Trompete und Pauken zu bestellen.»

Die Berliner erhielten rechtzeitig in den Straßen ein Programm zugesteckt. Ihm konnten sie u. a. entnehmen, daß auch ein Wunderkind seine Künste zeigen werde. Marktschreierisch wurde es angepriesen: «Endlich wird ein siebenjähriger Knabe, ein wahres Meerwunder, gar hexenmäßige Tausendkünsteleyen auf der Violine zeigen. Er wird krähen wie ein Hahn, mauen wie eine Katze, schreyen wie ein junger Esel, pfeifen wie eine Maus und alles auf der Violine. Wer blind ist, wird's nicht gewahr, daß es eine Violine ist.»

Das sogenannte Konzert fand an einem Sonntage in einem Kaffeehaus statt, das seinen Gästen mancherlei Vergnügliches bot. Wer kein Programm erhalten hatte und auch sonst nicht informiert war, vermutete die Aufführung einer Komödie, eines Marionettenspiels oder gar tanzende Hunde oder seltene Tiere vorgestellt zu bekommen. Wie groß vielleicht des einen oder des anderen Erstaunen, mit Musik konfrontiert zu werden! Interessant ist es schon, auf welcher Stufe öffentlichen Vergnügens die frühen «Konzerte» standen.

Der Konzertmeister mußte sich mancherlei einfallen lassen, ein Meister der Improvisation sein. So band er große Hüte an die Stühle, um seinen Musikern wenigstens Behelfs-

Die Virtuosin.
Stich von
Theodor Hosemann
1854

pulte bieten zu können. Als sich der Schlüssel für den Flügel nicht finden ließ, öffnete man die Klappe kurzerhand ge-
waltsam.

Alsdann hob ein geräuschvolles Stimmen der Instrumente
an. Der hochgebildete Konzertmeister ließ seine Finger ein
wenig über die Tasten wandern, fand endlich einen genehmen Ton und gab denselben als a aus. Kenner glaubten
zwar, ein b gehört zu haben, aber das störte die Musiker
wenig. Sie stimmten eifrig ein halbes Stündchen, ohne wenigstens zwei Instrumente auf die gleiche Stimmlage bringen
zu können. Einer der Musiker wischte sich schließlich die
Schweißperlen von der Stirn und beendete die Prozedur mit

dem Stoßseufzer, es habe sowieso keinen Sinn, alldieweil sich das Instrument beim Wärmerwerden doch verziehe. Als einer der Zuhörer dem Waldhornisten zu verstehen gab, er spiele zu hoch, da versicherte dieser, er werde sich bald niedersetzen.

Großer Beifall empfing das Wunderkind, das auf einen Tisch turnte, die Geige anlegte und recht anhörbar ein Adagio spielte. Kunst, mochte manch einer denken, ist doch was wirklich Schönes. Anschließend ging der Vater des Jungen mit dem Hut in der Hand herum, möglichst viele Groschen einzusammeln.

Ein angeblicher Musiker aus Wien, der sich Wenzel Petrzizek nannte, machte auf seine Weise den Berlinern klar, daß auch Musik ein rechtes Gaudium sein konnte. Er lud sein verehrungswürdiges Publikum für den 16. Oktober 1793 «zu einem großen militärischen Konzert von einem ganz besonderen Geschmack und reinster Bearbeitung» ein. Der eingängige Titel lautete: «Die Bataille bei Oppenheim, zur Ehre Sr. Königl. Hoheit des Prinzen Ludwig von Preussen und der sämtlichen Königl. Preuss. Armee.» Vier Chöre und eine große Anzahl Musici sollten aufführen:

«1. eine grosse Symphonie, extra componiert für zwei Chöre von Herrn Bach;
2. die Märsche und die Kanonade auf 4 Chöre vorgestellt;
3. die abgesandte Stafette durch Trompeter, auf 4 Chöre vorgestellt;
4. der Sturm und Alarm durch 4 Chöre;
5. die französische Retirade durch 3 Chöre;
6. das Ächzen der Blessierten, dann ein Abmarsch durch 3 Chöre;
7. das grosse Jubelfest in 4 Chören;
8. den Schluss macht eine grosse Symphonie von Mozart, bestehend aus allen 4 Chören der Musicis.»

Wie ein Rezensent dieses Konzertes zur Ehre der Berliner berichtete, gab es wohl mehr Bläser als Zuhörer, die sich ziemlich «erlustierten».

Das wohlhabende Bürgertum blieb solchen Volksbelustigungen lieber fern und pflegte im Kreise Gleichgesinnter mit musikalischer Unterstützung durch Musiker aus der Königlichen Kapelle eine anspruchsvollere Hausmusik. Einen

Schritt hinaus aus den Bürgerhäusern unternahm schließlich die Singakademie. Sie öffnete sich einem weitaus größeren Zuhörerkreis, als er bei Hauskonzerten zusammenkommen konnte.

Nur langsam, ganz langsam blühte im neuen Jahrhundert das Konzertleben in Berlin auf. Einer von denen, die nach den Befreiungskriegen gegen die Napoleonische Fremdherrschaft dazu beitrugen, war Carl Möser. Er kannte und schätzte Beethoven und Haydn und führte ihre Werke auf. Mit seiner Kammermusik in Zyklen von jeweils sechs Konzerten erreichte er zahlreiche Berliner, weckte Verständnis für neuere Musik bei ihnen und ebnete anderen Musiker-Vereinigungen den Weg. Als etwa 1816 das Schuppanzigh-Quartett aus Wien in der Spreestadt gastierte, zeigte sich ein Erfolg der Möserschen Bemühungen: Viele kamen, um die Wiener mit Beethovens Musik zu hören.

Zersplitterung aller Kräfte

Der schlimme Brand des Schauspielhauses am Gendarmenmarkt traf 1817 auch das Konzertleben hart, weil die Flammen den Berliner Konzertsaal vernichteten. Eine Aufführungsstätte von guter Qualität ist ja nicht nur für die Musiker von einiger Wichtigkeit, sondern auch zur Herausbildung von festen Gewohnheiten, ja Traditionen beim Publikum. Aber nicht nur deshalb lag das Konzertleben in Berlin am Boden. In einem Brief an Erich Heinrich Verkenius nannte Felix Mendelssohn Bartholdy einige von wichtigen Gründen, weshalb Berlin mit einem gewissen Neid auf kleinere Städte blicken mußte, in denen Konzerte zwar nicht an der Tages-, wohl aber an der Monatsordnung waren. Hinderlich in Berlin seien «dieselbe Zersplitterung aller Kräfte und aller Leute, dasselbe praktische Streben nach äußerlichen Resultaten, derselbe Überfluß an Erkenntnis, derselbe Mangel an Produktion und Mangel an Natur, dasselbe ungroßmütige Zurückbleiben in Fortschritt und Entwicklung». Gewiß, dieser Brief atmet mehr als einen Hauch verständlicher Verbitterung des großen Musikers, der so gute Rezepte für eine gedeihliche musikalische Entwicklung seiner Heimatstadt parat hatte, die aber – Prophet im eigenen Lande

Zuhörer im Konzert.
Zeichnung
von Adolph Menzel
1850

– niemand wollte. Doch notwendig war es auch, diese Wahrheiten auszusprechen.

Er selbst mußte erneut die engen Grenzen verspüren, die ihn in Berlin in seiner musikalischen Entfaltung behinderten. 1842 erhielten die Kapellmeister Carl Wilhelm Henning und Gottfried Wilhelm Taubert auf ihren Antrag, regelmäßig Sinfonie-Soireen der Königlichen Kapelle stattfinden zu lassen, einen positiven Bescheid. Damit setzten sie fort, was Carl Möser begonnen hatte. 1843 folgte Mendelssohn Bartholdy dem Ruf nach Berlin, um diese Konzerte zu dirigieren. Erschrocken mußte er erkennen, wie weit Berlin auf diesem Gebiet seiner vorhergehenden Wirkungsstätte Leipzig hinterherhing: Als er, wie im Gewandhaus, auch Solisten auftreten lassen wollte, stieß er auf eisige Ablehnung.

Indes schlug ihm heißer Dank am 27. März 1844 nach der Aufführung der Neunten Sinfonie von Beethoven entgegen. Der Dirigent hatte nach Meinung der Berliner Musikfreunde und -kenner dem Geist des Beethovenschen Werkes voll und ganz entsprochen. Sie schätzten auch die Konzerte des Domchores, den Mendelssohn Bartholdy gleichfalls leitete.

Anstatt sich über diese beginnende Entwicklung zu freuen, überspannte der vierte Friedrich Wilhelm den Bogen. Zusätzlich zu den aufwendigen Dirigaten forderte er Kompositionen von dem nun überforderten Manne. Die daraus resultierenden unschönen Diskussionen veranlaßten Mendelssohn Bartholdy, Berlin zu verlassen und nach London zu gehen.

Die Sinfonie-Soireen sanken ins Mittelmaß zurück. Gottfried Wilhelm Taubert dirigierte nur noch mit Blick auf den Hof zusammengestellte Programme. Auch äußerlich kam der alte Zopf zum Vorschein: Taubert kehrte in hergebrachter Altväterweise dem Orchester wieder den Rücken zu, um den eventuell anwesenden Hofleuten seine Vorderansicht präsentieren zu können. Ganz im Sinne des Hofes ging es im Konzertsaal konservativ und ruhig zu. Aufrührerisches wurde – wie im Lande – nicht geduldet.

Joseph Joachim und Clara Schumann im Konzert. Zeichnung von Adolph Menzel 1854

299

Hans von Bülow

Bis die Märzstürme durch die preußischen Lande jagten
und auch in Berlin vieles erschütterten! Sie wehten einen
neunzehnjährigen Mann nach Berlin, der die neuen Zeichen
der Zeit, die neuen Zeichen der Musik erkannte und selbst
auch verkörperte: Hans von Bülow. Respektlos und mit
scharfem Verstand setzte er sich mit der Berliner Musikszene auseinander und machte auch vor «heiligen Kühen»
nicht halt. So bescheinigte er im Jahre 1850 dem Berliner
Publikum, daß es sich im Saale der Singakademie mit An-
stand zu langweilen pflege. Im gleichen Atemzuge pries er
die Siebente Sinfonie Beethovens als das wahrhaft republi-
kanische Werk eines himmelanstürmenden Giganten und
deutete damit sein künftiges Programm an.

Mit dem Sternschen Gesangverein wuchs der Singakademie ein Konzertrivale von Format heran, der u. a. Beethoven
und Bach favorisierte und Virtuosen wie den Geiger Joseph

Joachim und die Pianistin Clara Schumann für Aufführungen gewinnen konnte. Über eine solche Veranstaltung schrieb Hans von Bülow Mitte der fünfziger Jahre: «Dieser Abend wird unvergeßlich bleiben in der Erinnerung der Teilnehmer an diesem Kunstgenuß, der jeden mit nachwirkender Begeisterung erfüllt hat. Nicht Joachim hat gestern Beethoven und Bach gespielt, Beethoven hat selbst gespielt ... Auf den Knien hätte man zuhören mögen.»

Bülow – von Wagner zum Dirigenten und von Liszt zum exzellenten Pianisten ausgebildet – übernahm zunächst das Amt eines Klavierlehrers am Sternschen Konservatorium. Er sammelte gleichgesinnte Musiker um sich, um moderne Werke aufzuführen, was den Unwillen eines Teils des Publikums hervorrief. Neues bricht sich bekanntlich nur mühsam Bahn. Mehr als einmal mußte sich Bülow kritisches Zischen verbitten. 1858 durfte er sich Hofpianist nennen, 1863 Leiter der Konzertvereinigung «Gesellschaft der Musikfreunde».

Wie Mendelssohn Bartholdy bemühte er sich vergeblich, die verkrustete Berliner Musiklandschaft aufzubrechen. Berlin schien noch nicht reif für solche Männer. Man hatte noch schwer an Bürokraten wie Botho von Hülsen zu tragen. Die Auseinandersetzungen zwischen Bülow und Hülsen waren stadtbekannt. Der Dirigent mochte sich u. a. mit dem Kasernenton des Herrn Generalintendanten nicht abfinden. Er wußte die meisten Berufskollegen und die Mehrheit der Berliner auf seiner Seite. Eines Tages strömte das Publikum erwartungsfroh in ein Konzert, das Bülow dirigieren sollte und in dem Hülsen erwartet wurde. Demonstrativer Beifall wollte kein Ende nehmen. Da wandte sich Bülow an den ersten Geiger und flüsterte ihm etwas ins Ohr. Der gab weiter, was er vernommen. Bülow erhob den Taktstock, und statt des im Programm vorgesehenen Werkes erklang die Kampfansage des Figaro gegen feudale Willkür und Überheblichkeit, die Arie aus «Figaros Hochzeit» mit den Zeilen:

Will der Herr Graf ein Tänzchen wagen,
Mag er's nur sagen,
Ich spiel ihm auf ...

Der losbrechende Jubel übertönte nahezu die Musik.

Doch der Mann an der Tete hatte auch seine Waffen. Er versagte schließlich schlicht die Unterstützung für Wagner-

Konzerte. Verdrossen verließ Bülow Berlin. Er wechselte nicht seine Gesinnung, sondern nach München über, wo er an der Seite Wagners seine neuzeitlichen Musikideen verwirklichen konnte. Aber: Er kam wieder und feierte unvergessene Triumphe ...

Wer ab Mitte des vorigen Jahrhunderts Musik außerhalb seines Hauses hören wollte, erhielt immer mehr Angebote. Zuhörends wurde Berlin auch zu einer Stadt der Musik. Einen ausgezeichneten Ruf genossen etwa die Konzerte von Joseph Joachim mit seinem berühmten Quartett. Wenn er zu seinen Kammermusikabenden in das Gebäude der Singakademie bat, strömten Musikenthusiasten in Scharen herbei. Hermann Helmholtz gehörte zu seinen treuen Zuhörern wie Adolph Menzel, Reinhold Begas und viele andere. Der Direktor der Musikhochschule pflegte vor allem Brahms, Schumann und Beethoven.

Militärkapellmeister Benjamin Bilse und sein Orchester hatten im Konzerthaus am einstigen Dönhoffplatz an der Leipziger Straße ein mehr mittelständisches Publikum, das seit 1868 der dargebotenen Musik recht ungezwungen folgte. Gerhart Hauptmann amüsierte sich in einem solchen Konzert, wie seinen Worten zu entnehmen ist: «Dort saßen die Männer hinter Bierseideln, die Frauen hinter Strickstrumpf und Kaffeetasse, Mütter brachten die Kinder mit ... Die Banalität hörte auf, sobald der Meister den Taktstock erhob, um das Mittelstandspublikum des geräumigen Vergnügungsetablissements mit großer Musik zu speisen. Während die Klänge rauschten, wurde der Wirtschaftsbetrieb nicht eingestellt, nur daß die Kellner, wenn sie Bier oder Speisen brachten, auf leisen Sohlen einherschritten und sich mit den Gästen nur pantomimisch verständigten.» So lernten Kaufleute, Handwerker und dergleichen Werke von Haydn, Mozart, Beethoven, Wagner und Brahms kennen. 1882 verließen etliche Musiker den Militärkapellmeister und gründeten das Philharmonische Orchester.

Ihnen kam zupaß, daß Hermann Wolff ein Jahr zuvor die erste Konzertdirektion eröffnet hatte, die ihnen nun unter die Arme greifen konnte. Wolff war glücklicherweise nicht nur Geschäftsmann – eine Agentur sollte selbstredend zuvörderst Geld einbringen –, sondern er hatte auch künstlerische Ambitionen. Gegen entsprechende Bezahlung übernahm seine Agentur alle nichtkünstlerischen Aufgaben. Dazu gehörte, einen entsprechenden Saal zu besorgen, die Gagen abzuklären und ein Publikum zu finden. Letzteres tat die Agentur in bisher noch nicht gekanntem Maße. Sie rührte kräftig die Werbetrommel, indem sie an Litfaßsäulen und über Inserate in den Zeitungen für Konzerte Reklame machte. Das trug immerhin dazu bei, ein Konzert mit renommierten Musikern zum Berliner Tagesgespräch zu machen.

Die Philharmonie

Besagter Wolff gründete 1882 die Philharmonische Gesellschaft und nahm sich der «abgespaltenen» Bilse-Musiker an. Gemeinsam suchte man einen geeigneten Konzertraum und fand ihn in einer ehemaligen Rollschuharena in der Bernburger Straße nahe dem Potsdamer Platz. Sie wurde später zur Philharmonie umgebaut und fiel schließlich dem zweiten Weltkrieg zum Opfer. Agent Wolff hatte schnell erkannt, daß sich ernsthafte Musiker zusammengefunden hatten, die sich einer hohen Musikkultur verpflichtet wußten. Er half, wo er konnte. Beispielsweise dabei, ihnen eine finanzielle Grundlage zu gewähren; denn städtische oder gar staatliche Zuschüsse durften Privatorchester nicht erhoffen. Zum anderen führte er ihnen Dirigenten von Rang zu. In den ersten Jahren waren es u. a. Joseph Joachim, Franz Wüllner, Karl Klindworth und Ernst Rudorf. 1884 stand das Orchester unter der Stabführung von Johannes Brahms.

In diesem Jahr kam es zu der denkwürdigen Begegnung zwischen Mitgliedern des Orchesters und Hans von Bülow. Der Dirigent führte in der ehemaligen Rollschuhbahn mit seinem Meiniger-Orchester die Werke zweier junger Komponisten auf: Serenaden von Richard Strauss und Felix Weingartner. Die Philharmoniker erkannten: Dies ist unser Mann.

Doch selbst Wolff hatte einige Mühen, von Bülow wieder nach Berlin zu holen. Endlich konnte 1887 der Vertrag unterzeichnet werden, Bülow übernahm die Leitung des Philharmonischen Orchesters und erhielt mit der nun umgebauten Rollschuhbahn eine würdige Aufführungsstätte.

Insgesamt dirigierte Bülow einundfünfzig philharmonische Konzerte in Berlin und brachte damit das Orchester zur Weltgeltung. Aber er erreichte nicht die Achtung des Hofes und seiner Schranzen: Subventionen flossen in die Kriegsindustrie und nicht zum Klangkörper von hohem Rang. Das Philharmonische Orchester mußte in den Sommermonaten ins holländische Scheveningen fahren, um seinen Etat aufzubessern. Diejenigen, die sich im Glanze Berlins als bedeutender Musikstadt sonnten, blieben im Schatten, wenn es um soziale und künstlerische Pflichten ging.

Beethovens Musik stand bei Bülow im Zentrum; die Aufführung der «Neunten» am Neujahrstag gehörte zu den musikalischen Höhepunkten in den fünf Jahren seiner Dirigentschaft. Daneben standen Brahms und Weber im Programm, aber auch jüngere Komponisten. Sie sollten ihre Chance erhalten. Als Solisten ließ er nur Musiker von höchstem Format gelten, die jedem Starrummel abhold waren.

Beispielhaft erfüllte Bülow, was er anderen abverlangte. Zu jeder Zeit, mit jeder Note höchstes Niveau zu erreichen war sein unumstößlicher Grundsatz. Auch wenn er die «Neunte» zweimal hintereinander dirigierte, um einen möglichst großen Zuhörerkreis in den Genuß kommen zu lassen.

Wie Richard Strauss den Dirigenten sah, dürfen wir seinen Erinnerungen entnehmen: «Besonders die Art, wie er den poetischen Gehalt der Werke Beethovens und Wagners ausschöpfte, war absolut überzeugend. Da war nirgends ein Zug von Willkür, alles zwingende Notwendigkeit, aus Form und Inhalt des Werkes selbst heraus; sein hinreißendes Temperament, stets von strengster, künstlerischer Disziplin und Treue gegen den Geist und – Buchstaben des Kunstwerkes (beides ist mehr identisch, als gemeinhin geglaubt wird) regiert, brachte in peinlichsten Proben die Werke zu einer Reinheit der Darstellung, die für mich heute noch den Gipfel der Vollkommenheit der Wiedergabe von Orchesterwerken bedeutet. Nicht zu vergessen die Grazie, mit der er den Stab führte, die reizvolle Art, mit der er zu probieren pflegte.» Wenn man dann noch weiß, daß Bülow und Strauss manchen Strauß ausfochten, gewinnt diese Darstellung zusätzlich an Bedeutung.

Übrigens spielten die Philharmoniker nicht nur für jene, die in Kaleschen aus dem Westen herbeirollten, sondern

auch für jene, die in Galoschen aus dem Osten kamen. Konzerte für letztere fanden zu ermäßigten Eintrittspreisen statt
und bei den weniger Privilegierten eine äußerst dankbare
Aufnahme. Eine solche Gelegenheit bot sich auch bei Gene-
ralproben, die für einen Obolus von zwei Mark besucht werden durften.

Leider hielten Bülows Nerven den unerhörten Selbstan-
forderungen nicht stand. Im Februar 1892 dirigierte er das
letzte Winterkonzert der Philharmoniker mit solcher Intensi-

Richard Strauss
dirigiert
die Philharmonie

tät, daß der Beifall nicht enden wollte. Schließlich trat der
große Dirigent an die Rampe und machte ein Zeichen, den
Beifall zu beenden. Als eine Reaktion auf eine der Brandre-
den von Wilhelm II. gegen Sozialisten, Intellektuelle und die
moderne Kunst dürfen seine Worte an das Publikum angesehen werden: «Seine Majestät haben in diesen Tagen ge-
ruht zu sagen, daß es für die Nörgler das Beste wäre, den
deutschen Staub von ihren Pantoffeln zu schütteln, um sich
den elenden und jammervollen Zuständen des Vaterlandes
auf das schnellste zu entziehen. Ich tue es hiermit und verab-
schiede mich von Ihnen.» Sprach's, nahm ein seidenes Tuch
zur Hand und befreite seine Lackschuhe vom Staub.

Bevor Hans von Bülow am 12. Februar 1894 starb, dirigierte er noch einmal seine geliebte Philharmonie und gab
zur Eröffnung des Bechstein-Saales einen Klavierabend mit
Werken Beethovens.

Gastdirigate von Hermann Levi, Ernst von Schuch und
Richard Strauss (letzterer führte vor allem eigene Werke
auf) überbrückten die Zeit, bis Arthur Nikisch, der Leipziger
Gewandhaus-Kapellmeister, das Erbe Bülows antrat. Er bevorzugte Werke von Schumann, Wagner, Brahms, aber auch
von Bruckner und – das war neu für Berlin – von Tschai-
kowski.

Daß er seinem Vorgänger in Sensibilität nicht nachstand,
bemerkten seine Musiker alsbald, dann auch die Berliner
und schließlich während eines Gastspiels im Jahre 1897 die
Pariser. Zum ersten Male seit dem Deutsch-Französischen
Kriege weilten so viele deutsche Künstler in der französischen Metropole. Die bange Frage war, wie nach der chauvi-
nistischen Aufhetzung der Völker das Publikum auf die
«ehemaligen Feinde» reagieren würde. Kurz vor Eintreffen
der Philharmoniker hatte sich eine Brandkatastrophe in Paris ereignet, bei der zahlreiche Opfer zu beklagen waren. Am
Tage des ersten Konzertes wurden sie zur letzten Ruhe gebettet. Nikisch erfuhr davon, ließ die Eroica spielen und
hieß sein Orchester, als der Trauermarsch begann, aufstehen
und so den Satz zu Ende spielen. Ergriffen nahm das Pariser
Publikum diese Geste der Verbundenheit an.

Mit den Philharmonikern hatte sich das Konzert, das viele
Jahre als Stiefkind im Schatten der Oper gestanden hatte,
endgültig seinen Platz im Musikleben Berlins erobert.

Frau Luna
und Prinz Stern-
schnuppe

Operette mit Berliner Pfiff

Sie blieben wirklich «for ever green», viele Lieder aus Operetten längst vergangener Zeiten. Mögen auch manch Heutige trotz Natschinskis Bemühen und Masanetz' Bestreben meinen, die gute alte Operette sei verstaubt oder gar tot – wenn es im trauten Kreise so richtig «berlinisch jemütlich» wird, erklingen die vertrauten Weisen noch immer. Da wird weinselig von Schlössern gesungen, die im Monde liegen, das Glühwürmchen aufgefordert, schön zu flimmern, der Berliner Luft, Luft, Luft ein kaum noch verständliches Lob gezollt und auffordernd geträllert: «Schenk mir doch ein kleines bißchen Liebe» und «Nimm mich mit in dein Kämmerlein».

Den Sprung auf die Bühne schaffte das Berlinische nur bei der Operette oder ihren Verwandten, sehen wir einmal vom Sprechtheater ab. Wie mühsam setzte sich die deutsche gegen die französische und italienische Oper durch – eine Berliner Oper entsproß dem neuen Zweige nicht. Schade drum.

Aber immerhin haben Paul Lincke, Walter Kollo, Victor Hollaender und andere ihren Berliner Zeitgenossen lutherisch «aufs Maul» geschaut und, was fast noch wichtiger ist, ins «joldene Herz». Was sie dabei entdeckten, haben sie künstlerisch zur Berliner Operette verarbeitet, die – zumindest in unseren nördlichen Breiten – der Pariser und Wiener Operette erfolgreich Konkurrenz machte. Und das Publikum im Parkett fühlte sich, pardon, sauwohl, wenn dort oben Witze gerissen wurden, die man beim Stammtisch weitererzählen konnte, wenn da die Beine des Corps de ballett flogen, daß der Onkel aus der Provinz am liebsten «ganz Theaterglas» gewesen wäre, um alles hautnah mitzubekommen, wenn das Orchester schmissige Melodien spielte, die man gerne weiterpfiff, wenn der Chor kecke Texte sang, die man bald auswendig kannte. Daß mit alledem ein gutes Geschäft zu machen war, erfreute Intendanten, Komponisten, Librettisten, Stars und Sternchen gleichermaßen.

Kritische Zeitgeister meinten allerdings, die Operetten mehr oder minder seichten Inhalts hätten nicht viel zur Bildung der Massen beigetragen und sie von der Lösung politischer Tagesfragen ablenken wollen – gleich den vielen anderen Vergnügungsetablissements, die in der zweiten Hälfte des vorigen Jahrhunderts allüberall in Berlin entstanden.

Andere wiederum sahen dies anders und vertraten die Auffassung, dem hart arbeitenden Manne und der ebenso hart arbeitenden Frau aus dem Berliner Norden und Osten seien diese zwei bis drei bunten Stunden, die das ansonsten graue Einerlei durchbrachen, mehr als zu gönnen gewesen. Im übrigen habe beispielsweise das Trällern des Liedchens vom Grafen von Luxemburg, der all sein Geld verjuxt habe, nicht nachweislich einen ehrlichen Arbeiter zu einem Monarchisten umgekrempelt ...

Wenn man so will, sind die alten Berliner Possen, die Volksstücke mit Gesang bzw. die Singspiele legitime Vorfahren der Berliner Operette. Viel Volks strömte zuhauf, wenn im Gartenlokal nebenan oder an einer der Mini-Vorstadtbühnen entsprechende Aufführungen stattfanden. Mitunter wußten die Beteiligten nicht, wo mehr Spektakel herrschte: vor der Bühne, hinter derselben oder im Parkett. Interessanterweise bezogen sich diese Operetten-Vorläufer nicht selten nahezu unverhüllt auf aktuelle politische Ereignisse. Beifall mengte sich mit Bravorufen, sobald gepfefferter Witz etwa den Beamtenalltag aufs Korn nahm oder ein Lied soziales Unrecht anprangerte. Berliner Originale wie Nante, die Blumen- und die Waschfrau, der Schusterjunge, die Hökerin und andere sprachen aus, was die im Parkett dachten, und sangen Lieder mit neuem Text, deren Melodie jeder kannte.

Wahre Triumphe feierte am Königstädtischen Theater jener David Kalisch, der 1848 den «Kladderadatsch» begründete. Stücke wie «Berliner auf Wache», «Junger Zunder, alter Plunder» und «Ein März-Gefangener» erregten den Beifall des Publikums und den Unwillen der Obrigkeit. Bei einer solchen Geisteshaltung ist es nur natürlich, daß dieses Theater in der 48er Revolution eine entsprechende Rolle spielte. Dekorationen verwandelten sich im Nu in eine Barrikade auf dem Alexanderplatz, und aus den Fenstern des Theaters fielen Schüsse wider die preußische Reaktion.

Sehnsucht nach det wirkliche Leben

David Kalisch wechselte in den fünfziger Jahren zum Theater des Franz Wallner in der Blumenstraße über, das ein Vierteljahrhundert lang *das* Berliner Possentheater war. Kapellmeister August Conradi fungierte als Hauskomponist. Seine Ouvertüre zum Singspiel «Berlin, wie es weint und lacht» erklingt auch in unseren Tagen noch. «Berlin wird Weltstadt» hieß eine der weiteren kassenfüllenden Possen mit Gesang, «Berlin bei Nacht» eine andere.

In einem Couplet, von Karl Helmerding vorgetragen, hieß es:

Und wenn ick tu ins Theater jehn,
Denn will ick mir in den Spiegel sehn,
Und det wirkliche Leben
Und nischt figürlich,
Die feinen Leute und's Straßengesindel,
Mit einem Wort: den Berliner Schwindel.

Dem Berliner Urtyp Helmerding stand mit Anna Schramm eine berlinische Soubrette ebenbürtig zur Seite. Ein zeitgenössischer Rezensent bezeichnete sie nicht nur als eine bedeutende Lokalsängerin, sondern auch als eine Charakterkomikerin. «Anna Schramm ist in der komischen Richtung des deutschen Theaters vielleicht die realistischste Darstellerin; sie sitzt auf der äußersten Linken des Theaterparlaments, aber ihr derber Realismus ist auch ein kerngesunder, durch die Kunst geadelter.»

Sein Erfolg ließ Wallner neue Dimensionen anstreben. Er erreichte sie, allerdings anders als gedacht. In der heutigen Wallnerstraße errichtete er im Dezember 1864 ein neues Haus für 1200 Zuschauer. Dabei brachte sein Baumeister das tolle Kunststück fertig, die Baukosten nicht wie üblich, sondern gewaltig zu überziehen. Statt vorauskalkulierter 80 000 Taler mußte Wallner sage und schreibe 280 000 berappen.

Zur Premiere setzte sich sein Pech fort: Dem König und seinen Schranzen mißfiel u. a. Kalischs «Im Blumenkeller». Danach ging es bergab. Als der in Österreich geborene Wallner in der Zeit des Preußisch-Österreichischen Krieges in den Verdacht geriet, ein gegnerischer Spion zu sein, gab er sein Theater auf.

Was nun unsere Operette berifft, so erlebte sie ihre ersten Berliner Höhepunkte – wie könnte es anders sein – auf französische Art. Jacques Offenbach brach im Krollschen Etablissement über die Berliner herein wie einst der Can Can über die Pariser. 1858 gastierten die berühmten «Bouf-

Das
Wallner-Theater.
Gemälde
von Hermann
Scherenberg

fes Parisiens» dort draußen im Tiergarten und zeigten den Berlinern, daß nicht nur possenhafte Derbheit, sondern auch elegante Pikanterie ganz schönes Amüsement bot. Dieser Tupfer fehlte der angehenden Weltstadt noch. Wer scherte sich schon um alberne bis nichtssagende Texte, wenn es auf der Bühne heiß und hoch herging!

Rezensent Ernst Ludwig Kossak allerdings fragte sich und seine Leser in der «Berliner Montagszeitung»: «Was ist an der Musik dieses Herrn Jacob Offenbach, der in vier Jahren etwa drei Dutzend kleinere Opern geschrieben und das elegante Paris für sich gewonnen hat? Da haben die gestrengen Kritiker der ältern Zeitrechnung diese armen Leute, wie Hector Berlioz, Wagner, Liszt u. a., für einige Instrumentationskühnheiten und harmonische oder rhythmische Exzesse zur Rechenschaft gezogen und an den Pranger zu stellen gesucht. Möchten diese Radamanthe doch einen Blick in die Offenbachschen Partituren werfen. Eine allgemeine Amnestie wäre die unausbleibliche Folge eines solchen Studiums. Herr Jacob Offenbach war von jeher ein ganz talentvoller Mann, allein seine jetzige Schreibart gewährt uns erst die echte komische Zukunftsmusik. Einen eigentlichen Bestand an Tonkörpern bietet er fast nirgends. Leichter lassen sich

Seifenblasen, Tabaksqualm und Sonnenstäubchen mit Händen erhaschen, als diese Tonstücke mit dem Gehör. Eigentlich darf man sie nur musikalische Saucen, Mixpicles und Gewürze nennen. Den soliden Bissen muß der Dichter und Schauspieler dazu liefern ... Dennoch ist das Ensemble sehr ergötzlich.»

Es währte nicht lange, da siegte des Berliners Bequemlichkeit über alle Angebote des Krollschen Etablissements. Man pilgerte nicht mehr hinaus vors Brandenburger Tor, sondern ging beispielsweise lieber ins Friedrich-Wilhelmstädtische Theater in der Schumannstraße. Zumal diese Bühne «musikalische Saucen, Mixpicles und Gewürze» anbot, daß es seine wahre Pracht hatte.

Den Anfang eines nahezu unbeschreiblichen Operetten-Taumels machte am 18. Mai 1860 – was wohl? – «Orpheus in der Unterwelt». Intendant Deichmann hatte aufs Ganze gesetzt und die Rechte für alle be- und noch entstehenden Werke des französischen Komponisten erworben – und gewonnen. Der «Orpheus» kam phantastisch gut an: In 157 Tagen mußte er einhundertmal gegeben werden! Offenbach selbst griff in Berlin zum Taktstock und ließ sich wie ein Fürst feiern. Deichmanns Glückssträhne hielt auch bei den Besetzungen an: Er konnte eine Reihe ausgezeichneter Sängerinnen, Sänger und – in Berlin nicht ohne Wichtigkeit – Komiker verpflichten. Lina Mayr etwa sang in Offenbachs «Pariser Leben» mehr als dreihundertmal die Handschuhmacherin Gabrièle.

Wer in den sechziger und siebziger Jahren des vorigen Jahrhunderts in Berlin beste Operette sehen wollte, der kaufte sich ein Billett für das Theater in der Schumannstraße. Als das Offenbach-Fieber etwas sank, da sprangen Suppé und Lecocq in die Bresche, um den Puls des Publikums wieder nach oben zu treiben. Gleiches vermochten der Wiener Johann Strauß, Carl Zeller, Millöcker und andere. Apropos Strauß: Seine «Fledermaus» nahmen die Berliner zunächst etwas reserviert auf, als sie 1874 erstmals über die Bühne ging. Erst nach und nach wandelte sich Skepsis in Zuneigung, dann aber war es um die Berliner geschehen. Sie verlangten am liebsten mehrmals täglich diese Operette. Bereits 1876 konnte der Komponist die zweihundertste Berliner Vorstellung dirigieren.

Mit dem «Lustigen Krieg» von Strauß und dem «Bettelstudenten» von Millöcker endete die erste große und lange Operetten-Periode in diesem Theater. Der Pachtvertrag war abgelaufen. Nicht weit vom bisherigen Standort entfernt, entstand in der Chausseestraße das Neue Wilhelmstädtische Theater.

Zur Premiere offerierte Theaterchef Julius Fritzsche einen, wie er meinte und hoffte, besonderen Clou: die Uraufführung der Strauß-Operette «Eine Nacht in Venedig». Banale Texte und ein undurchsichtiges Libretto steuerten die Aufführung bis nahe an einen Theaterskandal heran. So antworteten die Premierengäste beim Erklingen des Lagunen-Walzers «Bei Nacht sind die Katzen grau, dann singen sie zärtlich miau» mit einem vielstimmigen Katzenkonzert. Sicher hielt sie nur der Respekt vor dem Walzerkönig – er dirigierte die Uraufführung – zurück, noch Ärgeres gegen den schwachen Sinn zu unternehmen. Um sich künftig vor rebellierenden und miauenden Zuschauern zu schützen, ließ er den Text des Lagunen-Walzers ändern. Wir kennen ihn als: «Ach, wie so herrlich zu schaun sind all die reizenden Fraun.»

In einem Brief erklärte Strauß, daß er sich selbst mitschuldig fühlte an dem Debakel: «... Ich habe nie das Libretto mit seinem Dialog vor mir gehabt, nur die Gesangstexte. Ich habe manches daher zu edel aufgefaßt, was der Sache geschadet hat. In diesem Buch gibt es nichts, was edel aufzufassen wäre. Bei den letzten Proben, bei welchen ich die ganze Geschichte kennenlernte, war ich ganz erschrocken. Kein redlich Fühlen, keine Wahrheit, keine Vernunft, nur Narretei! Die Musik paßt überhaupt nicht zu diesem tollen, kunstlosen Zeug.»

Was die Wiener keinesfalls davon abhielt, einige Zeit danach bei der österreichischen Erstaufführung frenetisch zu applaudieren, vermutlich nur deshalb, um den Preußen etwas entgegenzusetzen. Dennoch erwuchs eine enge Kooperation mit der österreichischen Hauptstadt: Was dort auf der Operetten-Bühne neu erschien, war alsbald auch im Hause in der Chausseestraße zu sehen. Millöckers «Gasparone» und der Straußsche «Zigeunerbaron» führten die damaligen Operetten-Aufführungslisten an.

Wenn sich das Friedrich-Wilhelmstädtische Theater in dem Ruf sonnte, beste Operettenbühne Berlins zu sein, so verweist diese Einstufung zugleich auf Konkurrenten. Ab 1869 blieb keine Bühne von Rivalen verschont. Die neue Gewerbeordnung sprengte zwar eine weitere monarchische Fessel auch auf dem Gebiet der Kultur, schuf damit jedoch Freiheiten, die nicht in jedem Falle zu einem annehmbaren Resultate führten. Sie gestattete jedermann, ein Theater zu eröffnen – wenn er u. a. über das notwendige Kapital verfügte und das geschäftliche Risiko zu tragen bereit war. Zugleich fiel als ein weiteres Privileg das der Königlichen Schauspiele auf alleiniges Aufführungsrecht von großen Opern und Klassikerinszenierungen. Jede Bühne durfte, wenn sie wollte, alles spielen.

Plötzlich sahen sich die etablierten Theater ungewohnten Zwängen ausgesetzt. Beispielsweise mußte sich die Kroll-Oper von einem Teil des Publikums verabschieden, das lieber ins neugegründete Theater an der Ecke ging. Ähnliche Erfahrungen sammelten in unseren Tagen die Kinos, als sie ihre Monopolstellung durch das Jedermann-Kino Fernsehen verloren. Nicht zuletzt spielten die Eintrittspreise ihre regulierende Rolle. Nicht wenige Kulturinteressierte aus dem Berliner Osten wollten nicht monatelang für ein Billett sparen, um in aller Welt gerühmte Mimen erleben zu können. Sie sahen sich einen Klassiker lieber für ein erschwingliches Entree im Schmalzstullen-Theater und mit Mimen an, die sie danach beim Glase Bier zum Schwätzchen trafen.

Etliche Berliner Kneipiers sahen mit der neuen Ordnung eine Chance gekommen, ihr Etablissement kulturell «aufzumotzen» und somit eine Menge Geld zu scheffeln. «Wat Wallner kann, kann ick schon lange.»

Mit einem fingierten Leserbrief, unterzeichnet von einem Wirte Bohnekamp, machte der «Kladderadatsch» auf dieses Problem humorig aufmerksam. Der Weißbierlokal-Eigner mit dem Lebensmotto «Wat ick nich habe, haben andere» wollte auf den Zug der Zeit springen und ebenfalls ein Theater eröffnen. «Also bin ick auf die Idee gekommen, daß ick mir ja keine Schauspieler angeschirren werde, sondern mit meinen Kellnern und Lehrjungen Komödie spielen werde. Denn erstens, die juten Künstler sind nicht zu bezahlen und werden von den Theateragenten immer weggeräubert, und bei die schlechten Pajazküs wirft das Publikum mit Jänseknochen und Mostrichtöpfe ... Was nun mein Repertoire betrifft, so werd ick mir natürlich mit das Klassische nicht einlassen ... daher ich die Idee habe, mir Manches selbst zu machen. Denn was jehört denn eijentlich dazu? Es schlummert noch eine janze andere Idee in mir: Ich laß die Jäste mitspielen, det Publikum. Wer doppeltes Angtrö bezahlt, kann auf die Bühne und mitmachen. Et jiebt ja zu viele Menschen, die gern maln Paar Ritterstiefel anziehen möchten, und nu erst die Frauenzimmer. Panem et Circus Ciniselli! sagt der Lateiner ...»

Dutzende Neugründungen standen alsbald zu Gewerbepolizei-Buche. Manche der sogenannten Theater existierten nur einige Tage. Operetten und Possen sollten gutes Geld bringen, so im Tonhallen-Theater in der Friedrichstraße, im Bellevue-Theater an der Moabiter Brücke, im Thalia-Theater in der Friedrichstraße, im Ostend-Theater in der Frankfurter Allee und in anderen. Manche der hierher engagierten Sängerinnen und Sänger genossen einen Ruhm, der nur einige Straßenzüge weit reichte ...

Alles darf man vergessen –
aber nicht die Metropol-Premiere

Ende vorigen Jahrhunderts standen zwei Operetten-Theater in Idealkonkurrenz zueinander: das Theater Unter den Linden (das eigentlich in der Behrenstraße lag und dann Metropol-Theater hieß) und das Apollo-Theater in der Friedrichstraße. Da das erstgenannte heute noch besteht – am Bahnhof Friedrichstraße im Gebäude des ehemaligen Admiralspalastes –, ist man schnell und gern geneigt, ihm die Operetten-Krone aus Pappmaché aufzusetzen. Das wäre dann aber die Rechnung ohne Apollo gemacht.

Kurz zum Metropol. Es lag an jener Stelle, an der sich heute die Komische Oper befindet. Dort existierte bereits 1764 ein Theater; es schrieb mit der Uraufführung des «Götz

Programm für den Monat September 1898.

Otto Reutter
der originelle Gesangshumorist.

Jean Clermont
mit seiner urkomischen Dressur.

NEU. Mlle. Nelsa NEU.
französische Sängerin.

Mr. Taylor
Equilibrist.

Consuelo Tortajada
die glühäugige und feurige Tochter Spaniens.

Emeline Ethardo
die reizende Melange Artistin.

Zum ersten Male in Deutschland.
Les Minstrels Parisiens
Pariser Strassensänger.

Comtesse Ferucci
Internat. Concertsängerin.

Cordelly u. Hersleb
komische Reckkunstler.

The Missouris
komische Akrobaten.

Ducreux u. Giralduc
eleganteste französische Duettisten.

Cardownies
schottische Tanztruppe.

Der Kosmograph
mit einer vollständig neuen actuellen Bilder-Serie.

Marga Bizette
deutsche Soubrette.

Preise der Plätze:
Fremdenloge 5 Mk.   Proscenimsloge 5 Mk.   Orchesterloge 5 Mk.   Rangloge (Mitte) 4 Mk.   Rangloge (Seite) 4 Mk.   Orchester-Fauteuil 3 Mk.   Rang-Fauteuil 2,50 Mk.   Reserv. Platz 2 Mk.   Entrée 1 Mk.

Anfang der Vorstellung 7½ Uhr.

Programm
des Apollo-Theaters

von Berlichingen» Berliner Theatergeschichte. 1799 fiel es der Spitzhacke zum Opfer. Als Theater Unter den Linden lud es knapp zehn Dezennien danach die Berliner wieder ein, bis es 1898 den heute noch bestehenden Namen Metropol-Theater erhielt.

Die erste Ausstattungsposse der neuen Bühne hieß «Paradies der Frauen». Sie offenbarte sich – wie die folgenden – als bombastisches Windei: großer finanzieller Aufwand für eine kleine Idee, viel zu schauen, kaum etwas zu sehen, oder – viel Lärm um fast nichts. Doch die Wir-sind-doch-wer-Etablierten und Parvenüs der Wilhelminischen Ära amüsierten sich prächtig. Der hauptstädtische Vergnügungsrummel rund um die Friedrichstraße besaß einen weiteren Anziehungspunkt.

Rudolf Presber, ein Zeitgenosse, sah das Metropol damaliger Tage so: «Das große Ereignis hat die Saison eröffnet. Das große Ereignis, das ist natürlich für alles, was lebt, vom Säugling bis zum Greis, die Metropol-Premiere, die große Revue. Sie steht am Anfang der Saison wie das Brandenburger Tor am Anfang der Linden. Mit ihr beginnt das soge-

316

nannte Berliner Nachtleben, das köstlich eitle, protzige, lü-
sterne, blödsinnige Getriebe, das der Provinzler mit heißen
Augen bestaunt und teuer bezahlt. Eine größere, würdigere,
sich wichtiger habende Herde von Gimpeln und Hochstap-
lern, von Taugenichtsen und Trotteln ist auf der weiten be-
wohnten Erde nirgends und zu keiner Zeit zu finden, als in
der guten Stadt Berlin in den Lokalen der Behren-, Jäger-
(heutige Otto-Nuschke-Straße), Zimmerstraße und der Linden so zwischen zwölf und zwei Uhr. Und so lange ich Berlin
kenne, hab' ich als die überaus herrliche Pforte zu dieser unbeschreiblichen Glückseligkeit stets die Metropol-Theater-
Premiere betrachtet. Und dasselbe tun (nur ein wenig ernsthafter) tausend Lebejünglinge, Lebehelden von Berlin, die,
entzückt vom eigenen Kavaliertum, der Arterienverkalkung
und Trottelosis humorlos entgegenbummeln; die sich,
Nächte durchwachend, Tage verdösend, vielleicht vorstellen
können, daß sie beim Klange der Posaunen des Jüngsten Ge-
richts liegenbleiben vor Müdigkeit, aber nicht: daß sie die
Metropol-Theater-Premiere versäumen, solange sie noch leben und atmen im käsigen Licht der elektrischen Lampen.»
Diesen stadt- und vor allem provinzbekannten Ausstattungsrevuen setzte Theaterchef Richard Schultz noch Wiener Operetten an die Seite und ein Vaudeville mit Publikumsliebling Guido Thielscher.

Das alles ward in der Friedrichstraße 218 mit größtem Argwohn betrachtet und als Kampfansage angesehen: Das Metropol versuchte mit nicht wenig Aufwand und einigem Geschick, dem Apollo den Rang als erstes Haus der heiteren Muse streitig zu machen. Angstschweiß rann der Apollo-Direktion bei der Metropol-Ankündigung den Rücken herunter, man werde am 1. Juni 1899 mit dem Einakter «Berlin lacht» den Berlinern berlinisch kommen.

Dem mußte man Paroli bieten. Das konnte nur einer, und der war noch in Paris bei den berühmten Folies-Bergère. Am liebsten hätten die Apollo-Chefs ein Apollo-Raumschiff geschickt, um Paul Lincke schnellstmöglich zu holen – aber die gab es ja noch nicht. Ihnen stand nicht einmal ein Aeroplan zur Verfügung.

Lincke verließ die Folies-Bergère noch vor der vereinbarten Spielzeit und tauchte im Februar wieder in Berlin auf. Er hörte von seinen Chefs, daß sie von ihm und seinem Librettisten Heinrich Bolten-Baeckers bis zum 1. Mai etwas Exorbitantes erwarteten, um dem Metropol zuvorzukommen, ihm das Publikum und damit das große Geld abzujagen. Es ist nicht überliefert, ob der Komponist empört über dieses Ansinnen reagierte. Er arbeitete wie ein Berserker, um wenigstens noch drei Wochen für die Proben zu haben.

«Frau Luna» schlug ein

Der 1. Mai kam und mit ihm «Frau Luna», die erste Berliner Operette. Das Apollo-Theater hatte das Rennen gemacht. Paul Lincke über die Premiere: «Es flimmerte in den Logen und im Parkett nur so von Dekolletés, Brillanten, weißen Hemdbrüsten, Uniformen. Es war eine tolle Stimmung im Theater, noch bevor der Vorhang aufging.» Der «Vorwärts» schrieb über die Uraufführung u. a.: «... die Musik hat Herr Paul Lincke geschrieben, der nunmehr nach weitläufigen Wanderungen reuevoll an die Stätte seiner alten Dirigentenwirksamkeit zurückgekehrt ist. Daß Musik in dem Stück liegt, ist bei dem Vater so vieler Tanzweisen selbstverständlich; Berlin kann ziemlich sicher darauf rechnen, daß ‹Frau Luna› bald von jedem Leierkasten tönt und damit den Gipfel volkstümlicher Berühmtheit erreicht.»

Apollotheater

Friedrichstraße 218.
Direktion: **E. Waldmann.**

Robert Steidl
Bianca-Desroches
Maria la Bella.

ꝛc.   ꝛc.   ꝛc.   ꝛc.

Anfang 7¼ Uhr.

Montag, 1. Mai:

Eröffnung der Sommer-Saison
und des Concert-Gartens.
Zum ersten Male:

Frau Luna

Burlesk-phantast. Ausstattungs-
Operette in 1 Akt und 4 Bildern von
Bolten-Bäckers, Mufik von
Paul Lincke. In Szene gefetzt
vom Direktor **E. Waldmann.**

☛ **Unter persönlicher Leitung
des Componiften.** ☚

☛ **Billet-Vorverkauf täglich im**
Theater und beim „Künstlerdank",
Unter den Linden 69.

Mehr als sechshundertmal hob sich im Apollo-Theater für
«Frau Luna» der Vorhang. Viele Jahre später äußerte Paul
Lincke über seinen großen Wurf: «Mit meiner ‹Frau Luna›
brachte ich flotte Rhythmen als echtes Berliner Element auf
die Bühne, etwas vom kecken Berliner Unternehmungs-
geist … Man muß jedoch nicht annehmen, dieses Berlinische in ‹Frau Luna› sei Ergebnis langen Nachdenkens oder
gar einer Spekulation gewesen. Im Gegenteil, ich habe
meine Melodien immer so niedergeschrieben, wie sie mir
eingegeben wurden. Daß aus ihnen die Berliner Operette
entstand, hat seinen Grund wohl nicht zuletzt darin, daß ich
mit Leib und Seele Berliner bin.»

Lincke kreierte nicht nur die Berliner Operette, sondern
half zugleich, ein neues Liedgenre aus der Taufe zu heben:
den Schlager. Was er komponierte, das spielte, sang, pfiff
und summte man bald überall in Berlin. Nicht nur Lieder
aus seiner «Frau Luna», etwa «Schlösser, die im Monde liegen» oder die berühmte «O-Theophil»-Klage. Heute noch
kennt fast jeder Berliner seinen Schlager mit dem fast blöd-
sinnigen Text:

Hinterm Ofen sitzt 'ne Maus,
Die muß raus, die muß raus –
Hörste, wie sie piept?

Er kroch zum ersten Mal im Schweizergarten am Friedrichs-
hain in die Ohren der Berliner. Hier wie im Theater dirigierte Lincke seine Musiker im (zumeist blauen) Frack und
mit Handschuhen. Gern zwirbelte er auch den Kaiser-Wil-
helm-Bart in die Höhe; seine Ähnlichkeit mit dem Herrscher war nicht zu übersehen.

Zwei Wochen vor der Jahrhundertwende erlebte das
Apollo eine weitere Operetten-Premiere mit Linckescher
Musik: «Im Reiche des Indra». Im Gegensatz zu «Frau
Luna» legte Lincke die «Komische Operette in einem Akt
mit drei Bildern und einer Schlußapotheose» recht militä-
risch, kaisertreu und national an. Doch ein Lied rührte ans
Herz und zu Tränen:

Wenn auch die Jahre enteilen,
Bleibt die Erinnerung doch;
Selige Träume verweilen

Ewig im Herzen dir noch.
Schwindet auch trüg'risch von hinnen,
Was heut noch dein Ideal –
Denke, die Märchen beginnen
Alle: Es war einmal.

Die Operetten gingen an Zeiterscheinungen nicht vorbei. In der «Frau Luna» hieß es in einem Liede:

Schnell wie ein Blitzzug fährt man froh
Bis zum entferntsten Ziele
Auf der Au-, Au-, auf der -to, -to,
Auf der Automobile.

Damit erwiesen Komponist und Librettist der neuesten technischen Erfindung ihre Reverenz. Ähnlich in der später erschienenen «Lysistrata», von der eigentlich nur noch jenes Lied bekannt, ja berühmt ist, mit dem Lincke dem elektrischen Licht ein musikalisches Denkmal zu setzen trachtete:

Wenn die Nacht sich niedersenkt
Auf Flur und Halde,
Manch ein Liebespärchen lenkt
Den Schritt zum Walde.
Doch man kann im Wald zu zwein
Sich leicht verirren,
Deshalb wie Laternchen klein
Glühwürmchen schwirren.

Dann der ewig grüne Refrain:
Glühwürmchen, Glühwürmchen,
Flimm're, flimm're!
Glühwürmchen, Glühwürmchen
Schimm're, schimm're!
Führe uns auf rechten Wegen,
Führe uns dem Glück entgegen …
Gib uns schützend dein Geleit
Zur Liebesseligkeit!

Das Glühwürmchen flimmerte in Spanien («El grillon»), in England und in den USA («Glowworm»), in Ungarn («Janosbogarke») und in vielen anderen Ländern. Es flimmerte dem Komponisten ein Vermögen ein. Selbst die berühmte Anna Pawlowa tanzte eine Gavotte nach dieser Melodie.

Angesichts dieser nicht gerade philosophisch tiefen Texte möchte man kaum glauben, daß Paul Lincke eine Satire von Julius Freund – von ihm stammten die Ausstattungsrevuen des Metropol – vertonte, die den Adel aufs Korn nahm und das preußische Militär verulkte. Das Donnerwetter-Lied war einst so populär wie das über die Maus. Der Wiener Josef Giampietro sang u. a.:

Donnerwetter – tadellos

Garde meist sehr exklusiv,
von feudalem Geist,
Sieht auf Bürgerpack nur schief,
Weil der Grundsatz heißt:
«Adelsprädikat bezweckt,
Daß kein Plebs uns naht,
Völlig wertlos so'n Subjekt
Ohne Prädikat!»

Besteigen wir keck die Schabracken,
Da geben wir allen was vor.
Man kennt die Manöverattacken
Der Jungens vom Garde du Corps!

Donnerwetter, Donnerwetter, wir sind Kerle!
Bei Kritik sagt Majestät: Famos, famos!
Donnerwetter, jeder einzelne 'ne Perle!
Also wirklich: Donnerwetter, tadellos!

In der schneid'gen Uniform
Knappheit prononciert!
In der Haltung, in der Form
Schlappheit zart markiert!
Schultern etwas vorgehängt,
Ein Parfum am Leib,
Das pikant zusammendrängt
Stall und Sekt und Weib.

Der Teufel sitzt uns im Nacken,
Die Weiber leihn uns ihr Ohr –
Man kennt die Liebesattacken
Der Jungens vom Garde du Corps!

Donnerwetter, Donnerwetter, wir sind Kerle!
Frauenandrang manchmal gradezu grandios!

Paul Lincke

Donnerwetter, jeder einzelne 'ne Perle!
Also wirklich: Donnerwetter, tadellos!

Dieses Lied traf auf den Nerv jener, die ihr historisches
Ende nicht wahrhaben wollten und sich mit aller Macht an
ihre Privilegien klammerten: der schnöseligen Adligen, die
bei Kranzler ihren Kaffee tranken und auf das arbeitende
Berlin borniert herabblickten. In ihrer lächerlichen Arro-
ganz überhörten sie das Ticken der Zeitbombe ...

Woher stammte er eigentlich, der so ungemein erfolgreiche Berliner Operetten- und Schlager- und Schnulzen-Komponist, der in viel, viel späteren Jahren sogar zum Ehrenbürger seiner Vaterstadt ernannt wurde?

Das Licht dieser Welt erblickte Emil Karl Paul Lincke am 7. November 1866 in der Holzgartenstraße 5. Sie verband die Unterwasser- mit der Kurstraße, genau da, wo sich das heutige Gebäude des Zentralkomitees der SED befindet. Linckes Vater war zunächst Maler, dann Angestellter des Magistrats, demzufolge nicht mit Reichtümern gesegnet. Er bestellte als Paten für seinen Zweitgeborenen einen Bürovorsteher und einen Polizisten. Die Taufe fand in der Jakobikirche in der Oranienstraße statt. Auch nach dem Umzug in die Adalbertstraße blieb die Familie in einer Arme-Leute-Gegend wohnen.

Mag sein, daß Paulchen die Musikalität vom Vater geerbt hatte. August Friedrich Heinrich Karl Lincke verdiente sich als Aushilfsmusiker einiges hinzu und spielte auch zu Hause die Geige. Im Juli 1871 starb er – Paul war noch nicht einmal fünf Jahre alt. Fortan mußte die Mutter mit der kargen Witwenrente auskommen und mit dem, was sie sich als Näherin für Warenhäuser hinzuverdienen konnte. Sie hatte also recht lange zu sparen, um ihrem Sohn einen Herzenswunsch erfüllen zu können: Zu Weihnachten 1877 lag auf dem Gabentisch eine Geige. Kontrabassist Kaakstein vom Opernorchester, ein Freund des verstorbenen Vaters, hatte wiederum einen Freund namens Rudolf Kleinow, der in Wittenberge an der Elbe eine Stadtpfeiferei leitete. Er hatte die Musikalität des Jungen erkannt und die zunächst sich sträubende Mutter überredet, dem Knaben eine musikalische Ausbildung zukommen zu lassen. Wieder mußte Emilie Auguste Lincke sparen und sparen, um die vierhundert Goldmark Ausbildungsgeld aufbringen zu können.

Paulchen reiste 1881 nach Wittenberge und lernte – wie in unserer Abteilung über die Stadtpfeifer beschrieben – zunächst die Leiden eines Lehrlings kennen: Holz mußte gehackt werden, einzuholen war und dergleichen mehr. Allerdings hatte Rudolf Kleinow einen Assistenten Mühling, dem

Der Operetten-
komponist
Paul Lincke
am Klavier

324

der Berliner Junge gefiel. Er brachte ihm das Klavierspielen bei, machte ihn mit zahlreichen anderen Orchesterinstrumenten vertraut. Fagott lernte Paulchen, die Geige beherrschte er ja schon. Er spielte schließlich eifrig mit, wenn die Stadtpfeifer zu Hochzeiten, Taufen oder Begräbnissen gebeten wurden.

«In dem kleinen Wittenberge habe ich den Grund für mein Schaffen als Komponist gelegt», schrieb Lincke später, «und dort gelernt, was andere auf Akademien nie erfahren haben.» Wenn man will, war sein Gesellenstück der Marsch «Gruß an Wittenberge», mit dem er sich im Frühjahr 1884 von seiner Stadtpfeiferei verabschiedete.

Vergeblich versuchte Paul, in Berlin zur Militärmusik zu kommen. Der Militärarzt beschied ablehnend: Der Brustumfang sei zu klein. Mehr Glück lächelte ihm im einstigen Central-Theater in der Alten Jakobstraße. Adolf Ernst stellte den jungen Mann als Fagottisten ein. Der Chef, ein damals bekannter Komiker, baute für seine Possen ein Orchester auf. Lincke lernte hinzu und den Komiker Guido Thielscher kennen, der im neuen Jahrhundert vielen Werken Linckes zum Erfolg verhelfen sollte.

1885 ging Lincke ans Ostend-Theater. Kapellmeister Theodor Franke brauchte einen Korrepetitor. Lincke wuchs in diese Stellung hinein und nahm bei Krankheiten Frankes erstmals selbst den Dirigentenstab in die Hand. Als Ostend-Direktor Strewe 1886 zum Stadttheater in der Wallnerstraße wechselte, nahm er das Talent Lincke kurzerhand mit.

Von 1887 bis 1890 arbeitete Lincke erstmals als ordentlicher Kapellmeister, und zwar am Königstädtischen Theater am Alexanderplatz. Er dirigierte typische Berliner Gesangspossen, die heute keiner mehr kennt: «Der Klingeljunge von Bolle» beispielsweise und «Die Tochter der Markthalle». An diesem Theater kam es zu einer Begegnung mit seinem späteren Librettisten, mit Heinrich Bolten, der gern den Geburtsnamen seiner Mutter dem seinigen hinzufügte: Bolten-Baeckers. Am Königstädtischen Theater fungierte Bolten übrigens noch als Schauspieler. Kapellmeister Lincke hatte nicht nur den Stab zu führen. Man erwartete von ihm Lieder und Überleitungen für Pausen, Musik zur Untermalung von Artistiknummern und ähnliches. Eine seiner weiteren Universitäten.

Mancherlei Umwege mußte Lincke noch gehen, bis er zu Beginn der neunziger Jahre am Apollo-Theater in der Friedrichstraße 218 auftauchte. Vor seinem Durchbruch als *der* Berliner Operetten-Komponist schrieb Lincke eifrig Lieder und etliche Einakter, von denen heute höchstens noch die Archive etwas wissen: 1897 sahen die Zuschauer im Apollo Linckes Einakter «Ein Abenteuer im Harem» und «Eine lustige Spreewaldfahrt». Gemeinsam mit Bolten-Baeckers brachte er den Vorläufer der «Frau Luna» zu Papier: Die «Venus auf Erden» hatte als burlesk-phantastische Operette einen Akt und fünf Bilder. Sie blieb immerhin knapp sechs Monate im Spielplan, ohne daß sie das Publikum zu besonders heftigem Applaus hinriß oder die Kritiker störte. Sie fiel einfach nicht auf. Bolten-Baeckers hatte auf den Text nicht viel Mühe verwandt und konnte gewisse Ähnlichkeiten mit Offenbachs «Orpheus in der Unterwelt» schlecht leugnen.

Ende der neunziger Jahre verpflichtete sich Lincke, wie wir wissen, für zwei Spielzeiten als Kapellmeister nach Paris, ans Varieté Folies-Bergère. Der Vertragsabschluß war für beide Seiten recht mutig, denn nach dem Deutsch-Französischen Kriege herrschte in Paris noch eine gespannte politische, nicht gerade deutschfreundliche Atmosphäre. Hinzu kam, daß der preußische Kapellmeister seinem Kaiser nicht unähnlich sah. Doch das Gastspiel verlief ruhig.

Bis auf einen Zwischenfall mit Folgen.

Paul Lincke dirigierte wie üblich in der Abendvorstellung, als – von ihm unbemerkt – eine Frau stolzerhobenen Hauptes den Mittelgang bis zur Orchesterbrüstung entlangschritt, sich weder um die Künstler, noch um das Publikum scherte, dem Dirigenten auf die Schulter klopfte und ihm, als er sich umdrehte, eine schallende Ohrfeige versetzte.

Lincke hatte sofort seine Frau Anna erkannt und noch schneller «geschaltet». Er lächelte charmant und verbeugte sich vor der resoluten Dame. Paul ließ es sich im Beifall der Zweitausend wohl sein und Anna sich in Berlin von ihm scheiden. Sie hatte wohl gehört, daß ihr Paul in Paris gesucht und gefunden hatte, was viele preußische Männer glauben in der französischen Metropole suchen und finden zu müssen ...

Wie es weiterging, haben wir geschildert: Metropol drohte Apollo, Apollo holte Lincke nach Berlin zurück, und Lincke komponierte die erste Berliner Operette.

Eigentlich hatte Paul Lincke damit dem Wunsche Otto Reutters entsprochen, der den komponierenden Dirigenten höchst ungern nach Paris entschwinden sah und allen Berliner Freunden der leichten Muse mit diesem Verse aus dem Herzen sprach:

Du dirigierst jetzt in Paris,
Reis hin mit Gott, mon cher;
Bloß kauf dir ein Retourbillett
Und komm rasch wieder her!

Ein ganz kleines Nachwort

Mit dem turbulenten Silvesterabend 1899 schlägt auch unsere Abschiedsstunde. Fein abgestuft flossen in Salons, Sälen und Souterrains wahre Ströme von Beaujolais, Bowle und Bier die Kehlen hinunter und stiegen unterschiedliche Wünsche in den zuckenden Himmel explodierender Feuerwerkskörper: nach mehr Kolonien, nach mehr Profit, nach mehr Brot. Wohl abgestimmt auch die Musik des letzten Abends vom vorigen Jahrhundert: Neben Beethovens «Neunter» erklangen Linckes flotte Lieder und kesse Gassenhauer von Unbekannt. Was wird das neue Jahr, das neue Jahrzehnt, das neue Jahrhundert bringen?

Unser Jahrhundert, das nun auch bald im letzten Jahrzehnt ist. Es brachte der Menschheitsgeschichte höchste Höhen und tiefste Tiefen: Kapitel zwei hob nach dem revolutionären Sturm auf das Winterpalais von Petrograd im Jahre 1917 an; zwei verheerende Weltkriege trugen die Kainszeichen der überlebten Gesellschaftsordnung, forderten Millionen und aber Millionen Opfer und förderten bei allen Völkern der Welt den Willen nach Frieden, Frieden, Frieden.

Berlin und die Berliner durchschritten und durchlitten nicht wenige dieser Höhen und Tiefen: nach dem ersten der beiden schlimmen Kriege mit Kaiserflucht und Kohlrübenwinter der Hoffnungsstrahl der Novemberrevolution mit dem Liebknechtschen Rufe «Es lebe die Republik». Von Berlin aus nahm der zweite der Kriege seinen Ausgang und kehrte an seinen Ursprungsort zurück – dazwischen Jahre mit unsäglichem Grauen durch eine staatliche Kriegs- und Mordmaschinerie, aber auch mit unübersehbaren Zeichen von Widerstand und Menschenwürde. Im Mai 1945 kamen die Überfallenen als Befreier. Und in jenem Berlin, das sich heute als Stadt des Friedens bezeichnen darf, begann nun auch das Kapitel zwei ...

Immer erklang Musik. Stiefel trommelten Unter den Linden den Takt, wenn Soldaten mit klingendem Spiel durchs Brandenburger Tor ins vorgebliche Feld der Ehre ziehen mußten. Unüberhörbar aber auch die «Internationale» bei Kundgebungen der Arbeiter und ihrer Verbündeten gegen den Krieg. Claire Waldoff, Otto Reutter, Trude Hesterberg, Ernst Busch und viele andere sangen Texte von Weinert, Tucholsky und Gleichgesinnten gegen die Reaktion von Rechts. Wie «golden» waren die zwanziger Jahre? Klaus

Mann schrieb über sie: «Millionen von unterernährten, korrumpierten, verzweifelt geilen, wütend vergnügungssüchtigen Männern und Frauen torkeln und taumeln dahin im Jazz-Delirium.»

Ein Jahrzehnt später dröhnte wiederum Marschmusik durch die Reichshauptstadt, übertönte die Schreie gefolterter Widerstandskämpfer und geschlagener Juden. Es brannten ja nicht nur Bücher – auch Noten unliebsamer Komponisten. Künstler von Rang und Namen verließen die Stadt und ihre Heimat oder gingen in die innere Emigration. Als Bomben auf Berlin krachten, blieben von weltbekannten Stätten ernsthafter Musik nur die Ruinen übrig: von der Oper Unter den Linden, der Philharmonie, dem Schauspielhaus ... Doch aus den «Goebbels-Schnauzen», den sogenannten Volksempfängern, schnarrten zackige Landsknechtslieder, rührselige Weisen und vertonte Durchhalteparolen nach dieser Art: «Ich weiß, es wird noch mal ein Wunder geschehn ...» Die Nazis nutzten das neue Medium Rundfunk für ihre unheilvollen Absichten. Zwölf Jahre währte ihr Tausendjähriges Reich, dann mußten sie ruhm- und musiklos abtreten.

Was das angekündigte Wunder betrifft, so traf es ein. Allerdings anders, als von den Urhebern erwartet. Die Befreier rissen nicht nur die aus vielen Wunden blutende Stadt aus der Agonie, sondern sorgten sich von Anbeginn um «Kultura», wie sie zu sagen pflegten. Das Berliner Kammerorchester gab bereits fünf Tage nach dem denkwürdigen 8. Mai 1945 das erste Konzert. Es folgten am 18. Mai das Orchester der Oper und am 26. Mai die Philharmoniker. Über den Rundfunk wandte sich am 20. Mai ein Orchester der Roten Armee an die Berliner.

Unvergessen auch der Auftritt des Alexandrow-Ensembles mit Sängern, Tänzern und Musikanten im August 1948 auf dem schwer zerstörten Gendarmenmarkt, der heute mit seinem Schinkelschen Schauspielhaus als Platz der Akademie ein Zentrum der Musikkultur unseres Landes ist.

Aber das wäre ja eine neue Geschichte. Sie könnte belegen, daß der Berliner heutzutage inniger denn je mit der Musik verbunden ist – ob nun als Ausübender in seinen eigenen vier Wänden, in einem Laien- oder Volksorchester, in der Berliner Singakademie oder als Berufsmusiker in Klangkörpern, die weit über die Grenzen der Stadt hinaus einen guten Ruf genießen. Oder als Genießender – im Opernhaus, im Konzertsaal, bei der Operette oder im Varieté, beim Gastspiel eines weltbekannten Künstlers im Palast der Republik, in seinem Kulturhaus an der Ecke oder schlicht und einfach mit seiner Schallplatten-, Tonband- oder Kassetten-Sammlung. Von Rundfunk und Fernsehen ganz zu schweigen. Hieß es im vorigen Jahrhundert, die ganze Stadt ist voll Liszt, darf heute mit Fug und Recht behauptet werden: Die ganze Stadt ist voll Musik.

Wer weiß, vielleicht erschließen sich uns später noch weitere Abteilungen *unseres* Jahrhunderts ...

Letzte Ruhestätten

Dom-Friedhof, Wöhlertstraße
Bernhard Irrgang   gestorben 1916   Domorganist
Daniel Liszt   gestorben 1859   Sohn von Franz Liszt
Anna Milder-Hauptmann   gestorben 1838   erste
   Leonore in «Fidelio»
August Neithardt   gestorben 1861   Musikdirektor,
   Begründer des Domchores
Josef Sucher   gestorben 1908   Dirigent

Dorotheenstädtischer und Friedrichswerderscher Friedhof,
Chausseestraße
Friedrich Heinrich Himmel   gestorben 1874
   Kapellmeister
Karl-Friedrich Rungenhagen   gestorben 1814   Leiter der
   Singakademie

Neuer Dorotheenstädtischer Friedhof, Wöhlertstraße
Otto Nicolai   gestorben 1849   Komponist
Josef Rebicek   gestorben 1904   Dirigent

Elisabeth-Kirchhof, Ackerstraße
Ludwig Erk   gestorben 1883   Volksliedsammler

Französischer Friedhof, Chausseestraße
Franz Bendel   gestorben 1874   Komponist
Ludwig Devrient   gestorben 1832   Schauspieler

Jüdischer Friedhof, Schönhauser Allee
Giacomo Meyerbeer   gestorben 1864   Komponist

Jüdischer Friedhof, Herbert-Baum-Straße
Aron Friedmann   gestorben 1936   Komponist, Kantor

333

Leo Gollanin   gestorben 1948   Sänger, Oberkantor
Louis Lewandowski   gestorben 1894   Komponist, Dirigent

Friedhof von St. Marien und St. Nikolai, Prenzlauer Allee
August Wilhelm Bach   gestorben 1869   Musikdirektor,
    Organist, Komponist
Alexander Curth   gestorben 1936   Chordirektor Staats-
    oper, Lehrer Domchor, Organist

Nikolaikirche, Poststraße
Johann Krüger   gestorben 1662   Komponist, Kantor

Parochialkirche, Klosterstraße
Wilhelm Grell   gestorben 1839   Organist

Sophienkirchhof, Große Hamburger Straße
Carl Friedrich Zelter   gestorben 1832   Komponist,
    Leiter der Singakademie

Sophienkirchhof II, Bergstraße
Wilhelm Bach   gestorben 1845   Kapellmeister, letzter
    Enkel J. S. Bachs
Karl Bechstein   gestorben 1900   Begründer der Klavier-
    fabrik
Walter Kollo   gestorben 1940   Komponist
Albert Lortzing   gestorben 1851   Komponist
Rosine Lortzing   gestorben 1854   Ehefrau von A.,
    Schauspielerin
Theodor Oesten   gestorben 1870   Komponist

Südwestkirchhof, Stahnsdorf
Hugo Distler   gestorben 1942   Komponist
Engelbert Humperdinck   gestorben 1921   Komponist
Leon Jessel   gestorben 1942   Komponist, Kapellmeister

Literaturangaben (Auswahl)

Albrecht, Christoph: Schleiermachers Liturgik, Evangelische Verlagsanstalt, Berlin, 1962

Alexis, Willibald: Erinnerungen, M. Ewert, Berlin, 1905

Altmann, Georg: L. Devrient, Ullstein-Verlag, Berlin, 1926

von Arnim, Bettina: Dies Buch gehört dem König, Berlin, 1843

Architektenverein zu Berlin und Vereinigung Berliner Architekten: Berlin und seine Bauten, Ernst & Sohn, Berlin, 1896

Autoren-Gemeinschaft: Buch der Musik, Spemann-Verlag, Berlin und Stuttgart, 1900

Bähr, Otto: Eine deutsche Stadt vor 60 Jahren, Fr. Wilhelm Grunow, Leipzig, 1886

Bauer, Johannes: Schleiermacher, Töpelmann-Verlag, Gießen, 1908

Bauer, Karoline: Aus meinem Bühnenleben, A. Wellmer, Berlin, 1876

Beeskow, Hans-Joachim: Brandenburgische Kirchenpolitik und -geschichte des 17. Jahrhunderts – ein Beitrag zur Paul-Gerhardt-Forschung, Dissertation, Berlin, 1985

Braun, Gerhard: Die Schulmusik-Erziehung in Preussen, Bärenreiter-Verlag, Kassel und Basel, 1957

Ebel, Arnold: Berliner Musikjahrbuch, Verlagsanstalt Deutsche Tonkünstler A.-G., Berlin und Leipzig, 1926

Eberty, Felix: Jugenderinnerungen eines alten Berliners, Cottasche Buchhandlung, Berlin, 1878

Erman, Hans: Berliner Geschichten – Geschichte Berlins, Edition Erdmann, Tübingen, 1980

Faden, Eberhard: Berlin im Dreißigjährigen Kriege, Deutsche Verlagsgesellschaft für Politik und Geschichte, Berlin, 1927

Fontane, Theodor: Von Zwanzig bis Dreißig, Fischer-Verlag, Berlin, 1920

Fürst, I.: Henriette Hertz, Hertz-Verlag, Berlin, 1850

Golther, Wolfgang: Richard Wagner an Mathilde Wesendonk, Duncker-Verlag, Berlin, 1904

Gregor-Dellin, Martin: Richard Wagner, Henschelverlag, Berlin, 1984

Gutzkow, Karl: Werke, Bibliographisches Institut, Leipzig und Wien, 1911

Heine, Heinrich: Werke, Hesse-Verlag, Leipzig, 1839

Heller, Leo: Aus Pennen und Kaschemmen, Delta-Verlag, Berlin, 1921

Hensel, S.: Die Familie Mendelssohn, Georg Reimer, Berlin

Hildesheimer, Wolfgang: Mozart, Verlag Volk und Welt, Berlin, 1980

Höcker, Karla: Hauskonzerte in Berlin, Rembrandt-Verlag, Berlin (West), 1970

Hoffmeister, Joachim: Der Kantor von St. Nikolai, Evangelische Verlagsanstalt, Berlin, 1964

Kalisch, David: Berliner Leierkasten, Berlin, ab 1858

Kaun, Hugo: Aus meinem Leben, Linos-Verlag, Berlin, 1932

Keiderling, Gerhard/Stulz, Percy: Berlin 1945–1968, Dietz-Verlag, Berlin, 1970

Kertbeny, C. v.: Berlin wie es ist, Natorff und Comp., Berlin, 1831

Kestenberg, Leo: Musikerziehung und Musikpflege, Verlag. Quelle und Meyer, Leipzig, 1921

Kiaulehn, Walter: Berlin – Schicksal einer Weltstadt, C. H. Beck, München, 1958

Kuczynski, Jürgen: Geschichte des Alltags des deutschen Volkes, Akademie-Verlag, Berlin, 1982

Kühn, Hellmuth: Preußen – Dein Spree-Athen, Rowohlt-Verlag, Reinbek b. Hamburg, 1981

Kugler, Franz: Geschichte Friedrichs des Großen, Seemann-Verlag, Leipzig

Lammel, Inge: Arbeitermusikkultur in Deutschland, Deutscher Verlag für Musik, Leipzig, 1984

Lange, Annemarie: Berlin zur Zeit Bebels und Bismarcks, Dietz-Verlag, Berlin, 1978

Lange, Annemarie: Das Wilhelminische Berlin, Dietz-Verlag, Berlin, 1967

Langbecker, E. C. G.: Leben und Lieder von Paul Gerhardt, Verlag der Sanderschen Buchhandlung, Berlin 1841

Lenz, Ludwig/Eichler, Ludwig: Berlin und die Berliner, Berlin, 1842

Lepsius, Bernhard: Das Haus Lepsius, Verlag Klinkhardt und Biermann, Berlin, 1933

Mackowsky, Hans: Häuser und Menschen im alten Berlin, Bruno Cassirer, Berlin, 1923

Moede/Piorkowski/Wolff: Die Berliner Begabtenschulen, Beyer und Mann, Langensalza, 1918

Nelle, Wilhelm: Geschichte des deutschen evangelischen Kirchenliedes, Schloeßmanns Verlagsbuchhandlung, Hamburg, 1909

Ochs, Siegfried: Geschehenes, Gesehenes, Leipzig 1922

Ostwald, Hans: Lieder aus dem Rinnstein, Roesl & Cie., München, 1920

Ostwald, Hans: Kultur- und Sittengeschichte Berlins, Verlagsanstalt Hermann Klemm, Berlin

Ostwald, Hans: Der Urberliner, Paul-Franke-Verlag, Berlin

Parthey, Gustav: Das Haus in der Brüderstraße, Das Neue Berlin, Berlin, 1955

Philippi, Felix: Alt-Berlin, Mittler & Sohn, Berlin, 1914

Plümicke, C. M.: Entwurf einer Theatergeschichte von Berlin, Friedrich Nicolai, Berlin und Stettin, 1781

Quantz, Johann Joachim: Versuch einer Anweisung, die Flöte traversière zu spielen, Voß-Verlag, Berlin, 1752

Reissmann, August: Felix Mendelssohn Bartholdy, I. Guttentag, Berlin, 1867

Rellstab, Ludwig: Aus meinem Leben, 1861

Richter, Lukas: Der Berliner Gassenhauer, Deutscher Verlag für Musik, Leipzig, 1967

Rimkus, Günter/Otto, Werner: Deutsche Staatsoper Berlin, Leipzig, 1955

Sachs, Curt: Musik und Oper am kurbrandenburgischen Hof, Julius Bard, Berlin, 1910

Sachs, Curt: Musikgeschichte der Stadt Berlin bis zum Jahre 1800, Berlin, 1908

Saß, Friedrich: Berlin in seiner neuesten Zeit und Entwicklung, Leipzig, 1846

Schneidereit, Otto: Paul Lincke und die Entstehung der Berliner Operette, Henschelverlag, Berlin, 1974

Schneidereit, Otto: Berlin wie es weint und lacht, Lied der Zeit, Musikverlag, Berlin, 1968

Schrenk, Oswald: Berlin und die Musik, Ed. Bote & G. Bock, Berlin, 1940

Schünemann, Georg: Die Singakademie zu Berlin, Bosse-Verlag, Regensburg, 1941

Seeger, Horst/Bökel, Ulrich: Musikstadt Berlin, Deutscher Verlag für Musik, Leipzig, 1974

Spaeth, Maximilian: Musikantengeschichten, Henschelverlag, Berlin, 1950

Spohr, Wilhelm: Berliner Anekdoten, Das Neue Berlin, Berlin, 1952

Springer, Robert: Berlins Straßen, Kneipen und Clubs, Friedrich Gerhard, Berlin, 1850

Stern, Richard: Was muß der Musikstudierende von Berlin wissen? Musikverlag, Berlin, 1912

Streckfuß, Adolf: 500 Jahre Berliner Geschichte, Albert Goldschmidt, Berlin, 1900

Varnhagen von Ense, Karl August: Aus den Tagebüchern, Rütten & Loening, Berlin, 1980

Wahnrau, Gerhard: Berlin – Stadt der Theater, Henschelverlag, Berlin, 1957

Weiglin, Paul: Berliner Biedermeier, Velhagen & Klasing, Bielefeld und Leipzig, 1942

Weingartner, Felix: Erlebnisse eines «Königlichen Kapellmeisters» in Berlin, Paul Cassirer, Berlin, 1912

Weissmann, Adolf: Berlin als Musikstadt, Schuster & Loeffler, Berlin und Leipzig, 1911

Wendland, Walter: Siebenhundert Jahre Kirchengeschichte Berlins, Walter de Gruyter & Co., Berlin und Leipzig, 1930

von Willich, Ehrenfried: Aus Schleiermachers Hause, Reimer-Verlag, Berlin, 1909

Wrede, Richard/Reinfels, Hans von: Das geistige Berlin, Storm-Verlag, Berlin, 1897

von Zedlitz, Leopold: Neuestes Conversations-Handbuch, Eisersdorff, Berlin, 1834

Mendelssohn, Rebekka 80
Menzel, Adolph 302
Meyer, Jenny 156 f.
Meyerbeer, Giacomo (Jakob Beer) 215 ff., 219, 222 ff., 235 f., 238, 241, 252, 269, 284 ff.
Mietke 253
Migend, Peter 52
Milder-Hauptmann, Anna 210
Millöcker, Karl 188, 312 f.
Milow, Carl Ludwig 97
Möser, Carl 297 f.
Mozart, Wolfgang Amadeus 70 ff., 74, 86, 94, 102, 142, 185, 202 ff., 208, 212, 241, 260 ff., 266, 296, 301 f.
Münch, Roland 52
Münchow, Ursula 128
Mylius 44

Napoleon Bonaparte 102, 107, 175, 208, 297
Natschinski, Gerd 308
Naumann, Johann Gottlieb 123
Neefe, Christian Gottlob 265
Nicolai, Christoph Friedrich 65, 68, 70, 87, 93
Nicolai, Otto 123
Niemann, Albert 238
Nikisch, Arthur 306

Ochs, Siegfried 122 f.
Offenbach, Jacques 310 ff., 328
Ottmer, Karl Theodor 111

Paganini, Niccolo 9, 82, 93, 279 ff., 282
Parthey, Friedrich 70 f.
Parthey, Gustav 71, 74
Parthey, Wilhelmine 70
Parthey-Klein, Lili 70 ff., 87 f.
Pawlowa, Anna 321
Pepusch, Gottfried 139
Petersen, John 158
Petrzizek, Wenzel 296
Peucker, Nikolaus 23
Pflug, F. A. 124
Pflugenn, Steffen 30
Philippi, Felix 89 ff.
Pierson, Bertha 244 f.
Pierson, Henry 244 ff., 249
Pisendel, Johann Georg 142
Poitier, Michele 197
Pölchau, Georg 104 f., 114
Porst, Johann 43 f.
Potenza, Nina 258
Pottier, Eugène 134
Presber, Rudolf 316

Quantz, Johann Joachim 110, 137, 139 ff., 150, 198, 200

Radecke, Robert 238
Radecke, Rudolf 157
Rauch, Christian Daniel 72, 88, 99
Redern, Wilhelm Graf von 75, 217, 287 f.
Reichardt, Johann Friedrich 55, 99, 196, 200 f., 206 ff., 259, 294
Reissmann, August 79
Rellstab, Johann Karl Friedrich 68 ff.

Abbildungsnachweis
ADN-Zentralbild (7) ; DDR-Fernsehen, Domes (1) ;
Peter Noppens (1) ; Joachim Thurn (13) .
Alle weiteren Abbildungen wurden dem Archiv
des Autors entnommen.

ISBN 3-7332-0024-1

1. Auflage
© 1987 by VEB Lied der Zeit, Musikverlag, Berlin
Printed in the German Democratic Republic
Lizenz-Nr. 419-440/A7/87 · LSV 8382
Bestell-Nr. 521 232 2
Einband, Schutzumschlag
und Typographie: Matthias Gubig
Lektor: Sabine Tuch
Satz: Druckerei Neues Deutschland
Druck: Druckhaus Aufwärts Leipzig III/18/20
01950